建设工程项目管理新论与实务

主　编　王志毅
副主编　潘　容

中国建材工业出版社

图书在版编目（CIP）数据

建设工程项目管理新论与实务 / 王志毅主编. —北京：中国建材工业出版社，2012. 1

ISBN 978-7-5160-0037-3

Ⅰ. ①建… Ⅱ. ①王… Ⅲ. ①基本建设项目—项目管理 Ⅳ. ①F284

中国版本图书馆 CIP 数据核字（2011）第 195329 号

内 容 提 要

本书以建设工程项目内容的顺序为主线，参照和吸收建筑行业近年来颁布实施的相关法律、法规、标准和规范的内容，本着理论与实践并重的原则，重点介绍项目管理的前沿理论、制度及其应用，介绍新的法律、法规对于建设工程项目管理的新要求，同时注重建设工程项目管理的实用性。

本书可供建造师，项目经理，建设工程项目管理人员，相关专业院校和注册建造师继续教育培训机构师生，建筑施工企业，勘察、设计、监理、招标代理、造价咨询等单位的管理人员和其他从业人员阅读使用。

建设工程项目管理新论与实务

主　编　王志毅

副主编　潘　容

出版发行：中国建材工业出版社

地　　址：北京市西城区车公庄大街 6 号

邮　　编：100044

经　　销：全国各地新华书店

印　　刷：北京鑫正大印刷有限公司

开　　本：710mm × 1000mm　1/16

印　　张：19. 5

字　　数：366 千字

版　　次：2012 年 1 月第 1 版

印　　次：2012 年 1 月第 1 次

书　　号：ISBN 978-7-5160-0037-3

定　　价：45. 00 元

本社网址：www. jccbs. com. cn

本书如出现印装质量问题，由我社发行部负责调换。联系电话：（010）88386906

前　　言

项目是有着一个明确的目标或目的，必须在特定的时间、预算、资源限定内依据一定的规范完成一系列独特的、复杂的并相互关联的活动。

项目管理是对一些与成功地达成一系列目标相关的活动的集合。成功的项目管理在有限的资源约束下把各种系统、方法和人员结合在一起，在规定的时间、预算和质量目标范围内对项目涉及的全部工作进行有效地管理并完成项目的各项工作，从项目的投资决策开始到项目结束的全过程中合理进行计划、组织、指挥、协调、控制和评价，以实现项目的目标。项目管理需要在项目活动中运用专门的知识、技能、工具和方法，使项目能够在有限的资源条件下，实现设定的需求和期望。

根据中华人民共和国国家标准《建设工程项目管理规范》（GB/T 50326—2006）的定义，建设工程项目是指为完成依法立项的新建、扩建、改建等各类工程而进行的、有起止日期的、达到规定要求的一组相互关联的受控活动组成的特定过程，包括策划、勘察、设计、采购、施工、试运行、竣工验收和考核评价等。而建设工程项目管理，就是运用系统的理论和方法，对建设工程项目进行计划、组织、指挥、协调和控制等专业化活动。

我国项目管理的应用从上个世纪 80 年代建筑、国防、航天等少数几个行业起步，今天已迅速发展到计算机、电子通信、金融、行政管理等诸多领域。建设工程项目管理也随着时代的发展，不断发生着深刻的变革，而最令人瞩目者，莫过于建设工程项目管理的规范化和法制化。所谓建设工程项目管理的“规范化”和“法制化”，就是要求在实践中遵循建设工程项目管理的统一规则，严格按照国家最新颁布的有关建设工程质量、安全、卫生、职业健康、环境保护等法律、法规以及部门规章，依法进行建设工程项目管理。

根据中华人民共和国国家标准《建设工程项目管理规范》（GB/T 50326—2006）的要求，建设工程项目必须实行项目经理责任制。项目经理责任制是我国近年来建设工程项目管理体制改革的一项重要成果，对于加强建设工程项目管理、提高工程项目承包及施工管理专业技术人员素质、规范工程管理行为、保证工程质量和施工安全发挥了巨大的作用。根据《中华人民共和国建筑法》、《建设工程质量管理条例》、《建设工程安全生产管理条例》和国家执业资格考试制度有关规定，我国现阶段已全面实行建造师执业资格制度。根据这一制度，注册建造师的一个重要岗位就是担任建设工程的项目经理。我国的注册建造师是从事建设工程项目承包和施工管理关键岗位的专业技术人员，全面负责工程项目自开工准备至竣工验收全过程的组织管理。这就要求建造师必须懂管理、懂技术、懂经济、懂法律，是综合素质高的复合型人才，既要有理论水平，也要有丰富的实践经验和较强的组织能力。建设工程项目管理的实践经验表明，工程项目的成功与否很大程度上取决于建造师的业务水平和风险意识。从某种角度上讲，建筑施工企业要想在市场竞争中立于不败之地，既要注重所拥有建造师的数量，更要注重建造师的质量，即建造师的综合素质和执业能力。

不仅是建设工程项目管理的现实需要，《建设工程项目管理》也是我国一级建造师执业资格考试的综合科目，更是注册建造师继续教育培训的重要内容。目前传统的建设工程项目管理类图书的体系和章节安排大同小异，通常包括以下内容：

1. 建设工程项目管理概论。主要包括项目与项目管理、建设工程项目、建设工程项目生命周期及建设程序、建设工程项目管理模式等内容；

2. 建设工程项目组织管理。主要包括建设工程项目组织概述、建设工程项目管理组织结构形式、建设工程项目经理等内容；

3. 建设工程项目目标规划与控制管理。主要包括建设工程项目结构分解、建设工程项目的目标系统、建设工程项目管理规划、建设工程项目的实施控制系统、建设工程项目的变更管理等内容；

4. 建设工程项目进度控制。主要包括建设工程项目进度控制概述、建设工程项目进度计划的表达和实施、建设工程项目进度计划检查与调整、建设工程项目进度拖延原因与解决措施等内容；

5. 建设工程项目成本管理。主要包括建设工程项目成本管理概述、项目发包人建设项目投资控制、承包人施工项目成本控制等内容；

6. 建设工程项目质量管理。主要包括建设工程项目质量管理概述、ISO9000 质量标准与工程项目质量保证、建设工程项目施工阶段质量控制等内容；

7. 建设工程项目合同管理。主要包括建设工程项目合同管理概述、常见的工程项目合同管理、建设工程项目索赔管理等内容；

8. 工程项目风险管理。主要包括建设工程项目风险管理概述、建设工程项目风险分析与评价、建设工程项目风险处理、建设工程项目保险与担保等内容；

9. 建设工程项目健康、安全和环境管理。主要包括建设工程项目健康管理、建设工程项目安全管理、建设工程项目环境管理等内容；

10. 建设工程项目信息管理。主要包括建设工程项目信息管理概述、建设工程项目信息管理系统、工程项目管理软件等内容；

11. 建设工程项目组织协调管理。主要包括建设工程项目组织协调管理概述、建设工程项目中的重要沟通、建设工程项目沟通中的问题及解决、建设工程项目沟通方式等内容；

12. 建设工程项目后期管理。主要包括建设工程项目的竣工验收、建设工程项目结算、建设工程项目回访保修管理等内容。

本书以《国际项目管理专业资质认证标准》（ICB3.0）以及《建设工程项目管理规范》（GB/T 50326—2006）为依据，以建设工程项目内容的顺序为主线，参照和吸收建筑行业近年来颁布实施的相关法律、法规、标准和规范的内容，本着理论与实践并重的原则，重点介绍了建设工程项目管理的前沿理论、制度及其应用，介绍新的法律、法规、部门规章对于建设工程项目管理的新要求，同时注重建设工程项目管理的实用性。与目前建设工程项目管理类图书的体系与内容不同，本书对近年来理论与实务没有变化的内容不再赘述，而是重点增加或修订了以下内容：

一、建设工程项目委托管理制度

建设工程项目委托管理是近些年在我国刚刚兴起的一种建设项目实施模式，全国各地基于不同认识而在各种建设工程项目尤其是在公共投资项目进行了广泛的探索和实践，目前在政府部门和市场已获得了相当程度的认可和接纳。尽管各地对建设工程项目委托管理的认识以及操作方式都还存在差异，但这并没有妨碍建设工程项目委托管理的发展，反而使建设工程项目委托管理更加趋于成熟和完善。

二、注册建造师继续教育管理制度

为进一步提高注册建造师职业素质，本书结合住房和城乡建设部 2010 年 11 月 15 日发布的《注册建造师继续教育管理暂行办法》，对注册建造师继续教育制度进行了简要说明。

三、注册建造师的信用档案管理制度

为了进一步加强对注册建造师的信用档案管理，建立注册建造师执业的诚信机制，强化注册建造师的执业纪律和执业道德，本书结合住房和城乡建设部办公厅 2011 年 6 月 7 日印发的《全国建筑市场注册执业人员不良行为记录认定标准（试行）》（建办市［2011］38 号），对注册建造师的信用档案管理制度和注册建造师不良行为记录认定标准进行了简要说明。

四、建设工程合同示范文本的新发展

近十余年以来，我国建设领域的法制水平，建筑市场参与主体的业务水平、管理水平都得到了长足的发展。已使用十余年的《建设工程施工合同》（GF-1999-0201）示范文本客观上已经难以满足建筑市场的需要。在这种情况下，为规范建设工程施工合同管理，从制度上指导合同当事人防范因合同条款粗放、风险预防不明确、相关法律法规调整等因素产生的合同纠纷，住房和城乡建设部即将推行崭新的、包括《建设工程施工合同》在内的建设工程合同系列示范文本。本书简要介绍了本次建设工程合同示范文本修订的国际、国内背景以及体系安排。新版建设工程合同系列示范文本的相关出版物已由中国建材工业出版社列入出版计划，即将陆续出版发行。

五、诉讼时效的新规定

为了引导建筑业企业运用法律手段及时追索欠款，保护合法权益，本书结合最高人民法院《关于审理民事案件适用诉讼时效制度若干问题的规定》（2008年8月11日由最高人民法院审判委员会第1450次会议通过，自2008年9月1日起施行），对诉讼时效制度的新规定进行了解析说明。

六、建设工程合同争议评审

为了及时化解建设工程项目实施过程中产生的矛盾和纠纷，国家发展和改革委员会、财政部、建设部（现住房和城乡建设部）、铁道部、交通部、信息产业部、水利部、民用航空总局、国家广播电影电视总局九个部门（下称“九部委”）于2007年11月1日发布的《中华人民共和国标准施工招标文件》在我国正式引入了建设工程争议评审制度。2010版《房屋建筑和市政工程标准施工招标文件》也相应规定了争议评审条款。作为国内相关机构的首次尝试，北京仲裁委员会和中国国际经济贸易仲裁委员会/中国国际商会也相应推出了建设工程争议评审规则。“建设工程争议评审”是指在工程开始或进行中，由当事人选择独立的评审专家，就当事人之间发生的争议及时提出解决建议或者作出决定的争议解决方式。建设工程争议评审以一种“细致分割”的方式实时解决争议，防止有关当事人因争议扩大造成工程拖延、损失和浪费，保障工程顺利进行。本书特别介绍了建设工程争议评审制度的国际、国内背景以及具体应用的规则。

七、新的劳动和社会保障体系下的建设工程项目劳务管理

近年来，我国立法机构密集推出了《中华人民共和国劳动合同法》、《中

华人民共和国劳动争议调解仲裁法》、《中华人民共和国社会保险法》、《中华人民共和国劳动合同法实施条例》、《工伤保险条例》等一系列法律法规，最高人民法院也相应制定了《关于审理劳动争议案件适用法律若干问题的解释》、《关于审理劳动争议案件适用法律若干问题的解释（二）》等司法解释，我国《建筑法》（根据2011年4月22日第十一届全国人民代表大会常务委员会修订，2011年4月22日中华人民共和国主席令第四十六号公布，自2011年7月1日起施行）也相应进行了修改。这些法律、法规、司法解释必将对建设工程领域的劳动合同签订、劳动用工制度、工资支付等问题产生重大影响。本书对新的劳动和社会保障体系下如何依法进行建设工程项目劳务管理、防范劳务用工风险进行了简要说明。

八、增加了建设工程项目刑事法律风险防范的内容

刑事法律风险防范应当是建设工程项目管理风险防范的重中之重，长期以来被企业的管理者所忽视。为了面对建筑行业日益严峻的刑事法律风险，加强对建设工程项目刑事法律风险与防范、本书对建筑业易发犯罪类型、法律后果和司法适用等方面进行了风险提示。

作为中国建材工业出版社2011年度“建造师项目管理系列丛书”中的最后一本，希望本书的出版能够帮助建造师提高在建设工程项目中的专业化管理水平、增强执业能力，促进我国建筑业以及建筑业企业的新发展。

限于编者水平的原因，衷心希望能够得到读者的批评与指正！

王志毅

2011年11月于北京

目　录

第一章　建设工程项目与建设工程项目管理概述

第一节　建设工程项目概述

建设工程项目是为完成新建、扩建、改建的各类土木工程、建筑工程及安装工程等而进行的包括策划、勘察、设计、采购、施工、试运行、竣工验收和考核评价等内容的动态过程。

一、建设工程项目的特征

（一）目标明确

任何建设工程项目都有明确的目标，即形成固定资产，实现经济效益及/或社会效益。建设工程项目必须要有合理的建设工期目标以及达到预定的生产能力、技术水平和使用效果的质量目标。

（二）具有综合性

建设工程项目通常是在总体设计范围内由多个互相有内在联系的单项工程组成。此外，建设工程项目的建设环节与涉及的部门关系复杂，在建设过程中每个项目所涉及的情况各不相同，需要进行综合分析、统筹安排。

（三）工程项目建设过程要遵循一定的程序

建设工程项目从提出建议、方案选择、评估、决策、勘察、设计、施工直至竣工验收投入使用，需要遵循科学的建设程序。建设工程项目的实施必须要遵照其内在的时序性，周密计划、科学组织，使各阶段、各环节紧密衔接、协调进行。

（四）难以复制

建设工程项目往往表现为建设地点的固定性、设计和施工的单一性等特征。因此，必须要按照建设项目特定的任务，根据实际条件的特点建立临时组织进行施工和管理。

（五）风险巨大

建设工程项目投资数额巨大，工作工序复杂，涉及影响因素多，实施周期长，在建设工程项目的实施过程中存在很多不确定因素，因而具有较大的风险。

建筑施工企业是专门从事土木工程、房屋建设和设备安装等工作的生产部门，与一般的生产部门不同，其产品是各种建筑物、构筑物和设施等。随着时代的发展，建设工程项目不断朝着机械化、科技化、法制化、信息化、智能化、综合化和环保化等现代化方向发展，规模日益庞大复杂，风险也随之增加。建筑施工企业从参加建设工程项目招标投标到建设工程竣工交付使用，都可能遭遇诸如资金、安全、质量、合同等各种类型的风险，这些风险如果预防和控制不好，都有可能形成争议，最终不仅实现不了建筑施工企业预期的经济效益，还有可能给企业和项目乃至企业的管理者带来难以弥补的损失和法律责任。

众所周知，风险是指将来可能发生，但是不期望发生或不在计划内的事件。上述关于风险的定义一方面表明了风险的不确定性；另一方面也表明了风险损失的不确定性，而风险管理的主要内容就是决定如何对待并规避项目风险。

同任何商业活动一样，建设工程施工项目风险和收益并存。既没有完全脱离风险的收益，也没有毫无收益的风险。风险管理要有目的、有意识地通过计划、组织、控制和检查等行为来阻止风险损失的发生，削弱损失发生的影响程度，以获取最大利益。风险管理作为一种特殊的规划方式，最成功的手段就是采取积极的步骤对要发生或即将发生的风险进行管理，也就是在建设工程项目管理中预先进行项目的风险分析并采取预防措施。就风险管理的最佳效果而言，防范胜于控制、控制胜于补救。

二、建设工程项目的种类

建设工程项目种类繁多，其分类方式也多种多样。为了适应科学管理的需要，可从不同角度对建设工程项目进行分类：

（一）按所属行业分类

按所属行业不同，可分为能源项目、交通项目、工业项目、农业项目、林业项目、水利项目、生态和环境保护项目、商业和服务项目以及科技、文化、卫生、教育项目等。

（二）按投资主体分类

按投资主体不同，可分为政府投资项目、企业投资项目、外商投资项目、合资项目等。

（三）按项目建设性质分类

按项目建设性质可分为基本建设项目和更新改造项目两类。基本建设项目又可分为以下几类：

1. 新建项目，是指根据国民经济和社会发展的近远期规划，按照规定的程序立项的建设项目。

2. 扩建项目，是指现有企业、事业单位在原有场地内或其他地点，为扩大产品的生产能力或增加经济效益而增建的生产车间、独立的生产线或分厂的项目；事业和行政单位在原有业务系统的基础上扩充规模而进行的新增固定资产投资项目。

3. 迁建项目，是指原有企业、事业单位，根据自身生产经营和事业发展的要求，按照国家调整生产力布局的经济发展战略的需要或出于环境保护等其他特殊要求，搬迁到异地而建设的项目。

4. 恢复项目，是指原有企业、事业和行政单位，因在自然灾害或战争中使原有固定资产遭受全部或部分报废，需要进行投资重建来恢复生产能力和业务工作条件、生活福利设施等的建设项目。这类项目，不论是按原有规模恢复建设，还是在恢复过程中同时进行扩建，都属于恢复项目。但对尚未建成投产或交付使用的项目，受到破坏后，若仍按原设计重建的，原建设性质不变；如果按新设计重建，则根据新设计内容来确定其性质。

（四）按建设工程项目的经济效益、社会效益和市场需求等基本特性分类

按建设工程项目的经济效益、社会效益和市场需求等基本特性可将其划分为竞争性项目、基础性项目和公益性项目三种。

1. 竞争性项目，主要是指投资效益比较高、竞争性比较强的一般性建设项目，如一般的工业项目、房地产开发项目等。这类建设项目应以企业作为基本投资主体，由企业自主决策、自担投资风险。

2. 基础性项目，主要是指具有自然垄断性、建设周期长、投资额大而收益低的基础设施和需要政府重点扶持的一部分基础工业项目，以及直接增强国力的符合经济规模的支柱产业项目，如能源项目、交通项目、水利项目等。对于这类项目，主要应由政府集中必要的财力、物力，通过经济实体进行投资。同时，还应广泛吸收地方、企业参与投资，有时还可吸收外商直接投资。

3. 公益性项目，主要指为社会提供公共服务的建设工程项目，包括科技、文教、卫生、体育和环保等设施，司法机关以及行政管理部门、社会团体办公设施，国防建设等。公益性项目的投资主要由政府采用财政资金安排的项目。

（五）按建设工程项目的构成层次分类

按建设工程项目的构成层次可分为单项工程、单位工程、分部工程和分项工程。

一个建设工程项目可能由若干个单项工程组成，单项工程是指具有独立设计、建成后可以独立发挥生产能力或效益的工程项目。

1. 单项工程由若干个单位工程组成，单位工程是指具有独立施工条件，但建成后不能独立发挥生产能力或效益的工程项目。

2. 单位工程又由若干个分部工程所组成，分部工程是指按照工程部位或

工种的不同而做的分类。例如房屋建筑单位工程可分为基础工程、主体工程、楼地面工程、门窗工程、屋面工程及装修工程等各个分部工程。

3. 分部工程的进一步划分就是分项工程。分项工程是按照选用的施工方法、工艺过程、材料及结构部件规格等因素进行划分的。如基础工程的土方开挖、土方外运与土方回填等分项工程。

三、建设工程项目的基本建设程序

基本建设程序，是指建设工程项目建设全过程中各项工作必须遵循的先后顺序。它是指基本建设全过程中各环节、各步骤之间客观存在的先后顺序，是由建设工程项目本身的特点和客观规律决定的。

进行建设工程项目建设，坚持按科学的基本建设程序办事，就是要求基本建设工作必须按照符合客观规律要求的一定顺序进行，正确处理基本建设工作中从投资决策、制定建设规划、确定建设项目、勘察、设计、建设、安装、试车，直到竣工验收交付使用等各个阶段、各个环节之间的关系，以达到提高投资效益的最终目的。

一个建设工程项目从投资决策到建成投产，一般要经过以下几个阶段：

（一）项目建议书阶段

项目建议书是投资者对准备建设的项目所提出的设想和建议。是基本建设程序中最初阶段的工作，是对拟建项目的框架性设想。主要是确定拟建项目的必要性和是否具备建设条件及拟建规模等，为进一步研究论证工作提供依据。项目建议书经过投资者论证评估通过后，作出该项目建议书的决策，以便开展下一步的工作。

（二）可行性研究阶段

根据项目建议书的批复就可以进行可行性研究工作。对项目在技术上的可行性、经济上合理性和财务上的盈利性进行全面分析和论证，并推荐相对最为满意的可行性研究报告。

（三）设计阶段

根据项目可行性研究报告的批复，项目进入设计阶段。由于勘察工作是为设计提供基础数据和资料的工作，这一阶段也可称为勘察设计阶段，这是项目决策后进入建设实施的重要阶段。设计阶段主要工作通常包括初步设计和施工图设计两方面，对于技术复杂的项目还要增加技术设计工作。以上设计文件和资料是项目发包人安排建设计划和组织项目施工的主要依据。

（四）建设准备阶段

设计文件提出后，项目发包人便可进行施工招标，优选施工单位。

项目建设准备阶段的工作较多，主要包括申请列入固定资产投资计划及开展各项施工准备工作。这一阶段的工作质量，对保证项目顺利建设具有决定性作用。当准备工作就绪、具备开工条件后，便可提出开工报告或申领施工许可证，报请政府主管部门批准开工。

（五）项目施工阶段

接到批准的开工报告或领到施工许可证后，施工单位便可开工。为了施工顺利，施工单位必须编制施工项目管理实施规划。按要求委派项目经理，成立项目经理部，签订项目管理目标责任书等。

正式施工时，既要按施工工艺要求做好施工作业，又要搞好项目管理，使进度、质量、安全、成本目标得到控制，现场管理、合同管理、信息管理、生产要素管理，以及组织协调能有效支持目标控制。合同任务完成后，编写工程验收报告，申请进行竣工验收。

项目施工阶段是一个投入人力、物力和财力最为集中的阶段。

（六）竣工验收阶段

是建设项目实施全过程的最后一个阶段，是考核项目建设成果、检验设计和施工质量的重要环节，也是建设项目能否由建设阶段顺利转入生产或使用阶段的一个重要阶段。

（七）后评价阶段

近几年，随着建设重点转到讲求投资效益，国家开始对一些重大建设项目在竣工验收后规定要进行后评价工作，并正式列为基本建设程序之一。主要是为了总结项目建设成功和失败的经验教训，供以后项目决策提供借鉴。

第二节　建设工程项目管理概述

一、建设工程项目管理的概念

建设工程项目管理是指项目管理者为了使项目取得成功，实现所要求的功能和质量、所规定的时限、所批准的预算费用，对工程项目运用系统的观念、理论和方法，对建设工程项目进行的计划、组织、指挥、协调和控制等专业化活动，以充分发挥建设工程项目管理计划职能、组织职能、控制职能、协调职能、监督职能的作用。建设工程项目管理的对象是各类工程项目，既可以是建设项目管理，又可以是设计项目管理和施工项目管理。

二、建设工程项目范围管理

建设工程项目范围管理是对合同中约定的项目工作范围进行的定义、计划、控制和变更等活动。

建设工程项目范围管理是项目管理初始阶段应首先进行的基础工作，并贯穿项目管理全过程。项目范围管理的主要工作包括对项目范围进行归类，并逐级分解至可管理的子项目，对子项目加以定义、编码，明确责任人，同时对各级子项目之间的逻辑关系进行系统界面分析，形成用树状图或其他方式组成的文件。项目范围是指为完成工程项目建设目标所需的全部工作，包括最终交付工程的范围，合同条件约定的施工单位的工作和活动以及因环境和法律法规制约而需完成的工作和活动。

建设工程项目范围管理应对项目实施全过程中范围的变更所引起的成本、进度及资源计划的变化进行检查、跟踪、控制和调整。

三、建设工程项目管理的特点

（一）建设工程项目管理的一次性

建设工程项目的一次性特点决定了建设工程项目管理的一次性。在项目管理过程中一旦出现失误，往往很难纠正并造成严重的损失。因此，建设工程项目的永久性特征及项目管理的一次性特点要求建设工程项目管理最好是成功的一次性管理。

（二）建设工程项目管理的综合性

建设工程项目形成的过程决定了建设工程项目的管理是贯穿于建设工程项目全寿命周期的全过程；且在建设工程项目实施的不同阶段，都包含着进度、质量、成本、安全等多方面的管理内容，因此，建设工程项目管理是一种全过程的综合性管理。

（三）建设工程项目管理的限定性

建设工程项目管理的限定条件主要有：

1. 时间限定，即要有合理的建设工期时限限制；

2. 资源限定，即有一定的投资总额、人力、物力等条件限制；

3. 质量限定，即每项工程都有预期的生产能力、产品质量、技术水平或使用效益的目标要求。

建设工程项目管理就是在这些限定条件下来完成既定任务和达到预期的建设目标。

（四）建设工程项目管理的目标明确

建设工程项目的整体、某一组成部分、某一个阶段、某一部分管理者、某一时段等，均有一定的目标。除了项目本身的功能目标外，过程目标归结起来主要有三个，即工期、质量、造价。

（五）建设工程项目管理是系统的管理

建设工程项目既是一个整体，又可以分成单项工程、单位工程、分部工程、分项工程。建设工程项目管理首先进行的是工程项目的整体管理，把项目作为一个有机整体，全面实施管理，使管理效果影响到整个项目范围。其次，建设工程项目管理对项目进行系统分解，把最终目标分解为若干子目标，然后又把每个分解的子目标作为一个整体进行管理，用子目标的成功保证最终目标的成功。最后，建设工程项目管理还要对各子目标之间、各目标之间关系的处理遵循系统法则，它们既是独立的，又相互依存。

（六）建设工程项目管理按照项目的运行规律进行规范化管理

工程项目及其各阶段的运行过程都是有规律的。建设程序就是建设项目的规律。遵循规律进行管理，管理有效；反之，管理不但无效，而且往往不利于项目的运行。

建设工程项目管理作为一门科学，有其固有的理论、方法、内容、规则和规律，已被人们所公认、熟悉并应用，形成了规范和标准，被广泛应用于项目管理实践，使建设工程项目管理工作逐步专业化、规律化、标准化和成熟化，从而实现项目管理的高效率和高成功率。

（七）建设工程项目管理有丰富的专业内容

建设工程项目管理的专业内容包括：工程项目的战略管理、组织管理、规划管理、目标控制、合同管理、信息管理、生产要素管理、现场管理、监督管理、风险管理和组织协调等。

（八）建设工程项目管理有一套适用的方法体系

建设工程项目管理最主要的方法是目标管理，其核心内容是以目标指导行动。具体而言就是：确定总目标，自上而下地分解目标，落实目标，责任者制定措施，实施责任制，完成个人承担的任务，从而自下而上地实现项目的总目标。

（九）建设工程项目管理有专用的知识体系

建设工程项目管理知识体系在构成上与通用的项目管理知识体系相同，然而却有着鲜明的专业特点，其管理原则、思路、方法均有其独特的工程性，在实践中应重点强化项目管理知识体系的工程专业化。

四、建设工程项目管理的分类

（一）按项目管理主体不同划分

工程项目的建设，涉及不同管理主体，主要可划分为：

1. 项目发包人项目管理

项目发包人项目管理是指由项目发包人或委托人对项目建设全过程的监督和管理。项目发包人项目管理又可分为建设项目管理和单项工程管理。

2. 咨询监理单位项目管理

咨询监理单位是依法成立的、独立的、智力密集型的经济实体，接受项目发包人的委托，运用经济、技术、组织、合同等措施，对项目建设过程及参与各方的行为进行监督、管理和控制，以保证项目按规定的工期、投资、质量目标顺利建成。咨询监理单位项目管理可提供全过程监理、阶段咨询服务、工程设计监理和工程施工监理。

3. 承包单位项目管理

作为承包单位，采用的承包方式不同，项目管理的含义不同。具体可划分为：

（1）工程总承包单位项目管理

在设计施工连贯式总承包的情况下，项目发包人在项目决策以后，通过招标择优选定总承包单位全面负责工程项目的实施过程，直到最终交付使用功能和质量标准符合合同文件规定的工程标的物。总承包方的项目管理是贯穿于项目实施全过程的全面管理，既包括设计阶段也包括施工安装阶段。其性质和目的是全面履行工程总承包合同，以实现其企业承建工程的经营方针和目标，取得预期经营效益为动力而进行的工程项目自主管理。

（2）设计单位项目管理

设计单位项目管理是指设计单位受项目发包人委托承担工程项目的设计任务，以设计合同所界定的工作目标及其责任义务作为该项工程设计管理的对象、内容和条件。设计项目管理是设计单位对履行工程设计合同和实现设计单位经营方针目标而进行的设计管理，通过设计合同，依靠设计方的自主项目管理才能贯彻项目发包人的建设意图和实施设计阶段的投资、质量和进度控制。

（3）施工单位项目管理

施工单位项目管理是指施工单位为履行工程承包合同和落实企业生产经营方针目标，在项目经理责任制的条件下，依靠企业技术和管理的综合实力，对工程施工全过程进行计划、组织、指挥、协调和监督控制的系统管理活动。项目经理责任目标体系包括工程施工质量、成本、工期、安全和现场标准化。

（4）供应单位项目管理

从建设项目管理的系统分析角度看，建设物资供应工作也是工程项目实施的一个子系统，它有明确任务和目标，明确的制约条件以及与项目实施子系统的内在联系。因此供应单位同样可以将加工生产制造和供应合同所界定的任务，作为项目进行目标管理和控制，以适应建设项目总目标控制的要求。

4. BOT 项目管理

BOT 是指东道国政府通过特许权协议将某个一向应由政府出资营建管理的公共基础设施交给项目公司融资、建设、经营、维护直至特许期结束时将该设施完整地、无偿地移交给政府。在特许期内，项目公司经营该设施，并取得收入以弥补投融资成本、运营和维护成本，同时获得一定利润。

BOT是一种新兴的融资方式，也是一种新兴的工程承包方式。在BOT模式中，项目公司取代政府成为融资主体，承担融资风险，又由于BOT是一种项目融资方式，从而可以使融资风险由各参与方进一步分担。政府不承担资本成本、经营成本与财务成本，而是通过控制项目的收入流，间接地鼓励项目公司承担风险。在传统的总承包，平行承发包模式中，政府负责融资，并负责建设中的实际支付。

（二）按项目管理层次划分

按项目管理层次可划分为：

1. 宏观项目管理

宏观项目管理是指政府作为主体对项目活动进行的管理。宏观项目管理的手段是行政、法律、经济手段并存，主要包括：项目相关产业法规政策的制定、项目相关的财、税、金融法规政策、项目资源要素市场的调控、项目程序及规范的制定与实施、项目过程的监督检查等。

2. 微观项目管理

微观项目管理是指项目项目发包人或其他参与主体对项目活动的管理，是项目参与者为了各自的利益而以某一具体项目为对象进行的管理，其手段主要是各种微观的经济法律机制和项目管理技术。

（三）按项目管理范围和内涵划分

按建设工程项目管理范围和内涵不同划分为：

1. 广义项目管理

广义项目管理包括项目投资意向、项目建议书、可行性研究、建设准备、设计、施工、竣工验收、项目后评估全过程的管理。

2. 狭义项目管理

狭义项目管理是指从项目正式立项开始，即从项目可行性研究报告批准后到项目竣工验收、项目后评估全过程的管理。

五、建设工程项目管理的主要内容

（一）项目发包人项目管理的主要内容

1. 选择设计、监理、施工单位，制定工作和组织方案；

2. 起草、修改合同文本，参加合同谈判，签订各项合同，进行合同管理；

3. 提出各项工作的质量要求，进行质量监督，处理质量问题；

4. 提出工程的控制性进度要求，审批并监督进度计划的进行，处理进度计划执行过程中出现的问题；

5. 进行投资估算，编制费用计划，审核支付申请，提出节省工程费用的措施；

6. 收集项目工程中的各种信息并做到及时反馈。

（二）设计单位项目管理的主要内容

1. 组建设计团队，制定工作、组织规章制度，会签、审批、组织、提供设计图纸；

2. 明确项目发包人对设计内容和配合施工进度出图的时间要求，确定设计费用，与项目发包人签订设计合同，监督各项合同的执行；

3. 保证设计图纸能满足项目发包人和施工单位的需要，并符合国家有关法律、政策和规定；

4. 制度设计工作进度计划和出图进度计划，并监督检查其实施情况，保证图纸的按时提供；

5. 编制工程设计概预算，或编制标底控制造价，按投资额确定设计内容和投资分配，按设计任务确定酬金，控制设计成本；

6. 收集、反馈并及时处理建设工程项目设计工作中的各种信息。

（三）监理单位项目管理的主要内容

1. 组建项目监理部，确定总监理工程师，成立各级项目监理团队；

2. 根据合同规定、有关法规和技术标准，在公正的立场上采取各种控制、协调与监督措施，履行纠纷调解的职责；

3. 在建设前期进行可行性研究，协助项目发包人正确地进行投资决策，控制好估计投资总额；在设计阶段对设计方案、设计标准、总概算和概预算进行审查；在建设准备阶段协助确定标底和合同造价；在施工阶段审核设计变更，核实已完工程量，进行工程进度款签证和控制索赔；在工程竣工阶段审核工程量；

4. 在建设前期通过周密分析研究确定合理的工期目标，并在施工前将工期要求纳入承包合同；在建设实施期通过运筹学、网络计划技术等科学手段，审查、修改施工组织设计和进度计划，并在计划实施中紧密跟踪，做好协调监督，排除干扰，使单项工程和分段目标工期逐步实现，最终保证项目建设总工期的实现；

5. 组织设计方案评比，进行设计方案磋商与图纸审核，控制设计变更；在施工前通过审查施工单位资质，检查材料、构配件及设备质量和审查施工组织设计等实施质量预控；在施工中通过重要技术复核，工序操作检查，隐蔽工程验收和工序成果检查认证监督标准、规范的贯彻；通过阶段验收和竣工验收把好质量关；

6. 建立建设工程项目监理信息系统，认真收集并反馈项目中的各种信息。

（四）施工单位项目管理的主要内容

1. 选择项目经理，进行施工团队的组织、材料设备的供应、劳动力资源的协调，选择适用的装修施工机械，确定各种工种、机具和材料的使用量；

2. 与项目发包人、分包商及设备材料供应商签订合同，并检查合同的执行情况，处理索赔事项；

3. 依据设计图纸和施工及验收规范施工，预防质量问题的出现，处理质量事故；

4. 编制并执行施工进度计划，建立检查进度计划的报表制度，监督检查施工图纸供应情况，物资供应的情况和劳动力调配的情况，对比检查进度计划的执行情况，采取相应的措施调整进度计划；

5. 编制施工图预算和施工预算，进行施工方案的技术经济比较，选定最佳可行方案，编制投标报价方案，进行日常财务管理，进行月度结算和损益计算，进行工程的中间验收和竣工验收，结算工程款；

6. 及时获取施工过程中的各种信息数据，并及时总结反馈、汇总，及时处理。

六、施工项目的管理原则

施工项目管理通常有四条原则，即风险效益原则、合同管理原则、民主管理原则及责权利统一原则。

（一）风险效益原则

1. 施工企业在对外市场中随时都有风险，只有能承担风险的企业才能在市场有竞争力，只有能承担风险的项目经理部才内外有活力；

2. 企业的项目工程必须为公司及本项目承担风险。项目经营管理人员只有能将施工中各种不利因素带来的风险采取有力的对策加以转化才有可能确保利益；

3. 建筑产品是众多生产要素有机结合的智力劳动密集型产品，而参加项目经营及生产的各方均为各自的利益在不断规范自己的行为，并全方位、全过程地渗透风险效益统一原则。

（二）合同管理原则

1. 坚持合同管理可使企业内外的不正常干预降到最低限度，增加企业活力，是企业内外市场形成的重要标准；

2. 合同管理可使国家有关法律、法规、政策及企业内部的有关规定形成有机联系的整体。

（三）民主管理原则

1. 民主管理可以集思广益，并将项目经理部的正确部署在组织、依靠群众的过程中，成为全体施工人员的自觉行动，达到动机与效果的统一；

2. 施工项目应建立民主监督小组，讨论项目管理的重大决策、实施细则和奖励分配方案，反映职工的建议要求，切实保障职工的正当利益。

（四）责权利统一原则

1. 贯彻责、权、利原则，是保障项目成功的重要管理手段；

2. 责任人与责任人之间的相互制约，才有可能转化为在共同利益上基础上相互配合、相互促进的行为；

3. 责、权、利的实施和执行是关键，要及时兑现奖罚，保证合同的有效性，避免因无法执行合同而产生的不利结果。

七、施工项目的管理过程

施工单位项目管理过程共分五个阶段，分别是投标签约阶段、施工准备阶段、施工阶段、验收交工与结算阶段、用后服务阶段。

（一）投标签约阶段

项目管理的要求是中标、签订工程承包合同。主要的工作如下：

1. 对该工程项目提出投标决策；

2. 多方搜集企业自身的信息，相关单位的信息及市场信息；

3. 编制既有赢利又有竞争力并可望中标的投标书；

4. 投标；

5. 若中标，则应立即进行合同谈判，尽快签订建设工程施工合同。

（二）施工准备阶段

项目管理的要求是从组织机构、施工条件等方面确保施工项目按时开工，并具备连续施工的基本条件。主要工作如下：

1. 组建工程项目经理部；

2. 编制中标后施工组织设计进行施工准备工作；

3. 制订施工项目管理规划；

4. 进行施工现场准备，达到开工要求。

（三）施工阶段

项目管理的要求是全面完成工程承包合同规定的施工任务，按时、保质、保量达到验收交工标准。主要工作如下：

1. 按施工组织设计进行施工，做好动态控制管理；

2. 保证质量、进度、成本、安全等目标能全面实现；

3. 管理好施工现场，实行文明施工；

4. 协调好与项目发包人、监理单位及相关单位的关系；

5. 做好记录，经常检查，处理好合同变更和索赔。

（四）验收交工与结算阶段

项目管理的要求是搜集竣工资料，做好工程档案，对竣工工程验收交工，总结评价，对外结清债权债务，结束交易关系，向项目发包人提供满意的建筑产品。主要工作如下：

1. 做好工程收尾工作；
2. 进行试运转；
3. 在预验基础上接受正式验收；
4. 整理移交竣工文件，进行结算；
5. 总结工作，编制竣工总结报告，办理工程交接手续。

（五）用后服务阶段

项目管理的要求是指导用户正常使用，正常发挥产品功能，寻求反馈信息，改进今后工作，提高企业信誉。主要工作如下：

1. 在合同责任期内进行保修服务；
2. 为保证正常使用提供必要的技术咨询善后服务；
3. 进行回访，听取意见，总结经验，及时维修；
4. 配合科研需要，进行抗震性能观察和测量、环保检测等；
5. 做好工程尾款结算。

第三节　建设工程项目委托管理

建设工程项目委托管理，是指具有工程项目管理资质的企业接受工程项目业主的委托，对工程建设全过程或分阶段进行专业化管理和服务活动。

一、建设工程项目管理企业资质与管理人员执业资格

（一）项目管理企业资质

项目管理企业应当具有工程勘察、设计、施工、监理、造价咨询、招标代理等一项或多项资质。

工程勘察、设计、施工、监理、造价咨询、招标代理等企业可以在本企业资质以外申请其他资质。企业申请资质时，其原有工程业绩、技术人员、管理人员、注册资金和办公场所等资质条件可合并考核。

两个及以上项目管理企业可以组成联合体以一个投标人身份共同投标。联合体中标的，联合体各方应当共同与业主签定委托项目管理合同，对委托项目管理合同的履行承担连带责任。联合体各方应签订联合体协议，明确各方权利、义务和责任，并确定一方作为联合体的主要责任方，项目经理由主要责任方选派。

项目管理企业经项目发包人同意，可以与其他项目管理企业合作，并与合作方签定合作协议，明确各方权利、义务和责任。合作各方对委托项目管理合同的履行承担连带责任。

（二）项目管理人员执业资格

项目管理企业应当根据委托项目管理合同约定，选派具有相应执业资格的专业人员担任项目经理，组建项目管理机构，建立与管理业务相适应的管理体系，配备满足工程项目管理需要的专业技术管理人员，制定各专业项目管理人员的岗位职责，履行委托项目管理合同。

工程项目管理实行项目经理责任制。项目经理不得同时在两个及以上工程项目中从事项目管理工作。

从事工程项目管理的专业技术人员，应当具有城市规划师、建筑师、工程师、建造师、监理工程师、造价工程师等一项或者多项执业资格。

取得城市规划师、建筑师、工程师、建造师、监理工程师、造价工程师等执业资格的专业技术人员，可在工程勘察、设计、施工、监理、造价咨询、招标代理等任何一家企业申请注册并执业。

取得上述多项执业资格的专业技术人员，可以在同一企业分别注册并执业。

二、建设工程项目受托管理应遵循的原则

在履行委托项目管理合同时，项目管理企业及其人员应当遵守国家现行的法律法规、工程建设程序，执行工程建设强制性标准，遵守职业道德，公平、科学、诚信地开展项目管理工作。

三、建设工程项目委托管理的方式

工程项目业主可以通过招标等方式选择项目管理企业，并与选定的项目管理企业以书面形式签订项目委托管理合同。合同中应当明确履约期限，工作范围，双方的权利、义务和责任，项目管理酬金及支付方式，合同争议的解决办法等。

四、建设工程项目受托管理的业务范围

项目管理企业应当改善组织结构，建立项目管理体系，充实项目管理专业人员，按照现行有关企业资质管理规定，在其资质等级许可的范围内开展工程项目管理业务。主要包括以下工作：

1. 协助项目发包人进行项目前期策划，经济分析、专项评估与投资确定；

2. 协助项目发包人办理土地征用、规划许可等有关手续；

3. 协助项目发包人提出工程设计要求、组织评审工程设计方案、组织工程勘察设计招标、签订勘察设计合同并监督实施，组织设计单位进行工程设计

优化、技术经济方案比选并进行投资控制；

4. 协助项目发包人组织工程监理、施工、设备材料采购招标；

5. 协助项目发包人与工程项目总承包企业或施工企业及建筑材料、设备、构配件供应等企业签订合同并监督实施；

6. 协助项目发包人提出工程实施用款计划，进行工程竣工结算和工程决算，处理工程索赔，组织竣工验收，向项目发包人移交竣工档案资料；

7. 生产试运行及工程保修期管理，组织项目后评估；

8. 项目管理合同约定的其他工作。

五、建设工程项目受托管理服务收费与奖励

建设工程项目管理服务收费应当根据受委托工程项目规模、范围、内容、深度和复杂程度等，由项目发包人与项目管理企业在委托项目管理合同中约定。

建设工程项目管理服务收费应在工程概算中列支。

项目发包人应当对项目管理企业提出并落实的合理化建议按照相应节省投资额的一定比例给予奖励。奖励方法由项目发包人与项目管理企业在合同中约定。

六、建设工程项目管理企业不得有下列行为

1. 与受委托工程项目的施工以及建筑材料、构配件和设备供应企业有隶属关系或者其他利害关系；

2. 在受委托工程项目中同时承担工程施工业务；

3. 将其承接的业务全部转让给他人，或者将其承接的业务肢解以后分别转让给他人；

4. 以任何形式允许其他单位和个人以本企业名义承接工程项目管理业务；

5. 与有关单位串通，损害项目发包人利益，降低工程质量。

七、建设工程项目管理人员不得有下列行为

1. 取得一项或多项执业资格的专业技术人员，不得同时在两个及以上企业注册并执业；

2. 收受贿赂、索取回扣或者其他好处；

3. 明示或者暗示有关单位违反法律法规或工程建设强制性标准，降低工程质量。

八、对建设工程项目管理企业监督管理和行业指导

国务院有关专业部门、省级政府建设行政主管部门应当加强对项目管理企业及其人员市场行为的监督管理，建立项目管理企业及其人员的信用评价体系，对违法违规等不良行为进行处罚。

各行业协会应当积极开展工程项目管理业务培训，培养工程项目管理专业人才，制定工程项目管理标准、行为规则，指导和规范建设工程项目管理活动，加强行业自律，推动建设工程项目管理业务健康发展。

第四节 建设工程项目管理法律法规与技术标准体系

一、建设工程项目管理法律法规体系

1. 法律。指由全国人大及其常委会审议发布的各项法律，是建设工程项目管理法律体系的核心，以及与建设活动关系相密切的法律。

主要有《中华人民共和国建筑法》、《中华人民共和国合同法》、《中华人民共和国招标投标法》、《中华人民共和国城乡规划法》、《中华人民共和国安全生产法》、《中华人民共和国劳动法》等。

2. 建设行政法规。指由国务院依法制定并颁布的主要属于住房和城乡建设部主管业务范围的各项法规。

主要有《建设工程质量管理条例》、《建设工程安全生产管理条例》等。

3. 住房和城乡建设部部门规章。指住房和城乡建设部根据国务院规定的职责范围，依法制定并颁布的各项规章或由住房和城乡建设部与国务院有关部门联合制定并发布的规章。

主要有《房屋建设和市政基础设施工程施工招标投标管理办法》、《工程建设项目施工招标投标办法》等。

4. 地方性建设法规。指省、自治区、直辖市人大及其常委会制定并发布的建设方面的法规。

5. 地方性建设规章。指省、自治区、直辖市以及省会城市和经国务院批准的较大城市的人民政府制定并颁布的建设方面的规章。

二、建设工程项目管理技术标准体系

贯彻执行建设工程项目管理技术标准的意义在于：统一对工程项目及其管理的技术经济要求，组织现代化工程建设，提高工程建设的科学技术水平，保证工程质量和安全，加快建设速度，合理利用资金，提高技术经济效益。

1. 建设工程项目管理技术标准是由国家制定或认可的，由国家强制或推

荐实施的有关工程项目的规划、勘察、设计、安装、检测、验收等的技术标准、规范、规程、条例、办法、定额等规范性文件。

主要有《建筑工程施工质量验收统一标准》、《建筑施工安全检查标准》、《建设工程项目管理规范》、《建设工程监理规范》、《建设工程工程量清单计价规范》等。

2. 建设技术法规体系以工程技术、科学和实践经验相结合为基础，由有关专家、学者、工程技术人员进行综合评价、论证后进行编制，由国务院及有关部、委、局批准发布。分为强制性和推荐性两类。

强制性建设工程项目管理技术标准涉及工程结构质量和生命安全，具有法规性、强制性和权威性，有关组织和人员必须执行。

推荐性建设工程项目管理技术标准具有法规性、权威性和推荐性，由于不直接涉及工程结构质量和生命安全，故推荐有关组织和人员执行。

建设工程项目管理技术标准按适用范围分为四级：国家级、部（委）级、省（直辖市、自治区）级和企业级。

第二章　建设工程项目管理组织与建造师管理

第一节　建设工程项目管理组织

组织是管理的一项重要职能。通常认为组织有两个方面的含义：一是表现为组织形式，即按照一定的体制，对部门设置、层次划分及职责分工而构成的有机整体；二是表现为组织行为，即为达到一定目标，运用组织所赋予的权力，对所需的资源进行合理配置。不论是哪一种含义，其目的都是处理好人与人，人与事、物之间的关系。

组织是管理的一项重要职能，通过合理的管理组织，能有利于项目目标分解与完成、有利于资源的优化配置、有利于项目工作的管理及项目内外关系的协调，提高项目团队的工作效率，最终保证项目目标的实现。

建设工程项目管理组织是参与项目管理工作，并在职责、权限分工及/或相互关系得到安排的一组人员及设施。包括发包人、承包人、分包人和其他参与项目管理的单位针对项目管理工作而建立的管理组织。换言之，建设工程项目管理组织是为完成某个特定的项目任务而由不同部门、不同专业的人员所组成的，具有明确的职责、权限和相互关系的人员及设施的集合。

在实践中，建设工程项目管理组织泛指参与工程项目建设各方的建设工程项目管理组织，包括项目发包人、设计单位、施工单位的建设工程项目管理组织，也包括工程总承包单位、代建单位、项目管理单位等参建方的建设工程项目管理组织。由于项目发包人是工程建设的投资者与组织者，项目发包人所确定的项目实施模式往往对参建各方的建设工程项目管理组织产生重要影响。

组织的目标和责任明确是高效工作的前提。建设工程项目管理组织管理工作人员的职业素质是高效工作的基础，而工作人员具备相应的从业、执业资格则是其职业素质的基本保证。

在项目实施全过程的各个不同阶段将有不相同的管理需求，因此建设工程项目管理组织可根据实际需要作适当调整，但这种调整应以不影响组织机构的稳定为前提。

一、建设工程项目管理组织的建立应遵循的原则

1. 组织架构科学合理。

建设工程项目管理组织架构应当科学合理，应当与其履行的职责相适应、能顺畅的运行集约化的工作流程。具体包含两层含义：一是参建各方建设工程项目管理组织自身内部构架应科学合理；二是指同一工程项目参建各方所形成的项目团队的整体构架也应科学合理。

2. 有明确的管理目标和责任制度。

建设工程项目管理组织应确定各相关建设工程项目管理组织的职责、权限、利益和应承担的风险。建设工程项目管理组织的高效运行和工程项目的成功实施，有赖于参建各方围绕工程建设的共同目标相互和谐配合及顺畅流通。这里所指的参建单位包括项目发包人、咨询单位、设计单位、监理单位、总承包单位、分包单位以及设备材料供应单位等。为此，各相关单位之间应在公正、公平的原则下通过有效的合同关系合理分解项目目标、分担项目责任、分享项目利益，并承担相应风险。

3. 组织成员具备相应的职业资格。

4. 组织保持相对稳定，并根据实际需要进行调整。

二、项目经理部

1. 项目经理部是组织设置的项目管理机构，承担项目实施的管理任务和目标实现的全面责任。

建设工程实施项目管理，均应在其组织结构中设置项目经理部，特别是大中型项目。

2. 项目经理部由项目经理领导，接受组织职能部门的指导、监督、检查、服务和考核，并负责对项目资源进行合理使用和动态管理。

项目经理部由项目经理在组织职能部门的支持下组建，直属项目经理领导，主要承担和负责现场项目管理的日常工作，在项目实施过程中其管理行为应接受企业职能部门的监督和管理。

3. 项目经理部应在项目启动前建立，并在项目竣工验收、审计完成后或按合同约定解散。

4. 建立项目经理部应遵循下列步骤：

（1）根据项目管理规划大纲确定项目经理部的管理任务和组织结构；

（2）根据项目管理目标责任书进行目标分解与责任划分；

（3）确定项目经理部的组织设置；

（4）确定人员的职责、分工和权限；

（5）制定工作制度、考核制度与奖惩制度。

5. 项目经理部的组织结构应根据项目的规模、结构、复杂程度、专业特点、人员素质和地域范围确定。

项目经理部的组织结构可简可繁，可大可小，其复杂程度和职能范围完全决定于组织管理体制、项目规模和人员素质。

6. 项目经理部所制定的规章制度，应报上一级组织批准。

三、项目经理责任制

（一）建立健全项目经理责任制的作用

建设工程项目管理必须实行项目经理责任制。

项目经理责任制是我国建设工程项目管理体制改革的一项重要成果，对于加强施工管理，提高工程质量，保证安全生产，起到了很好的作用。所以实施和深化项目经理责任制的目的就是要进一步建立和健全建设工程项目管理组织机制，用制度明确项目经理应承担的责任、权限和利益，有利于项目经理在项目管理中发挥核心和主导作用。

1. 项目经理责任制应作为项目管理的基本制度，是评价项目经理绩效的依据。

项目管理工作成功的关键是推行和实施项目经理责任制。项目完成后，对项目经理和项目管理工作评价的主要内容是依据项目管理目标责任书，因为它是确定项目经理和其领导成员职责、义务和项目管理目标的制度性文件，这就是项目管理区别于其他管理模式的显著特点。

2. 项目经理责任制的核心是项目经理承担实现项目管理目标责任书确定的责任。

项目管理目标责任书由法定代表人或其授权代表与项目经理签订。具体明确项目经理及其管理成员在项目实施过程中的职责、权限、利益与奖惩。是规范和约束组织与项目经理部各行为，考核项目管理目标完成情况的重要依据。

3. 项目经理与项目经理部在工程建设中应严格遵守和实行相关管理责任制度，确保项目目标全面实现。

组织要以项目经理责任制为核心，建立健全适应项目管理活动的各项制度。主要包括岗位责任制度、计划管理制度、质量安全保证制度、财务核算制度、绩效考核奖惩制度及内部管理制度等内容。

（二）项目经理

建设工程项目管理的实践经验表明，工程项目的成功与否很大程度上取决于项目经理的业务水平和风险意识。2003 年 2 月 27 日，国务院发布了《关于取消第二批行政审批项目和改变一批行政审批项目管理方式的决定》（国发[2003] 5号），取消了建设工程项目施工承包人项目经理资质核准而由注册建造师代替，并设立过渡期。但是需要注意的是，建造师执业资格制度的建立并不意味着完全取代了项目经理责任制，而只是取消“项目经理资质”的行政审批，注册建造师的一项重要业务内容仍然是担任建设工程项目施工的项目经理。

项目经理从职业角度，是指对建设工程实行质量、安全、进度、成本、环保管理的责任保证体系和全面提高工程项目管理水平而设立的重要管理岗位；从从业角度，是指接受承包人委托对工程项目施工过程全面负责的项目管理者，是承包人在工程项目上的代表人。项目经理在建设工程项目管理工作中的重点是对项目管理各个阶段进行风险源识别、风险控制和风险化解。识别和预判风险源是前提，目的是采取有效的预防措施和控制手段，有效化解风险。目前许多建筑施工企业对风险管理尚处于起步阶段，主要是依靠经验，缺少规范、有效的科学管理程序。

项目经理应由企业法定代表人任命，并根据法定代表人授权的范围、期限和内容，履行管理职责，并对项目实施全过程、全面管理；项目经理的责任和权力范围应依据法定代表人的委托和授权确定，但其管理工作应对项目全面负责，实施项目正常运行的全过程、全面管理；项目经理是协调各方面关系，使之相互紧密协作、配合的桥梁和纽带；项目经理对施工项目实施进行控制，是各种信息的集散中心；项目经理是一种工作岗位，既不是技术职称，也不是执业资格；项目经理必须是取得工程建设类相应专业注册执业资格证书的建造师担任。

项目经理应具备下列素质：

1. 符合项目管理要求的能力，善于进行组织协调与沟通；
2. 相应的项目管理经验和业绩；
3. 项目管理需要的专业技术、管理、经济、法律和法规知识；
4. 良好的职业道德和团结协作精神，遵纪守法，爱岗敬业、诚信尽责；
5. 身体健康。

项目经理不应同时承担两个或两个以上未完项目领导岗位的工作。为了确保项目的目标实现，应严格项目经理的管理投入，原则上一个项目经理在同一时期只承担一个项目的管理工作，即在一个项目主体没有完成之前不得参与其他项目的建设管理，更不能同时兼任其他项目的项目经理，只有在项目进入收尾阶段的后期，经组织法定代表人同意方可介入其他项目的管理工作。

在项目运作正常的情况下，项目管理组织不应随意撤换项目经理。在合同履行过程中因特殊原因需要撤换项目经理时，应进行审计并按有关合同约定报告相关方。为了确保项目实施的可持续性和项目经理责任、权力和利益的连贯性和可追溯性，应尽量保持项目经理工作的稳定，不得随意撤换，但在项目发生重大安全质量事故或项目经理违法、违纪时，组织可撤换项目经理，而且必须进行绩效审计，并按合同约定报告有关合作单位。

（三）项目管理目标责任书

1. 项目管理目标责任书应在项目实施之前，由法定代表人或其授权人与项目经理协商确定。

项目管理目标责任书是法定代表人依据项目的合同、项目管理制度、项目管理规划大纲及组织的经营方针和目标要求明确规定项目经理部应达到的成本、质量、进度和安全等管理目标的文件，是非法律意义上的合同。因此，双方之间的关系是组织内部的上下级关系，而不是平等的双方之间的合同法律主体关系。

2. 编制项目管理目标责任书应依据下列资料：

（1）项目合同文件；

（2）组织的管理制度；

（3）项目管理规划大纲；

（4）组织的经营方针和目标。

3. 项目管理目标责任书可包括下列内容：

（1）项目管理实施目标；

（2）组织与项目经理部之间的责任、权限和利益分配；

（3）项目设计、采购、施工、试运行等管理的内容和要求；

（4）项目需用资源的提供方式和核算办法；

（5）法定代表人向项目经理委托的特殊事项；

（6）项目经理部应承担的风险；

（7）项目管理目标评价的原则、内容和方法；

（8）对项目经理部进行奖惩的依据、标准和办法；

（9）项目经理解职和项目经理部解体的条件和办法。

项目管理目标责任书重点是明确项目经理工作内容，其核心是为了完成项目管理目标，是组织考核项目经理和项目经理部成员业绩的标准和依据。

4. 确定项目管理目标应遵循下列原则：

（1）满足组织管理目标的要求；

（2）满足合同的要求；

（3）预测相关的风险；

（4）具体且操作性强；

（5）便于考核。

5. 组织应对项目管理目标责任书的完成情况进行考核，根据考核结果和项目管理目标责任书的奖惩规定，提出奖惩意见，对项目经理部进行奖励或处罚。

（四）项目经理的责、权、利

1. 项目经理应履行下列职责：

（1）项目管理目标责任书规定的职责；

（2）主持编制项目管理实施规划，并对项目目标进行系统管理；

（3）对资源进行动态管理；

（4）建立各种专业管理体系并组织实施；

（5）进行授权范围内的利益分配；

（6）收集工程资料，准备结算资料，参与工程竣工验收；

（7）接受审计、处理项目经理部解体的善后工作；

（8）协助组织进行项目的检查、鉴定和评奖申报工作。

2. 项目经理应具有下列权力：

（1）参与项目招标、投标和合同签订；

（2）参与组建项目经理部；

（3）主持项目经理部工作；

（4）决定授权范围内的项目资金的投入和使用；

（5）制定内部计酬办法；

（6）参与选择并使用具有相应资质的分包人；

（7）参与选择物资供应单位；

（8）在授权范围内协调与项目有关的内、外部关系；

（9）法定代表人授予的其他权力。

组织对项目经理授权应根据项目管理的需要、项目的地域与环境以及项目经理的综合素质与管理能力，实行有限授权。

3. 项目经理的利益与奖励

（1）获得工资和奖励；

（2）项目完成后，按照项目管理目标责任书规定，经审计后给予奖励或处罚；

（3）获得评优表彰、记功等奖励。

组织应确立和维护项目经理的地位及正当权益，应采取各种形式对项目经理予以表彰、奖励。对未完成责任书要求或有违规、违纪行为应给予严格的处罚，做到奖罚分明，以最大限度调动项目经理积极性为原则，确保各项利益。

（五）项目经理重点关系的协调

项目经理需要重点处理好以下三种关系：

1. 协调总分包之间、与其他承包单位之间的关系

项目管理中总包单位与分包单位、与其他承包单位之间在施工配合中，处理经济利益关系的原则是严格按照国家有关法律法规和所签订的总分包合同、承包合同及企业的规章制度办理。本着“有主有次，确保重点”的原则，统一安排，服从总进度的需要，定期召开现场协调会，及时解决施工中出现的问题。

2. 协调处理好与劳务作业层之间的关系

项目经理部与作业层队伍或劳务公司是地位平等的劳务合同关系。劳务公司提供的劳务要符合项目经理部为完成施工需要而提出的要求，并接受项目经理部的监督与控制。同时，坚持相互尊重、支持、协商解决问题，坚持为作业层创造条件，不损害作业层的利益。

3. 协调公共关系

施工中要经常和发包人、设计单位、监理单位以及政府主管行业部门、质量监督部门、消防部门、环境部门、公安部门等取得联系，主动争取他们的支持和帮助，为工程项目服务。

第二节　建造师概述

目前我国的建造师执业资格制度主要有考试制度、注册制度、执业制度、继续教育制度和信用档案制度。这些制度的主要内容多以住房和城乡建设部的部门规章和规范性文件的形式予以规定和体现。

一、注册建造师的概念

为加强建设工程项目管理，提高建设工程施工管理专业人员素质，规范施工管理行为，保证工程质量和安全，根据《中华人民共和国建筑法》第 14 条的规定：“从事建筑活动的专业技术人员，应当依法取得相应的执业资格证书，并在执业资格证书许可的范围内从事建筑活动。”

目前在我国建设工程领域内已建立了注册建筑师、注册结构工程师、注册监理工程师、注册造价工程师、注册房地产估价工程师、注册规划师等执业资格制度。2002 年 12 月 5 日，人事部、建设部联合印发了《建造师执业资格制度暂行规定》（人发［2002］111 号），这标志着我国建造师执业资格制度的正式建立。该《规定》明确规定，我国的建造师是指从事建设工程项目总承包和施工管理关键岗位的专业技术人员。

建造师执业资格制度起源于英国，迄今已有 150 余年历史。世界上许多发

达国家已经建立了该项制度。具有执业资格的建造师已有了国际性的组织——国际建造师协会。从事建设工程项目承包和施工管理的广大专业技术人员特别是在施工项目经理队伍中建立建造师执业资格制度，必将极大促进我国建设工程项目管理人员素质和管理水平的提高。

二、建造师的定位

建造师是以专业技术为依托、以建设工程项目管理特别是以施工管理为主业的执业注册人员。建造师是懂管理、懂技术、懂经济、懂法规，综合素质较高的复合型人员，既要有理论水平，也要有丰富的实践经验和较强的组织能力。

建造师注册受聘后，可以注册建造师的名义担任建设工程项目施工的项目经理，从事其他施工活动的管理，从事法律、行政法规或国务院建设行政主管部门规定的其他业务。

注册建造师，是指通过考核认定或考试合格取得中华人民共和国建造师资格证书，并按照规定进行注册，取得中华人民共和国建造师注册证书和执业印章，担任施工单位项目负责人及从事相关活动的专业技术人员。

未取得注册证书和执业印章的，不得担任大中型建设工程项目的施工单位项目负责人，不得以注册建造师的名义从事相关活动。

注册建造师担任施工项目负责人是以管理者而非技术者身份，并且是综合管理者而非单一管理者，代表企业负责工程建设的全面、全过程和全员管理，在整个工程建设项目管理团队中起着核心作用，在工程建设管理过程中发挥着计划、组织、协调和指挥的功能。

三、建造师的级别划分

建造师分为一级建造师和二级建造师。

大中型工程施工项目负责人必须由本专业注册建造师担任。一级注册建造师可担任大、中、小型工程施工项目负责人，二级注册建造师可以承担中、小型工程施工项目负责人。

各专业大、中、小型工程分类标准按《关于印发〈注册建造师执业工程规模标准〉（试行）的通知》（建市［2007］171 号）执行。

四、建造师专业划分

为了适应各类工程项目对注册建造师专业技术的要求，保持与现行建筑业企业资质管理制度和现行建设工程管理体制相衔接，充分发挥各有关专业部门的作用，建造师实行分专业管理。

一级注册建造师划分为建筑工程、公路工程、铁路工程、民航机场工程、港口与航道工程、水利水电工程、矿业工程、机电工程、市政公用工程、通信与广电工程十个专业。

二级注册建造师划分为建筑工程、公路工程、水利水电工程、矿业工程、机电工程、市政公用工程六个专业。

五、建造师与项目经理的关系

项目经理是建筑业企业实施建设工程项目管理任务而设置的一个岗位职务；建造师是获得从事建设工程管理执业资格的专业技术人员，是一种专业人士的名称。

建造师执业资格制度建立以后，承担建设工程项目施工的项目经理仍是承包人所承包某一具体工程的主要负责人，职责是根据企业的授权，对工程项目自开工准备至竣工验收，实施全面的组织管理。而大中型工程项目的项目经理必须由取得建造师执业资格的建造师担任，建造师在所承担的具体工程项目中行使项目经理职权。注册建造师资格是担任大中型工程项目的项目经理之必要条件。建造师必须按照《建造师执业资格制度暂行规定》（人发［2002］111号文件）的规定，经统一考试和注册后才能从事担任项目经理等相关活动，是国家的强制性要求，而项目经理的聘任则是企业的行为。

第三节　建造师执业

一、一般规定

（一）建造师执业的依据

取得资格证书的人员应当受聘于一个具有建设工程勘察、设计、施工、监理、招标代理、造价咨询等一项或者多项资质的单位，经注册后方可从事相应的执业活动。

我国《建筑法》第14条规定：“从事建筑活动的专业技术人员，应当依法取得相应的执业资格证书，并在执业资格证书许可的范围内从事建筑活动。”

另外，《注册建造师管理规定》、《建设工程质量管理条例》、《建设工程安全生产管理条例》等都有相应的条款对注册建造师执业进行了规定。

注册建造师在执业活动中还会涉及其他相关法律、法规，如《合同法》、《劳动合同法》、《环境保护法》等。

（二）建造师担任施工项目负责人

注册建造师担任施工单位项目负责人的，应当受聘并注册于一个具有施工资质的企业。

注册建造师不得同时担任两个及以上建设工程施工项目负责人。发生下列情形之一的除外：

1. 同一工程相邻分段发包或分期施工的；

2. 合同约定的工程验收合格的；

3. 因非承包方原因致使工程项目停工超过120天（含），经项目发包人同意的。

（三）建造师的执业原则

一级注册建造师可在全国范围内以一级注册建造师名义执业。

通过二级建造师资格考核认定，或参加全国统考取得二级建造师资格证书并经注册的人员，可在全国范围内以二级注册建造师名义执业。

工程所在地各级建设主管部门和有关部门不得增设或者变相设置跨地区承揽工程项目执业准入条件。

担任施工项目负责人的注册建造师应当按照国家法律法规、工程建设强制性标准组织施工，保证工程施工符合国家有关质量、安全、环保、节能等有关规定。

担任施工项目负责人的注册建造师，应当按照国家劳动用工有关规定，规范项目劳动用工管理，切实保障劳务人员合法权益。

（四）建造师的执业范围

注册建造师的具体执业范围按照《注册建造师执业工程规模标准》执行。

注册建造师不得同时在两个及两个以上的建设工程项目上担任施工单位项目负责人。

注册建造师可以从事建设工程项目总承包管理或施工管理，建设工程项目管理服务，建设工程技术经济咨询，以及法律、行政法规和国务院建设主管部门规定的其他业务。

1. 一级注册建造师的执业范围：

（1）担任特级、一级建筑业企业资质的建筑工程项目施工的项目经理；

（2）从事其他施工活动的管理工作；

（3）法律、行政法规或国务院建设行政主管部门规定的其他业务。

2. 二级注册建造师的执业范围：

（1）担任二级及以下建筑业企业资质的建筑工程项目施工的项目经理；

（2）从事其他施工活动的管理工作；

（3）法律、行政法规或国务院建设行政主管部门规定的其他业务。

二、建筑工程承包企业资质要求

（一）工程总承包企业

工程总承包企业是指受项目发包人委托，按照合同约定，对工程项目的勘察、设计、采购、施工、竣工验收等实行全过程或若干阶段承包的企业。

1. 工程总承包的意义

（1）由工程总承包公司进行项目运行和管理；

（2）建设组织方式由行政方式转变为经济方式；

（3）组织方法由分阶段、分别管理变为各阶段通盘考虑、相互衔接、一体化管理。

2. 工程总承包的主要方式

工程总承包的具体方式、工作内容和责任等由项目发包人与总承包企业在合同中具体约定，其主要方式如下：

（1）设计、采购、施工（EPC）/交钥匙总承包

交钥匙总承包是设计、采购、施工总承包业务和责任的前后延伸，负责前期部分工作（如可行性研究）、安装、试运行和交付使用等，最终是向项目发包人交付一个满足使用功能、具体使用条件的工程项目产品。

（2）设计—施工总承包（D-B）

（3）设计—采购总承包（D-P）

（4）采购—施工总承包（P-C）

3. 工程总承包的工作性质和优点

工程总承包人对工程项目的质量、工期、造价等向项目发包人负责，可依法将所承包工程中的部分工作发包给具有相应资质的分包企业，分包企业按照分包合同的约定对总承包企业负责。

工程总承包的优点是工程总承包企业对整个工程项目建设进行整体构思、全面安排、协调运行、前后衔接和系统化管理，符合建设规律和社会化大生产的要求，能与国际惯例接轨。

4. 工程总承包企业须具备的条件

（1）具有全面管理的能力。包括：咨询能力、设计能力、施工能力、采购能力、融资能力、管理能力等。

（2）具有扎实的经验基础。包括：技术标准体系；管理标准体系；编码体系；定额体系等。

（3）有实力雄厚的人才团队，有足够的懂技术、会管理、善经营、精商务的复合型人才等。

（二）施工总承包企业

施工总承包企业是建筑业企业的一类。

建筑业企业是指从事土木工程、建筑工程、线路管道设备安装工程、装修工程的新建、扩建、改建活动的企业。

房屋建筑工程是指工业、民用与公共建筑（建筑物、构筑物）工程。工程内容包括：

（1）地基与基础工程；

（2）土石方工程；

（3）结构工程；

（4）屋面工程；

（5）内、外部的装修装饰工程；

（6）上下水、供暖、电气、卫生洁具、通风、照明、消防、防雷等安装工程。

1. 施工总承包企业承包工程形式

（1）取得施工总承包资质的企业，可以对工程实行施工总承包或者对主体工程实行施工承包；

（2）承担施工总承包的企业可以对所承接的工程全部自行施工，也可以将非主体工程或者劳务作业分包给具有相应专业承包资质或者劳务分包资质的其他建筑业企业。

2. 施工总承包企业资质等级标准

施工总承包企业包括房屋建筑工程、公路工程、铁路工程等12类，以房屋建筑工程施工总承包企业资质等级标准为例，其余工程施工总承包企业资质等级标准可详见建设部建建［2001］82号《建筑业企业资质等级标准》。

房屋建筑工程施工总承包企业资质等级标准：

房屋建筑工程施工总承包企业资质分为特级、一级、二级、三级。

特级资质标准

一、企业资信能力

1. 企业注册资本金3亿元以上。
2. 企业净资产3.6亿元以上。
3. 企业近三年上缴建筑业营业税均在5000万元以上。
4. 企业银行授信额度近三年均在5亿元以上。

二、企业主要管理人员和专业技术人员要求

1. 企业经理具有10年以上从事工程管理工作经历。

2. 技术负责人具有15年以上从事工程技术管理工作经历，且具有工程序列高级职称及一级注册建造师或注册工程师执业资格；主持完成过两项及以上施工总承包一级资质要求的代表工程的技术工作或甲级设计资质要求的代表工程或合同额2亿元以上的工程总承包项目。

3. 财务负责人具有高级会计师职称及注册会计师资格。

4. 企业具有注册一级建造师（一级项目经理）50人以上。

5. 企业具有本类别相关的行业工程设计甲级资质标准要求的专业技术人员。

三、科技进步水平

1. 企业具有省部级（或相当于省部级水平）及以上的企业技术中心。

2. 企业近三年科技活动经费支出平均达到营业额的0.5%以上。

3. 企业具有国家级工法3项以上；近五年具有与工程建设相关的，能够推动企业技术进步的专利3项以上，累计有效专利8项以上，其中至少有一项发明专利。

4. 企业近十年获得过国家级科技进步奖项或主编过工程建设国家或行业标准。

5. 企业已建立内部局域网或管理信息平台，实现了内部办公、信息发布、数据交换的网络化；已建立并开通了企业外部网站；使用了综合项目管理信息系统和人事管理系统、工程设计相关软件，实现了档案管理和设计文档管理。

四、代表工程业绩

近5年承担过下列5项工程总承包或施工总承包项目中的3项，工程质量合格。

1. 高度100米以上的建筑物；

2. 28层以上的房屋建筑工程；

3. 单体建筑面积5万平方米以上房屋建筑工程；

4. 钢筋混凝土结构单跨30米以上的建筑工程或钢结构单跨36米以上房屋建筑工程；

5. 单项建安合同额2亿元以上的房屋建筑工程。

一级资质标准：

1. 企业近5年承担过下列6项中的4项以上工程的施工总承包或主体工程承包，工程质量合格。

（1）25层以上的房屋建筑工程；

（2）高度100米以上的构筑物或建筑物；

（3）单体建筑面积3万平方米以上的房屋建筑工程；

（4）单跨跨度 30 米以上的房屋建筑工程；

（5）建筑面积 10 万平方米以上的住宅小区或建筑群体；

（6）单项建安合同额 1 亿元以上的房屋建筑工程。

2. 企业经理具有 10 年以上从事工程管理工作经历或具有高级职称；总工程师具有 10 年以上从事建筑施工技术管理工作经历并具有本专业高级职称；总会计师具有高级会计职称；总经济师具有高级职称。

企业有职称的工程技术和经济管理人员不少于 300 人，其中工程技术人员不少于 200 人；工程技术人员中，具有高级职称的人员不少于 10 人，具有中级职称的人员不少于 60 人。

企业具有的一级资质项目经理不少于 12 人。

3. 企业注册资本金 5000 万元以上，企业净资产 6000 万元以上。

4. 企业近 3 年最高年工程结算收入 2 亿元以上。

5. 企业具有与承包工程范围相适应的施工机械和质量检测设备。

二级资质标准：

1. 企业近 5 年承担过下列 6 项中的 4 项以上工程的施工总承包或主体工程承包，工程质量合格。

（1）12 层以上的房屋建筑工程；

（2）高度 50 米以上的构筑物或建筑物；

（3）单体建筑面积 1 万平方米以上的房屋建筑工程；

（4）单跨跨度 21 米以上的房屋建筑工程；

（5）建筑面积 5 万平方米以上的住宅小区或建筑群体；

（6）单项建安合同额 3000 万元以上的房屋建筑工程。

2. 企业经理具有 8 年以上从事工程管理工作经历或具有中级以上职称；技术负责人具有 8 年以上从事建筑施工技术管理工作经历并具有本专业高级职称；财务负责人具有中级以上会计职称。

企业有职称的工程技术和经济管理人员不少于 150 人，其中工程技术人员不少于 100 人；工程技术人员中，具有高级职称的人员不少于 2 人，具有中级职称的人员不少于 20 人。

企业具有的二级资质以上项目经理不少于 12 人。

3. 企业注册资本金 2000 万元以上，企业净资产 2500 万元以上。

4. 企业近 3 年最高年工程结算收入 8000 万元以上。

5. 企业具有与承包工程范围相适应的施工机械和质量检测设备。

三级资质标准：

1. 企业近 5 年承担过下列 5 项中的 3 项以上工程的施工总承包或主体工程承包，工程质量合格。

（1）6层以上的房屋建筑工程；

（2）高度25米以上的构筑物或建筑物；

（3）单体建筑面积5000平方米以上的房屋建筑工程；

（4）单跨跨度15米以上的房屋建筑工程；

（5）单项建安合同额500万元以上的房屋建筑工程。

2. 企业经理具有5年以上从事工程管理工作经历；技术负责人具有5年以上从事建筑施工技术管理工作经历并具有本专业中级以上职称；财务负责人具有初级以上会计职称。

企业有职称的工程技术和经济管理人员不少于50人，其中工程技术人员不少于30人；工程技术人员中，具有中级以上职称的人员不少于10人。

企业具有的三级资质以上项目经理不少于10人。

3. 企业注册资本金600万元以上，企业净资产700万元以上。

4. 企业近3年最高年工程结算收入2400万元以上。

5. 企业具有与承包工程范围相适应的施工机械和质量检测设备。

房屋建筑工程施工总承包企业的工程承包范围：

特级资质承包工程范围：

1. 取得施工总承包特级资质的企业可承担本类别各等级工程施工总承包、设计及开展工程总承包和项目管理业务；

2. 取得房屋建筑、公路、铁路、市政公用、港口与航道、水利水电等专业中任意1项施工总承包特级资质和其中2项施工总承包一级资质，即可承接上述各专业工程的施工总承包、工程总承包和项目管理业务，及开展相应设计主导专业人员齐备的施工图设计业务。

3. 取得房屋建筑、矿山、冶炼、石油化工、电力等专业中任意1项施工总承包特级资质和其中2项施工总承包一级资质，即可承接上述各专业工程的施工总承包、工程总承包和项目管理业务，及开展相应设计主导专业人员齐备的施工图设计业务。

4. 特级资质的企业，限承担施工单项合同额3000万元以上的房屋建筑工程。

一级资质承包工程范围：

可承担单项建安合同额不超过企业注册资本金5倍的下列房屋建筑工程的施工。

（1）40层及以下、各类跨度的房屋建筑工程；

（2）高度240米及以下的构筑物；

（3）建筑面积20万平方米及以下的住宅小区或建筑群体。

二级资质承包工程范围：

可承担单项建安合同额不超过企业注册资本金5倍的下列房屋建筑工程的

施工。

（1）28 层及以下、单跨跨度 36 米及以下的房屋建筑工程；

（2）高度 120 米及以下的构筑物；

（3）建筑面积 12 万平方米及以下的住宅小区或建筑群体。

三级资质承包工程范围：

可承担单项建安合同额不超过企业注册资本金 5 倍的下列房屋建筑工程的施工：

（1）14 层及以下、单跨跨度 24 米及以下的房屋建筑工程；

（2）高度 70 米及以下的构筑物；

（3）建筑面积 6 万平方米及以下的住宅小区或建筑群体。

（三）专业承包企业

1. 专业承包企业承包工程形式

（1）取得专业承包资质的企业，可以承接施工总承包企业分包的专业工程或者项目发包人按照规定发包的专业工程；

（2）专业承包企业可以对所承接的工程全部自行施工，也可以将劳务作业分包给具有相应劳务资质的劳务分包企业。

2. 专业承包企业资质等级标准

专业承包企业包括地基与基础工程、土石方工程、建筑装饰装修工程专业承包企业等 60 类，以建筑装饰装修工程为例，其余工程专业承包企业可详见建设部建建［2001］82 号《建筑业企业资质等级标准》。

建筑装饰装修工程专业承包企业资质等级标准

建筑装饰装修工程专业承包企业资质分为一级、二级、三级。

一级资质标准：

1. 企业近 5 年承担过 3 项以上单位工程造价 1000 万元以上或三星级以上宾馆大堂的装饰装修工程施工，工程质量合格。

2. 企业经理具有 8 年以上从事工程管理工作经历或具有高级职称；总工程师具有 8 年以上从事建筑装饰装修施工技术管理工作经历并具有相关专业高级职称；总会计师具有中级以上会计职称。

企业有职称的工程技术和经济管理人员不少于 40 人，其中工程技术人员不少于 30 人，且建筑学或环境艺术、结构、暖通、给排水、电气等专业人员齐全；工程技术人员中，具有中级以上职称的人员不少于 10 人。

企业具有的一级资质项目经理不少于 5 人。

3. 企业注册资本金 1000 万元以上，企业净资产 1200 万元以上。

4. 企业近 3 年最高年工程结算收入 3000 万元以上。

二级资质标准：

1. 企业近5年承担过2项以上单位工程造价500万元以上的装饰装修工程或10项以上单位工程造价50万元以上的装饰装修工程施工，工程质量合格。

2. 企业经理具有5年以上从事工程管理工作经历或具有中级以上职称；技术负责人具有5年以上从事装饰装修施工技术管理工作经历并具有相关专业中级以上职称；财务负责人具有中级以上会计职称。

企业有职称的工程技术和经济管理人员不少于25人，其中工程技术人员不少于20人，且建筑学或环境艺术、结构、暖通、给排水、电气等专业人员齐全；工程技术人员中，具有中级以上职称的人员不少于5人。

企业具有的二级资质以上项目经理不少于5人。

3. 企业注册资本金500万元以上，企业净资产600万元以上。

4. 企业近3年最高年工程结算收入1000万元以上。

三级资质标准：

1. 企业近3年承担过3项以上单位工程造价20万元以上的装修装饰工程施工，工程质量合格。

2. 企业经理具有3年以上从事工程管理工作经历；技术负责人具有5年以上从事装修装饰施工技术管理工作经历并具有相关专业中级以上职称；财务负责人具有初级以上会计职称。

企业有职称的工程技术和经济管理人员不少于15人，其中工程技术人员不少于10人，且建筑学或环境艺术、暖通、给排水、电气等专业人员齐全；工程技术人员中，具有中级以上职称的人员不少于2人。

企业具有的三级资质以上项目经理不少于2人。

3. 企业注册资本金50万元以上，企业净资产60万元以上。

4. 企业近3年最高年工程结算收入100万元以上。

建筑装修装饰工程专业承包企业承包工程范围：

一级企业：可承担各类建筑室内、室外装修装饰工程（建筑幕墙工程除外）的施工。

二级企业：可承担单位工程造价1200万元及以下建筑室内、室外装修装饰工程（建筑幕墙工程除外）的施工。

三级企业：可承担单位工程造价60万元及以下建筑室内、室外装修装饰工程（建筑幕墙工程除外）的施工。

（四）劳务分包企业

1. 劳务分包企业的作业形式

取得劳务分包资质的企业，可以承接施工总承包企业或专业承包企业分包的劳务作业。

2. 劳务分包企业资质等级标准

劳务分包企业包括木工作业、砌筑作业、抹灰作业、混凝土作业等13类，以木工作业、混凝土作业分包企业资质标准为例，其余作业分包企业可详见中华人民共和国建设部建建［2001］82号《建筑业企业资质等级标准》。

（1）木工作业分包企业资质标准

木工作业分包企业资质分为一级、二级。

一级资质标准：

①企业注册资本金30万元以上。

②企业具有相关专业技术员或本专业高级工以上的技术负责人。

③企业具有初级以上木工不少于20人，其中，中、高级工不少于50%；企业作业人员持证上岗率100%。

④企业近3年最高年完成劳务分包合同额100万元以上。

⑤企业具有与作业分包范围相适应的机具。

二级资质标准：

①企业注册资本金10万元以上。

②企业具有本专业高级工以上的技术负责人。

③企业具有初级以上木工不少于10人，其中，中、高级工不少于50%；企业作业人员持证上岗率100%。

④企业近3年承担过2项以上木工作业分包，工程质量合格。

⑤企业具有与作业分包范围相适应的机具。

作业分包范围：

一级企业：可承担各类工程的木工作业分包业务，但单项业务合同额不超过企业注册资本金的5倍。

二级企业：可承担各类工程的木工作业分包业务，但单项业务合同额不超过企业注册资本金的5倍。

（2）混凝土作业分包企业资质标准

混凝土作业分包企业资质不分等级。

①企业注册资本金30万元以上。

②企业具有相关专业助理工程师职称或技师以上的技术负责人。

③企业具有初级以上混凝土技术工人不少于30人，其中，中、高级工不少于50%；企业作业人员持证上岗率100%。

④企业近3年最高年完成劳务分包合同额100万元以上。

⑤企业具有与作业分包范围相适应的机具。

作业分包范围：

可承担各类工程混凝土作业分包业务，但单项业务合同额不超过企业注册资本金的5倍。

（五）注册建造师执业工程规模标准

注册建造师执业工程规模标准（试行）

（2007 年 7 月 4 日中华人民共和国建设部建市[2007]171 号印发，自印发之日起施行）

注册建造师执业工程规模标准（房屋建筑工程）

序号	工程类别	项目名称	单位	规模 大型	规模 中型	规模 小型	备注
1	一般房屋建筑工程	工业、民用与公共建筑工程	层	≥25	5～25	<5	建筑物层数
			米	≥100	15～100	<15	建筑物高度
			米	≥30	15～30	<15	单跨跨度
			平方米	≥30000	3000～30000	<3000	单体建筑面积
		住宅小区或建筑群体工程	平方米	≥100000	3000～100000	<3000	建筑群建筑面积
		其他一般房屋建筑工程	万元	≥3000	300～3000	<300	单项工程合同额
2	高耸构筑物工程	冷却塔及附属工程	平方米	>3500	2000～3500	<2000	淋水面积
		高耸构筑物工程	米	≥120	25～120	<25	构筑物高度
		其他高耸构筑物工程	万元	≥3000	300～3000	<300	单项工程合同额
3	地基与基础工程	房屋建筑地基与基础工程	层	≥25	5～25	<5	建筑物层数
		构筑物地基与基础工程	米	≥100	25～100	<25	构筑物高度
		基坑围护工程	米	≥8	3～8	<3	基坑深度
		软弱地基处理工程	米	≥13	4～13	<4	地基处理深度
		其他地基与基础工程	万元	≥1000	100～1000	<100	单项工程合同额

续表

序号	工程类别	项目名称	单位	规模			备注
				大型	中型	小型	
4	土石方工程	挖方或填方工程	万立方米	≥60	15～60	<15	土石方量
		其他挖方或填方工程	万元	≥3000	300～3000	<300	单项工程合同额
5	园林古建筑工程	仿古建筑工程、园林建筑工程	平方米	≥800	200～800	<200	单体建筑面积
		国家级重点文物保护单位的古建筑修缮工程	平方米	≥200	<200	无	修缮建筑面积
		省级重点文物保护单位的古建筑修缮工程	平方米	≥300	100～300	<100	修缮建筑面积
		其他园林古建筑工程	万元	≥1000	200～1000	<200	单项工程合同额
6	钢结构工程	钢结构建筑物或构筑物工程（包括轻钢结构工程）	米	≥30	10～30	<10	钢结构跨度
			吨	≥1000	100～1000	<100	总重量
			平方米	≥20000	3000～20000	<3000	单体建筑面积
		网架结构的制作安装工程	米	≥70	10～70	<10	网架工程边长
			吨	≥300	50～300	<50	总重量
			平方米	≥6000	200～6000	<200	单体建筑面积
		其他钢结构工程	万元	≥3000	300～3000	<300	单项工程合同额
7	建筑防水工程	各类房屋建筑防水工程	万元	≥200	50～200	<50	单项工程合同额
8	防腐保温工程	各类防腐保温工程	万元	≥200	50～200	<50	单项工程合同额
9	附着升降脚手架	各类附着升降脚手架设计、制作、安装工程	米	≥80	15～80	<15	高度
10	金属门窗工程	铝合金、塑钢等金属门窗工程	层	≥25	5～25	<5	建筑物层数
			米	≥80	15～80	<15	建筑物高度
			平方米	≥8000	1000～8000	<1000	单体建筑面积
			万元	≥500	100～500	<100	单项工程合同额
11	预应力工程	各类房屋建筑预应力工程	米	≥30	10～30	<10	跨度
			万元	≥800	100～800	<100	单项工程合同额

续表

序号	工程类别	项目名称	单位	规模 大型	规模 中型	规模 小型	备注
12	爆破与拆除工程	大爆破工程	级	≥C	D～C	<D	爆破等级
		复杂环境深孔爆破、拆除爆破及城市控制爆破及其他爆破与拆除工程	级	≥B	D～B	<D	爆破等级
		机械和人工拆除工程	万元	≥500	200～500	<200	单项工程合同额
13	体育场地设施工程	高尔夫球场、室内外迷你高尔夫球场和练习场工程	公顷	≥55	25～55	<25	单项工程占地面积
			万元	≥3200	300～3200	<300	单项工程合同额
			洞	≥18	9～18	<9	洞数
		体育场田径场地设施工程	万人	≥2	0.5～2	<0.5	容纳人数
			万元	≥1000	300～1000	<300	单项工程合同额
		体育馆（包括游泳馆、冬季项目馆）设施工程	人	≥5000	300～5000	<300	容纳人数
		合成面层网球、篮球、排球场地设施工程	平方米	≥7000	2000～7000	<2000	建筑面积
		其他体育场地设施工程	万元	≥800	150～800	<150	单项工程合同额
14	特种专业工程	建筑物纠偏和平移等工程	万元	≥500	100～500	<100	单项工程合同额
		结构补强、特殊设备的起重吊装、特种防雷技术等工程	万元	≥200	50～200	<50	单项工程合同额

注：1. 大中型工程项目负责人必须由本专业注册建造师担任；

2. 一级注册建造师可担任大中小型工程项目负责人，二级注册建造师可担任中小型工程项目负责人。

注册建造师执业工程规模标准（公路工程）

序号	工程类别	项目名称	单位	规模			备注
				大型	中型	小型	
1	高速公路各工程类别		米	>0			
2	桥梁工程		米	单跨≥50	13≤单跨<50	单跨<13	
				桥长≥1000	30≤桥长<1000	桥长<30	
3	隧道工程		米	长度≥1000	0≤长度<1000		
4	单项合同额		万元	>3000	500~3000	<500	

注：1. 一级注册建造师可担任大中小型工程项目负责人，二级注册建造师担任中小型工程项目负责人；

2. 不同工程类别所要求的注册建造师执业资格不同时，以较高资格执行。

注册建造师执业工程规模标准（铁路工程）

序号	工程类别	项目名称	单位	规模			备注
				大型	中型	小型	
1		铁路桥梁	米	500米（含）以上	100米（含）~500米	100米以下	
2		铁路隧道	米	3000米（含）以上	1000米（含）~3000米	1000米以下	
3		铁路综合工程	万元	5000万元（含）以上	3000万元（含）~5000万元	3000万元以下	单项工程合同额

注：大中型工程项目负责人必须由本专业一级注册建造师担任。

注册建造师执业工程规模标准（通信与广电工程）

序号	工程类别	项目名称	单位	规模			备注
				大型	中型	小型	
1	通信	通信线路工程		跨省通信线路工程或投资3000万元及以上	省内通信线路工程且投资在1000万~3000万元内	投资小于1000万元	
		微波通信工程		跨省微波通信工程或投资2000万元及以上	省内微波通信工程且投资在800万~2000万元内	投资小于800万元	
		传输设备工程		跨省传输设备工程或投资3000万元及以上	省内传输设备工程且投资在1000万~3000万元内	投资小于1000万元	
		交换工程		5万门及以上；	1万门及以上	1万门以下	
		卫星地球站工程		天线口径12米及以上（含上下行）；500个及以上VSAT	天线口径6~12米（含上下行）；500个以下VSAT	天线口径6米以下卫星单收站	
		移动通信基站工程		50个及以上基站	20个及以上基站	20个以下基站	
		数据通信及计算机网络工程		跨省数据通信及计算机网络工程或投资1200万元及以上	省内数据通信及计算机网络工程且投资在600万~1200万元内	投资小于600万元的项目	
		本地网工程		单项工程投资额1200万元及以上	单项工程投资额300万元及以上	单项工程投资额300万元以下	
		接入网工程			单项工程投资额300万元及以上	单项工程投资额300万元以下	
		通信管道工程			单项工程合同额200万元及以上	单项工程合同额200万元以下	
		通信电源工程			综合通信局电源系统	配套电源工程	
2	广电	电视中心工程		自制节目2套及以上	自制节目1套		
		广播中心工程		自制节目4套及以上	自制节目2套及以上	自制节目1套	
		中短波发射台工程		单机发射功率100千瓦及以上	单机发射功率50千瓦及以上	单机发射功率50千瓦以下	

续表

序号	工程类别	项目名称	单位	规模			备注
				大型	中型	小型	
2	广电	调频、电视发射台工程		单机发射功率5千瓦及以上	单机发射功率1千瓦及以上	单机发射功率1千瓦以下	
		有线电视工程		用户终端3万户及以上	用户终端1万户及以上	用户终端1万户以下	
		卫星接收站工程		接收广播电视节目50套及以上	接收广播电视节目30套及以上	接收广播电视节目30套以下	
		其他广电工程		单项工程合同额2000万元及以上	单项工程合同额1000万元及以上	单项工程合同额1000万元以下	

注：大中型工程项目负责人必须由本专业一级注册建造师担任。

注册建造师执业工程规模标准（民航机场工程）

序号	工程类别	项目名称	单位	规模			备注
				大型	中型	小型	
1	机场场道工程	土方工程	万元	≥5000	<5000		单项工程合同额
		基础工程					
		道面工程					
		排水工程					
		滑行道桥工程					
		其他					
2	机场空管工程	通信工程	万元	≥2000	<2000		单项工程合同额（含设备）
		导航工程					
		航管工程					
		气象工程					
3	航站楼弱电系统工程	航站楼弱电系统工程	万元	≥1000	<1000		
4	机场目视助航工程	机场目视助航工程	万元	≥2000	<2000		

注：1. 飞行区指标4E及以上的机场场道工程（不含其他）均视为大型工程；
2. 大中型工程项目负责人必须由本专业注册建造师担任。

注册建造师执业工程规模标准（港口与航道工程）

序号	工程类别	项目名称	单位	规模			备注
				大型	中型	小型	
1	港口工程	沿海码头工程	吨级	≥30000	10000～30000	<10000	
		内河码头工程	吨级	≥5000	3000～5000	<3000	
		防波堤		水深≥5米，600米以上	5>水深≥3米，300米以上	水深<3米，300米以下	
		围堤护岸工程	米	≥1000	500～1000	<500	
		港区堆场工程	万平方米	度	10～15	<10	
2	修造船厂水工工程	船坞	船舶吨位	≥50000	10000～50000	<10000	
		船台、滑道	船体重量（吨）	≥5000	1000～5000	<1000	
3	通航建筑工程	航电枢纽	通航吨级	≥1000	300～1000	<300	
		船闸	通航吨级	≥1000	300～1000	<300	
		升船机	通航吨级	≥300	50～300	<50	
4	航道工程	沿海航道工程	通航吨级	≥50000	20000～50000	<20000	
		内河航道工程	通航吨级	≥1000	300～1000	<300	
		疏浚工程	万立方米	≥500	100～500	<100	
		吹填造地工程	万立方米	≥400	100～400	<100	
		水下炸礁、清礁工程	万立方米	≥3	1～3	<1	
5	单项工程合同额	沿海	万元	≥10000	2000～10000	<2000	
		内河	万元	≥5000	1000～5000	<1000	

注：1. 大中型工程项目负责人必须由本专业一级注册建造师担任；
2. 化学品、油、气等危险品码头工程无论规模大小，项目负责人必须由本专业一级注册建造师担任。

注册建造师执业工程规模标准（水利水电工程）

序号	工程类别	项目名称	单位	规模			备注
				大型	中型	小型	
1	水库工程（蓄水枢纽工程）		亿立方米	≥1.0	1.0～0.001	<0.001	总库容（总蓄水容积）
		主要建筑物工程（包括大坝、隧洞、溢洪道、电站厂房、船闸等）	级	1、2	3、4、5		建筑物级别
		次要建筑物工程	级		3、4	5	建筑物级别
		临时建筑物工程	级		3、4	5	建筑物级别
		基础处理工程	级	1、2	3、4、5		相应建筑物级别
		金属结构制作与安装工程	级	1、2	3、4、5		相应建筑物级别
		机电设备安装工程	级	1、2	3、4、5		相应建筑物级别
2	防洪工程			特别重要、重要	中等、一般		保护城镇及工矿企业的重要性
			10^4 亩	≥100	100～5	<5	保护农田
		主要建筑物工程	级	1、2	3、4	5	建筑物级别
		次要建筑物工程	级		3、4	5	建筑物级别
		临时建筑物工程	级		3、4	5	建筑物级别
		基础处理工程	级	1、2	3、4	5	相应建筑物级别
		金属结构制作与安装工程	级	1、2	3、4	5	相应建筑物级别
		机电设备安装工程	级	1、2	3、4	5	相应建筑物级别
3	治涝工程		10^4 亩	≥60	60～3	<3	治涝面积
		主要建筑物工程	级	1、2	3、4	5	建筑物级别
		次要建筑物工程	级		3、4	5	建筑物级别
		临时建筑物工程	级		3、4	5	建筑物级别
		基础处理工程	级	1、2	3、4	5	相应建筑物级别
		金属结构制作与安装工程	级	1、2	3、4	5	相应建筑物级别
		机电设备安装工程	级	1、2	3、4	5	相应建筑物级别

续表

序号	工程类别	项目名称	单位	规模			备注
				大型	中型	小型	
4	灌溉工程		10^4 亩	≥50	50～0.5	<0.5	灌溉面积
		主要建筑物工程	级	1、2	3、4	5	建筑物级别
		次要建筑物工程	级		3、4	5	建筑物级别
		临时建筑物工程	级		3、4	5	建筑物级别
		基础处理工程	级	1、2	3、4	5	相应建筑物级别
		金属结构制作与安装工程	级	1、2	3、4	5	相应建筑物级别
		机电设备安装工程	级	1、2	3、4	5	相应建筑物级别
5	供水工程			特别重要、重要	中等、一般		供水对象重要性
		主要建筑物工程	级	1、2	3、4		建筑物级别
		次要建筑物工程	级		3、4	5	建筑物级别
		临时建筑物工程	级		3、4	5	建筑物级别
		基础处理工程	级	1、2	3、4	5	相应建筑物级别
		金属结构制作与安装工程	级	1、2	3、4	5	相应建筑物级别
		机电设备安装工程	级	1、2	3、4	5	相应建筑物级别
6	发电工程		10^4 kW	≥30	30～1	<1	装机容量
		主要建筑物工程（包括大坝、隧洞、溢洪道、电站厂房、船闸等）	级	1、2	3、4	5	建筑物级别
		次要建筑物工程	级		3、4	5	建筑物级别
		临时建筑物工程	级		3、4	5	建筑物级别
		基础处理工程	级	1、2	3、4	5	相应建筑物级别
		金属结构制作与安装工程	级	1、2	3、4	5	相应建筑物级别
		机电设备安装工程	级	1、2	3、4	5	相应建筑物级别
7	拦河水闸工程		m^3/s	≥1000	1000～20	<20	过闸流量
		主要建筑物工程	级	1、2	3、4	5	建筑物级别
		次要建筑物工程	级		3、4	5	建筑物级别

续表

序号	工程类别	项目名称	单位	规模			备注
				大型	中型	小型	
7	拦河水闸工程	临时建筑物工程	级		3、4	5	建筑物级别
		基础处理工程	级	1、2	3、4	5	相应建筑物级别
		金属结构制作与安装工程	级	1、2	3、4	5	相应建筑物级别
		机电设备安装工程	级	1、2	3、4	5	相应建筑物级别
8	引水枢纽工程		m^3/s	≥50	50～2	<2	引水流量
		主要建筑物工程	级	1、2	3、4	5	建筑物级别
		次要建筑物工程	级		3、4	5	建筑物级别
		临时建筑物工程	级		3、4	5	建筑物级别
		基础处理工程	级	1、2	3、4	5	相应建筑物级别
		金属结构制作与安装工程	级	1、2	3、4	5	相应建筑物级别
		机电设备安装工程	级	1、2	3、4	5	相应建筑物级别
9	泵站工程（堤水枢纽工程）		m^3/s	≥50	50～2	<2	装机流量
			10^4kW	≥1	1～0.01	<0.01	装机功率
		主要建筑物工程	级	1、2	3、4	5	建筑物级别
		次要建筑物工程	级		3、4	5	建筑物级别
		临时建筑物工程	级		3、4	5	建筑物级别
		基础处理工程	级	1、2	3、4	5	相应建筑物级别
		金属结构制作与安装工程	级	1、2	3、4	5	相应建筑物级别
		机电设备安装工程	级	1、2	3、4	5	相应建筑物级别
10	堤防工程		重现期(年)	≥50	50～20	<20	防洪标准
		堤基处理及防渗工程	级	1、2	3、4	5	堤防级别
		堤身填筑(含戗台、压渗平台)及护坡工程	级	1、2	3、4	5	堤防级别
		交叉、连接建筑物工程(含金属结构与机电设备安装)	级	1、2	3、4	5	堤防级别

续表

序号	工程类别	项目名称	单位	规模 大型	规模 中型	规模 小型	备注
10	堤防工程	填塘固基工程	级		1、2、3	4、5	堤防级别
		堤顶道路(含坡道)工程	级		1、2、3	4、5	堤防级别
		堤岸防护工程	级		1、2、3	4、5	堤防级别
11	灌溉渠道或排水沟		m^3/s	≥300	300~20	<20	灌溉流量
			m^3/s	≥500	500~50	<50	排水流量
			级	1	2、3	4、5	工程级别
12	灌排建筑物		m^3/s	≥100	100~5	<5	过水流量
		永久建筑物工程	级	1、2	3、4	5	建筑物级别
		临时建筑物工程	级		3、4	5	建筑物级别
		基础处理工程	级	1、2	3、4	5	相应建筑物级别
		金属结构制作与安装工程	级	1、2	3、4	5	相应建筑物级别
		机电设备安装工程	级	1、2	3、4	5	相应建筑物级别
13	农村饮水工程		万元	≥3000	3000~200	<200	单项合同额
14	河湖整治工程（含疏浚、吹填工程等）		万元	≥3000	3000~200	<200	单项合同额
15	水土保持工程（含防浪林）		万元	≥3000	3000~200	<200	单项合同额
16	环境保护工程		万元	≥3000	3000~200	<200	单项合同额
17	其他	其他强制要求招标的项目或上述小型工程项目	万元	≥3000	3000~200	<200	单项合同额

注:1. 大中型工程项目负责人必须由本专业注册建造师担任,其中大型工程项目负责人必须由本专业一级注册建造师担任;

2. 对综合利用的水利水电工程,当各综合利用项目的分等(级)指标对应的规模不同时,应按最高规模确定;

3. 水利水电工程包含的通航、过木(竹)、桥梁、公路、港口和渔业等建筑物,注册建造师执业工程规模标准应参照本表中相关工程类别确定。

注册建造师执业工程规模标准（电力工程）

序号	工程类别	项目名称	单位	规模			备注
				大型	中型	小型	
1	火电机组（含燃气发电机组）	主厂房建筑	千瓦	30万千瓦及以上机组建筑工程	10~30万千瓦机组建筑工程	10万千瓦以下机组建筑工程	
		烟囱	千瓦	30万千瓦及以上机组烟囱工程	10~30万千瓦机组烟囱工程	10万千瓦以下机组烟囱工程	
		冷却塔	千瓦	30万千瓦及以上机组冷却塔工程	10~30万千瓦机组冷却塔工程	10万千瓦以下机组冷却塔工程	
		机组安装	千瓦	30万千瓦及以上机组安装工程	10~30万千瓦及以上机组安装工程	10万千瓦以下机组安装工程	
		锅炉安装	千瓦	30万千瓦及以上机组锅炉安装工程	10~30万千瓦机组锅炉安装工程	10万千瓦以下机组锅炉安装工程	
		汽轮发电机安装	千瓦	30万千瓦及以上机组汽轮机安装工程	10~30万千瓦机组汽轮机安装工程	10万千瓦以下机组汽轮机安装工程	
		升压站	千瓦	30万千瓦及以上机组升压站工程	20万千瓦及以上机组升压站工程	20万千瓦以下机组升压站工程	
		环保工程	千瓦	30万千瓦及以上机组环保工程	20万千瓦及以上机组环保工程	20万千瓦以下机组环保工程	
		附属工程	千瓦	30万千瓦及以上机组附属工程	20万千瓦及以上机组附属工程	20万千瓦以下机组附属工程	
		消防	千瓦	30万千瓦及以上机组消防工程	10~30万千瓦机组消防工程	10万千瓦以下机组消防工程	
		单项工程合同额	万元	1000万元及以上的发电工程	500~1000万元的发电工程	500万元以下的发电工程	
2	送变电	送电线路	千伏	330千伏及以上或220千伏30公里及以上送电线路工程	220千伏30公里以下送电线路工程	110万千伏及以下送电线路工程	
		变电站	千伏	330千伏及以上变电站	220千伏变电站	110千伏以下变电站	
		电力电缆	千伏	220千伏及以上电缆工程	110千伏电缆工程	110千伏以下电缆工程	
		单项工程合同额	万元	800万元及以上送变电工程	400~800万元的送变电工程	400万元以下的送变电工程	
3	核电	升压站安装	千瓦	30万千瓦及以上机组升压站工程	10~30万千瓦机组升压站工程	10万千瓦以下机组升压站工程	
		常规岛工程	千瓦	30万千瓦及以上机组常规岛安装工程	30万千瓦以下机组常规岛安装工程		
		附属工程	千瓦	30万千瓦及以上机组附属安装工程	10~30万千瓦机组附属安装工程	10万千瓦以下机组附属安装工程	
		单项工程合同额	万元	1000万元及以上核电工程	500~1000万元核电工程	500万元以下核电工程	
4	风电	单项工程合同额	万元	600万元及以上风电工程	400~600万元风电工程	400万元以下风电工程	

注册建造师执业工程规模标准（矿山工程）

<table>
<tr><th rowspan="2">序号</th><th rowspan="2">工程类别</th><th rowspan="2">项目名称</th><th rowspan="2">单位</th><th colspan="3">规模</th><th rowspan="2">备注</th></tr>
<tr><th>大型</th><th>中型</th><th>小型</th></tr>
<tr><td rowspan="20">1</td><td rowspan="20">煤炭矿山</td><td>立井井筒</td><td rowspan="8"></td><td rowspan="8">符合下列条件之一：
1. 年产>90 万吨/年；
2. 单项工程合同额≥2000 万元；
3. 45～90 万吨/年矿井，相对瓦斯涌出量>10m³/t 或绝对瓦斯涌出量>40m³/min 的井下巷道工程</td><td rowspan="8">符合下列条件之一：
1. 年产 45～90 万吨/年；
2. 单项工程合同额 1000～2000 万元</td><td rowspan="8">符合下列条件之一：
1. 年产≤30 万吨/年；
2. 单项工程合同额<1000 万元</td><td rowspan="8"></td></tr>
<tr><td>斜井井筒</td></tr>
<tr><td>平硐</td></tr>
<tr><td>井底车场与硐室工程</td></tr>
<tr><td>轨道大巷</td></tr>
<tr><td>运输大巷</td></tr>
<tr><td>上、下山巷道</td></tr>
<tr><td>回风大巷</td></tr>
<tr><td>立井冻结井筒</td><td>米</td><td>≥300</td><td><300</td><td></td><td>冻结深度</td></tr>
<tr><td>大钻机钻井</td><td></td><td>大钻机法钻井</td><td></td><td></td><td></td></tr>
<tr><td>开拓或开采巷道</td><td>万米</td><td>≥1</td><td>0.6～1</td><td><0.6</td><td>标准进尺累计</td></tr>
<tr><td>矿井井筒永久提升机安装</td><td rowspan="5">万元</td><td rowspan="5">≥2000</td><td rowspan="5">1000～2000</td><td rowspan="5"><1000</td><td rowspan="5">单项工程合同额</td></tr>
<tr><td>立井井筒装备安装</td></tr>
<tr><td>矿井永久主排水设备安装</td></tr>
<tr><td>矿井永久主通风机设备安装</td></tr>
<tr><td>矿井永久主压风机设备安装</td></tr>
<tr><td>矿井综采设备安装</td><td rowspan="5">万元</td><td rowspan="5">≥2000</td><td rowspan="5">1000～2000</td><td rowspan="5"><1000</td><td rowspan="5">单项工程合同额</td></tr>
<tr><td>矿井井下带式输送机安装</td></tr>
<tr><td>35 千伏及以上地面变电站设备安装</td></tr>
<tr><td>井下中央变电所设备安装</td></tr>
<tr><td>永久井架安装</td></tr>
</table>

续表

序号	工程类别	项目名称	单位	规模			备注
				大型	中型	小型	
1	煤炭矿山	矿井地面生产系统		符合下列条件之一： 1. 年产 > 90 万吨/年； 2. 单项土建工程合同额≥2000 万元； 3. 单项安装工程合同额≥1000 万元	符合下列条件之一： 1. 年产 45 ~ 90 万吨/年； 2. 单项土建工程合同额 1000 ~ 2000 万元； 3. 单项安装工程合同额 500 ~ 1000 万元	符合下列条件之一： 1. 年产 ≤ 30 万吨/年； 2. 单项土建工程合同额 < 1000 万元；3. 单项安装工程合同额 < 500 万元	矿井地面生产系统包括： 1. 矿井筛选车间、转载点、原料仓(产品仓)、装车仓(站)以及相互连接的皮带输送机栈桥的土建工程； 2. 与上述土建工程相对应的设备安装工程(包括机械设备、电气设备及管路安装工程)
		选煤厂主厂房及相应配套设施					
		选煤厂原料仓(产品仓)					
		铁路专用线					系指铁路专用线或铁路站线工程
		选煤厂机电设备安装工程(机械、电气、管路)		符合下列条件之一： 1. 洗选能力 > 90 万吨/年； 2. 模块选煤厂工程合同额 1000 万元及以上； 3. 非模块选煤厂合同额 1500 万元及以上	符合下列条件之一： 1. 洗选能力 45 ~ 90 万吨/年； 2. 模块选煤厂工程合同额 500 ~ 1000 万元； 3. 非模块选煤厂合同额 1000 ~ 1500 万元	符合下列条件之一： 1. 洗选能力 30 万吨/年及以下； 2. 模块选煤厂工程合同额 < 500 万元； 3. 非模块选煤厂合同额 < 1000 万元	机械安装包括破碎、筛分、主选、浮选、磁选、浓缩脱水、压滤；电气安装包括集中控制系统及供配电设备等安装
		露天矿山剥离	万立方米	≥80	60 ~ 80	< 60	剥离量
2	冶金矿山(黑色、有色、黄金)	露天铁矿采矿	万吨矿石/年	≥200 或投资≥1 亿元	200 ~ 60 或投资 < 1 亿元		
			万吨矿岩/年	≥1000 或投资≥1 亿元	1000 ~ 300 或投资 < 1 亿元		
		地下铁矿采矿	万吨矿石/年	≥100 或投资≥1 亿元	100 ~ 30 或投资 < 1 亿元		
		铁矿选矿	万吨矿石/年	≥200 或投资≥1 亿元	200 ~ 60 或投资 < 1 亿元		
		砂矿采选	万吨矿石/年	≥200	< 200 ~ 100		
		脉矿采选(有色)	万吨矿石/年	≥100	< 100		
		脉矿采选(黄金)	万吨矿石/年	≥30	30 ~ 6	< 6	
		砂金船采	万立方米/年	≥300	300 ~ 60	< 60	
		砂金机采	万立方米/年	≥100	100 ~ 20	< 20	

续表

序号	工程类别	项目名称	单位	规模 大型	规模 中型	规模 小型	备注
3	化工矿山	竖井工程		符合下列条件之一： 1. 磷矿山建设工程年产大于100万吨； 2. 硫铁矿山建设工程年产大于100万吨； 3. 石灰石矿山建设工程年产大于100万吨； 4. 单项工程合同额大于3000万元	符合下列条件之一： 1. 磷矿山建设工程年产大于100～30万吨； 2. 硫铁矿山建设工程年产大于100～20万吨； 3. 石灰石矿山建设工程年产大于50万吨； 4. 单项工程合同额大于2000～3000万元	符合下列条件之一： 1. 磷矿山建设工程年产小于30万吨； 2. 硫铁矿山建设工程年产小于20万吨； 3. 石灰石矿山建设工程年产于50万吨； 4. 单项工程合同额小于2000万元	
		斜井工程					
		平峒					
		盲竖井					
		盲斜井					
		中段石门、中段					
		中段运输平巷					
		通风平巷					
		井底车场、绕道、盲井、上下部车场					
		通风井、联络井					
		流干巷道					
		主流井、检查井、充填井					
		水仓、水车库、矿仓、机车库、炸药库、卷扬室、压风机房、装载硐室、翻罐笼硐室、机修室、变配电室、地磅室、候车室、调度室					
		采掘巷道工程	万米	≥1	0.6～1	<0.6	标准进尺累计
		竖井永久性提升机安装	万元	≥3000	1000～3000	<1000	单项工程合同额
		斜井、平硐设备安装					
		井筒永久性主压风机设备安装					
		井巷永久性排水设备安装					
		井巷永久性通风设备安装					
		井巷带式运输机安装					
		35万伏及以上运输机安装					
		井下变电所设备安装					
		矿井地面生产系统					

续表

序号	工程类别	项目名称	单位	规模 大型	规模 中型	规模 小型	备注
3	化工矿山	磷矿采掘工程	万吨/年	>100	100~30	<30	
		硫铁矿采掘工程	万吨/年	>100	100~20	<20	
		石灰石矿采矿工程	万吨/年	>100	100~50	<50	
		其他矿种采掘工程	万元	总投资>2000	总投资2000~1000	总投资<1000	
		采选联合矿山工程	万吨/年	>100	100~30	<30	
		露天矿山剥离工程	万立方米/年	>100	100~50	<50	
4	铀矿山	铀矿山	吨	无	100~200	<100	核工业矿山的规模系按照金属铀的氧化物产品量确定
5	建材矿山	石灰石矿山	万吨/年	≥120	120~80	<80	
		砂岩矿	万吨/年	≥20	20~10	<10	
		石膏矿	万吨/年	≥40	40~20	<20	露天
				≥20	20~5	<5	地下
		石墨矿	万吨/年	≥1	1~0.5	<0.5	
		石棉矿	万吨/年	≥2	2~1	<1	
		高岭土矿	万吨/年	≥10	2~10	<2	
		膨润土矿	万吨/年	≥50	50~5	<5	
		大理石矿	万吨/年	≥40	40~4	<4	
		石材矿	万立方米/年	≥50	50~10	<10	

注册建造师执业工程规模标准（冶炼工程）

序号	工程类别	项目名称	单位	规模			备注
				大型	中型	小型	
1	烧结球团	烧结球团		≥$360m^2$ 或投资≥1 亿元	<$360m^2$ 或投资<1 亿元		
2	焦化	焦炉工程		碳化室高度≥5m 或投资≥1 亿元	碳化室高度<5m 或投资<1 亿元		
3	冶金	高炉工程		≥$2000m^3$ 或投资≥2 亿元	<$2000m^3$ 或投资<2 亿元		
		铁水预处理		投资≥1 亿元	投资<1 亿元		
		转炉工程		≥120 吨或投资≥2 亿元	<120 吨或投资<2 亿元		
		电炉工程		≥70 吨或投资≥2 亿元	<70 吨或投资<2 亿元		
		冷轧工程		≥80 万吨或投资≥8 亿元	<80 吨或投资<8 亿元		
		铜、铝、锌、镍工程	万吨	≥10	5~10	<5	
		氧化铝工程	万吨	≥30	10~30	<10	
		板带工程		≥80 万吨或投资≥5 亿元	<80 万吨或投资<5 亿元		
		无缝钢管工程		≥50 万吨或投资≥5 亿元	<50 万吨或投资<5 亿元		
		棒线材工程		≥50 万吨或投资≥3 亿元	<50 万吨或投资<3 亿元		
4	制氧	制氧机工程		≥$10000m^3$ 或投资≥1 亿元	<$10000m^3$ 或投资<1 亿元		
5	煤气	煤气柜工程		≥15 万 m^3 或投资≥0.5 亿元	<15 万 m^3 或投资<0.5 亿元		
6	建材	熟料新型干法水泥生产线	吨/日	≥4000	2000~4000	<2000	
		上浮法玻璃生产线	吨/日	≥400	100~400	<100	
		石灰生产线	吨/日	≥300	100~300	<100	

注册建造师执业工程规模标准（石油化工专业）

序号	工程类别	项目名称	单位	规模			备注
				大型	中型	小型	
1	石油天然气建设项目	油田地面建设	万吨/年	≥30	20~30	≤20	产能、技改、单项工程合同额
			万元	≥1000	100~1000		
		气田地面建设	亿立方米/年	≥1.5	0.5~1.5	≤0.5	产能、技改、单项工程合同额
			万元	≥1500	200~1500		
		管道输油工程	万吨/年	≥600	300~600	≤300	输油能力
			公里	≥120	<120		管线长度
		管道输气工程	亿立方米/年	≥10	5~10	≤5	输气能力
			公里	≥120	<120		管线长度
		城镇燃气	亿立方米/年	≥3	1~3	≤1	生产能力
		原油、成品油储库工程	万立方米	≥8	3~8	≤3	总库容
			万立方米	≥2	0.5~2	≤0.5	单罐容积
		天然气储库工程	万立方米	≥1.5	1~1.5	≤1	总库容
			万立方米	≥0.5	0.2~0.5	≤0.2	单罐容积
		液化石油气及轻烃储库（常温）	立方米	≥2000	1000~2000	≤1000	总库容
			立方米	≥400	200~400	≤200	单罐容积
		液化石油气及轻烃储库（低温）	立方米	≥20000	10000~20000	≤10000	总库容
			立方米	≥10000	<10000		单罐容积
		地下储气库工程	亿立方米/年	≥3	1~3	≤1	有效库容
		天然气处理加工工程	万立方米/日	≥100	25~100	≤25	加工能力
		石油机械制造与修理工程	万元	≥5000	2000~5000	≤2000	投资
		海洋石油工程	亿元	≥8	4~8	≤4	投资

续表

序号	工程类别	项目名称	单位	规模			备注
				大型	中型	小型	
1	石油天然气建设项目	海洋石油导管制造与安装	吨	≥2500	800~2500	≤800	安装能力
		海洋石油模块制造与安装	吨	≥2500	800~2500	≤800	安装能力
		海底管线工程	公里	≥15	<15		安装能力
2	石油炼制工程	常减压蒸馏	万吨/年	≥250	<250		生产能力
		焦化	万吨/年	≥140	<140		生产能力
		气体分馏	万吨/年	≥30	10~30	≤10	生产能力
3	石油产品深加工	催化反应加工	万吨/年	≥200	<200		生产能力
		加氢裂化	万吨/年	≥140	<140		生产能力
		加氢精制	万吨/年	≥200	<200		生产能力
		制氢	万标立/时	≥6	<6		生产能力
		气体脱硫	万吨/年	≥30	10~30	≤10	生产能力
		液化气脱硫	万吨/年	≥60	30~60	≤30	生产能力
		制硫	万吨/年	≥10	6~10	≤6	生产能力
		重整装置	万吨/年	≥60	40~60	≤40	生产能力
		渣油加工	万吨/年	≥1	0.3~1	≤0.3	生产能力
		气体加工	万吨/年	≥10	<10		生产能力
		润滑油加工	万吨/年	>15	5~15	≤5	加工能力
4	有机化工、石油化工	乙烯	万吨/年	≥30	14~30	≤14	生产能力
		对二甲苯	万吨/年	≥15	<15		生产能力
		丁二烯	万吨/年	≥5	<5		生产能力
		乙二醇	万吨/年	≥10	<10		生产能力
		精对苯二甲酸	万吨/年	≥25	15~25	≤15	生产能力
		醋酸乙烯	万吨/年	≥8	<8		生产能力

续表

序号	工程类别	项目名称	单位	规模			备注
				大型	中型	小型	
4	有机化工、石油化工	甲醇	万吨/年	≥10	5～10	≤5	生产能力
		氯乙烯	万吨/年	≥8	<8		生产能力
		苯乙烯	万吨/年	≥10	<10		生产能力
		醋酸	万吨/年	≥10	<10		生产能力
		环氧丙烷	万吨/年	≥4	<4		生产能力
		苯酐	万吨/年	≥4	<4		生产能力
		苯酚丙酮	万吨/年	≥6	<6		生产能力
		丙烯腈	万吨/年	≥5	<5		生产能力
		高压聚乙烯	万吨/年	≥18	<18		生产能力
		低压聚乙烯	万吨/年	≥14	<14		生产能力
		全密度聚乙烯	万吨/年	≥14	<14		生产能力
		聚苯乙烯	万吨/年	≥10	<10		生产能力
		聚氯乙烯（乙烯法）	万吨/年	≥10	<10		生产能力
		聚乙烯醇（电石法）	万吨/年	≥5	<5		生产能力
		乙内酰胺	万吨/年	≥6	<6		生产能力
		聚酯（乙烯法）	万吨/年	≥10	<10		生产能力
		聚酯（PTA 法）	万吨/年	≥18	15～18	≤15	生产能力
		尼龙 66	万吨/年	≥2	<2		生产能力
		聚丙烯	万吨/年	≥7	<7		生产能力
		ABS	万吨/年	≥6	<6		生产能力
		顺丁橡胶	万吨/年	≥5	<5		生产能力
		丁苯橡胶	万吨/年	≥5	<5		生产能力
		丁基橡胶	万吨/年	≥3	<3		生产能力
		乙丙橡胶	万吨/年	≥3	<3		生产能力
		丁腈橡胶	万吨/年	≥5	<5		生产能力

续表

序号	工程类别	项目名称	单位	规模			备注
				大型	中型	小型	
5	无机化工	合成氨	万吨/年	>18	8~18	≤8	生产能力
		尿素	万吨/年	>30	13~30	≤13	生产能力
		硫酸、硝酸	万吨/年	>16	8~16	≤8	生产能力
		磷酸	万吨/年	>12	3~12	≤3	生产能力
		烧碱	万吨/年	>5	3~5	≤3	生产能力
		纯碱	万吨/年	>30	8~30	≤8	生产能力
		磷肥	万吨/年	>50	20~50	≤20	生产能力
		复肥	万吨/年	>20	10~20	≤10	生产能力
		无机盐	万元	>10000	5000~10000	≤5000	单项工程合同额
6	化工医药	电石	万吨/年	≥5	2~5	≤2	生产能力
		炼焦	万吨/年	≥60	20~60	≤20	生产能力
		农药	万吨/年	≥3	0.3~3	≤0.3	生产能力
		新型高级农药	万吨/年	≥0.1	0.01~0.1	≤0.01	生产能力
		高效低毒农药	吨/年	≥1000	<1000		生产能力
		化学原料药工程	亿元	≥2	1~2	≤1	单项工程合同额
		生物药工程	亿元	≥1	0.5~1	≤0.5	单项工程合同额
		中药工程	亿元	≥0.8	0.5~0.8	≤0.5	单项工程合同额
		制剂药综合项目	亿元	≥1	0.5~1	≤0.5	综合项目
		药用包装材料综合项目	亿元	≥1	0.5~1	≤0.5	综合项目
		其他化学工业	万元	≥10000	3000~10000	≤3000	单项工程合同额
		引进技术项目	万美元	≥3000	500~3000	≤500	单项工程合同额
7	合成材料及加工	树脂成型加工	万吨/年	≥3	1~3	≤1	生产能力
		橡胶轮胎工程	万套/年	≥30	10~30	≤10	生产能力

续表

序号	工程类别	项目名称	单位	规模			备注
				大型	中型	小型	
7	合成材料及加工	其他橡胶制品	万元	≥5000	<5000		单项工程合同额
		塑料	万吨/年	≥4	<4		生产能力
		塑料薄膜	万吨/年	≥0.3	0.1~0.3	≤0.1	生产能力
		塑料编织袋	万条/年	≥500	<500		生产能力
		油漆及涂料（不含高级油漆）	万吨/年	≥4	1~4	≤1	生产能力
8	精细化工	精细化工工程	万元	≥5000	3000~5000	≤3000	单项工程合同额
9	化工矿山工程	磷矿	万吨/年	≥100	30~100	≤30	生产能力
		硫铁矿	万吨/年	≥100	30~100	≤30	生产能力
		其他石化工程	亿元	≥3	1~3	≤1	单项工程合同额
10	化纤工程	涤纶长丝工程	万吨/年	≥5	1~5	≤1	生产能力
		丙纶长丝工程	万吨/年	≥1.5	0.75~1.5	≤0.75	生产能力
		锦纶长丝工程	万吨/年	≥1.5	0.5~1.5	≤0.5	生产能力
		粘胶长丝工程	万吨/年	≥0.6	<0.6		生产能力
		醋纤长丝工程	万吨/年	≥1	<1		生产能力
		涤纶工业丝工程	万吨/年	≥1.5	0.4~1.5	≤0.4	生产能力
		锦纶工业丝工程	万吨/年	≥1.5	0.4~1.5	≤0.4	生产能力
		涤纶短纤工程	万吨/年	≥5	1.5~5	≤1.5	生产能力
		丙纶短纤工程	万吨/年	≥1.5	1~1.5	≤1	生产能力
		腈纶短纤工程	万吨/年	≥5	1~5	≤1	生产能力
		粘胶短纤工程	万吨/年	≥5	<5		生产能力
		氨纶工程	万吨/年	≥0.1	0.05~0.1	≤0.05	生产能力
		特种纤维工程	万吨/年	≥1	<1		生产能力
		无纺布工程	万吨/年	≥1.2	0.5~1.2	≤0.5	生产能力
		特种纤维工程	万吨/年	≥1	<1		生产能力
		特种纤维工程	万吨/年	≥0.1	<0.1		生产能力

注册建造师执业工程规模标准（市政公用工程）

序号	工程类别	项目名称	单位	规模			备注
				大型	中型	小型	
1	城市道路	路基工程		城市快速路、主干道路基工程≥5千米，单项工程合同额≥3000万元	城市快速路、主（次）干道路基工程2～5千米，单项工程合同额1000～3000万元	城市次干道路基工程<2千米，单项工程合同额<1000万元	含城市快速路、城市环路，不含城际间公路
		路面工程		高等级路面≥10万平方米，单项工程合同额≥3000万元	高等级路面5～10万平方米，单项工程合同额1000～3000万元	次高等级路面，单项工程合同额<1000万元	
2	城市公共广场	广场工程		广场面积≥5万平方米，单项工程合同额≥3000万元	广场面积2～5万平方米，单项工程合同额1000～3000万元	单项工程合同额<1000万元	含体育场
3	城市桥梁	桥梁工程		单跨跨度≥40米；单项工程合同额≥3000万元	单跨的跨度20～40米；单项工程合同额1000～3000万元	单跨跨度<20米；单项工程合同额<1000万元	含过街天桥
4	地下交通	隧道工程		内径（宽或高）≥5米或单洞洞长单洞洞长≥1000米，单项工程合同额≥3000万元	内径（宽或高）3～5米，单项工程合同额1000～3000万元	内径（宽或高）<3米，单项工程合同额<1000万元	含地下过街通道；小型工程不含盾构施工
		车站工程		单项工程合同≥3000万元	单项工程合同<3000万元		小型工程不含车站工程
5	城市供水	供水厂		日处理量≥5万吨，单项工程合同额≥3000万元	日处理量3～5万吨，单项工程合同额1000～3000万元	日处理量<3万吨，单项工程合同额<1000万元	含中水工程，加压站工程
		供水管道		管径≥1.5米，单项工程合同额≥3000万元	管径0.8～1.5米，单项工程合同额1000～3000万元	管径<0.8米，单项工程合同额<1000万元	含中水工程，本表中的管径为公称直径DN
6	城市排水	污水处理厂		日处理量≥5万吨，单项工程合同额≥3000万元	日处理量3～5万吨，单项工程合同额1000～3000万元	日处理量<3万吨，单项工程合同额<1000万元	含泵站
		排水管道工程		管径≥1.5米，单项工程合同额≥3000万元	管径0.8～1.5米，单项工程合同额1000～3000万元	管径<0.8米，单项工程合同额<1000万元	含小型泵站，本表中的管径为公称直径DN
7	城市供气	燃气源工程		日产气量≥30万立方米，单项工程合同额≥3000万元	日产气量10～30万立方米，单项工程合同额1000～3000万元	日产气量<10万立方米，单项工程合同额<1000万元	
		燃气管道工程		高压以上管道，单项工程合同额≥3000万元	次高压管道，单项工程合同额1000～3000万元	中压以下管道，单项工程合同额<1000万元	

续表

序号	工程类别	项目名称	单位	规模			备注
				大型	中型	小型	
7	城市供气	储备厂(站)工程		设计压力 > 2.5 兆帕或总贮存容积 > 1000 立方米的液化石油气或 > 400 立方米的液化天然气贮罐厂(站)或供气规模 > 15 万立方米/日的燃气工程,单项合同额≥3000 万元的工程	设计压力 2.0 ~ 2.5 兆帕或总贮存容积 500 ~ 1000 立方米的液化石油气或 200 ~ 400 立方米的液化天然气贮罐厂(站)或供气规模 5 ~ 15 万立方米/日的燃气工程,单项合同额≥1000 ~ 3000 万元的工程	设计压力 < 2.0 兆帕或总贮存容积 < 500 的立方米液化石油气或 < 200 立方米的液化天然气贮罐厂(站)或供气规模 < 5 万立方米/日的燃气工程,单项合同额 < 1000 万元的工程	含调压站、混气站、气化站、压缩天然气站、汽车加气站等
8	城市供热	热源工程		产热量≥250 吨/小时或供热面积 > 30 万平方米,单项工程合同额≥3000 万元	产热量 80 ~ 250 吨/小时或供热面积 10 ~ 30 万平方米,单项工程合同额 1000 ~ 3000 万元	产热量 < 80 吨/小时或供热面积 < 10 万平方米,单项工程合同额 < 1000 万元	
		管道工程		管径≥500 毫米,单项工程合同额≥3000 万元	管径 200 ~ 500 毫米,单项工程合同额 1000 ~ 3000 万元	管径 < 200 毫米,单项工程合同额 < 1000 万元	本表中的管径为公称直径 DN
9	生活垃圾	填埋场工程		日处理量≥800 吨,单项工程合同额≥3000 万元	日处理量 400 ~ 800 吨,单项工程合同额 1000 ~ 3000 万元	日处理量 < 400 吨,单项工程合同额 < 1000 万元	填埋面积应折成处理量计
		焚烧厂工程		日处理量≥300 吨,单项工程合同额≥3000 万元	日处理量 100 ~ 300 吨,单项工程合同额 1000 ~ 3000 万元	日处理量 < 100 吨,单项工程合同额 < 1000 万元	
10	交通安全设施	交通安全防护工程		单项工程合同额≥500 万元	单项工程合同额 200 ~ 500 万元	单项工程合同额 <200 万元	含护栏、隔离带,防护墩
11	机电系统	机电设备安装工程		单项工程合同≥1000 万元	单项工程合同额 500 ~ 1000 万元	单项工程合同额 <500 万元	
12	轻轨交通	路基工程		路基工程≥2 千米,单项工程合同额≥3000 万元	路基工程 1 ~ 2 千米,单项工程合同 1000 ~ 3000 万元	路基工程 <1 千米,单项工程合同额 < 1000 万元	不含轨道铺设
		桥涵工程		单跨跨度≥40 米,单项工程合同额≥3000 万元	单跨的跨度 20 ~ 40 米,单项工程合同额 1000 ~ 3000 万元	单跨跨度 < 20 米,单项工程合同额 < 1000 万元	不含轨道铺设
13	城市园林	庭院工程		单项工程合同额≥1000 万元	单项工程合同额 500 ~ 1000 万元	单项工程合同额 < 500 万元	含厅阁、走廊、假山、草坪、广场,绿化、景观
		绿化工程		单项工程合同额≥500 万元	单项工程合同额 300 ~ 500 万元	单项工程合同额 <300 万元	

注册建造师执业工程规模标准(机电安装工程)

序号	工程类别	项目名称	单位	规模 大型	规模 中型	规模 小型	备注
1	一般工业、民用、公用建设工程	机电安装工程	万元	>1500	200~1500	<200	单项工程造价
		通风空调工程	万平米	>2	1~2	<1	建筑面积
			万元	>1000	200~1000	<200	单项工程造价
			冷吨	>800	300~800	<300	空调制冷量
		建筑智能化工程	万元	>500	200~500	<200	单项工程造价
		消防工程	万平方米	>2	1~2	<1	含火灾报警及联动控制系统
		自动控制系统工程(有计算机集散系统)	台(套)	>30	10~30	<10	计算机或可编程控制器
		防腐保温工程	万元	>300	100~300	<100	单项工程造价
		非标设备制安工程	吨	>300	100~300	<100	工程量
		管道安装工程	万元	>1000	300~1000	<300	单项工程造价
				直径≥150mm,且长度≥2000m	直径<150mm,且长度<2000m		工程量
				直径≥1.0m,且长度≥5000m供水管道	直径<1.0m,且长度<5000m供水管道		工程量
			米	≥10000	<10000		工程量
		变配电站工程		电压10~35kV,且容量>5000kVA	电压10~35kV,且容量5000~1600kVA	电压10kV,且容量<1600kVA	工程规模
		电气动力照明工程	万元	≥1000	200~1000	<200	单项工程造价
2	净化工程	电子、医院、制药、生物、食品光电、精密机械工程	万元	≥1000	<1000		单项工程造价
			级	≥4	<4		洁净等级
3	工业炉窑安装工程		吨	≥500	100~500	<100	单位工程砌筑或浇注各种耐火材料实物量

续表

序号	工程类别	项目名称	单位	规模 大型	规模 中型	规模 小型	备注
4	动力安装工程	锅炉房		压力＞2.5MPa，且蒸发量≥75t/h	压力1.6～2.5MPa，且蒸发量20～75t/h		锅炉额定容量
		热水交换站工程	万元	≥500	200～500		单项工程造价
		氧气站	立方米/小时	≥6000	3000～6000	＜3000	制氧量
		煤气站、制冷站等	万元	≥500	200～500	＜200	单项工程造价
5	起重设备安装工程	一般起重设备安装	千牛·米	≥1000	＜1000		额定起重量
		起重机(或龙门起重机)安装或拆卸	吨	＞100	50～100	＜50	额定起重量
		电梯安装及维修工程		速度＞2.5m/s，且台数≥4	速度＞2.5m/s，且台数＜4；或速度1～2.5m/s	速度≤1m/s	电梯运行速度及电梯数量
		索道、游乐设施安装工程	万元	＞500	200～500	＜200	单项工程造价
6	电子工程	电子自动化、电子机房、电子设备工程	万元	＞800	200～800	＜200	单项工程造价
7	环保工程	噪声、有害气体、粉尘、工业污水、废料综合处理	万元	＞1000	500～1000	＜500	单项工程造价
		禽、畜粪便沼气工程	立方米	＞400	200～400	＜200	单池容积
		厌氧生化处理池工程	立方米	＞500	300～500	＜300	单池容积
		烟气脱硫工程	燃煤锅炉蒸发量t/h	＞35	20～35	＜20	压力3.9MPa
		医疗污水处理工程		高于二级乙等	二级乙等～一级甲等	低于一级甲等	医院等级
8	体育场馆工程	体育场地机电安装工程	万元	＞1000	200～1000	＜200	单项工程造价
		高尔夫球场设施安装工程	公顷	≥55	＜55		单项工程占地面积
			万元	≥3200	＜3200		投资额
		体育场田径场地设施安装工程	万人	≥5	＜5		容纳人数
			万元	≥1000	＜1000		投资额

续表

序号	工程类别	项目名称	单位	规模			备注
				大型	中型	小型	
8	体育场馆工程	体育馆设施安装工程	人	≥5000	<5000		容纳人数
		网球、篮球、排球场地设施安装工程	平方米	≥7000	<7000		场地合成面层
9	机械、汽车制造工业工程	机械设备安装工程	万元	≥3000	<3000		单项工程投资
				≥1000	<1000		主体工程单项造价
		矿冶设备制造厂安装工程	万吨	≥0.5	<0.5		年产量
		石油化工设备制造厂安装工程	万吨	≥0.5	<0.5		年产量
		工程机械部制造厂安装工程	万吨	≥0.5	<0.5		年产量
		通用设备制造厂安装工程	万元	≥3000	<3000		投资额
		汽车生产线安装工程	万辆	≥5	<5		汽车年产量
			千辆	≥1	<1		重型汽车年产量
		拖拉机生产线安装工程	千台	≥5	<5		年产量
		柴油机生产线安装工程	万马力	≥30	<30		年产量
10	轻纺工业建设工程	烟草制造、酿造、医药、饮料、手表、缝纫机、医疗器械、塑料制品工业等安装工程	万元	≥1000	500～1000	<500	单项工程造价
		化纤纺织设备安装工程	万元	≥1000	500～1000	<500	单项工程造价
		棉纺织设备安装工程	棉纺锭万枚	≥5	<5		生产规模
		毛纺织设备安装工程	毛纺锭万枚	≥0.5	<0.5		生产规模
		印染设备安装工程	亿米	≥0.5	<0.5		年产量
		造纸设备安装工程	万吨	≥10	<10		年产量
		制糖设备安装工程	吨	≥500	<500		日处理量
		制盐设备安装工程	万吨	≥20	<20		年产量
		啤酒设备安装工程	万吨	≥10	<10		年产量
11	森林工业工程	机电安装工程	万元	>2000	1000～2000	<1000	投资额
			万立米	>15	10～15	<10	年产量
12	其他相关专业工程	机电安装工程	万元	3000	3000		投资额
			万元	>1000	500～1000		主体工程单项造价额

注册建造师执业工程规模标准（装饰装修工程）

序号	工程类别	项目名称	单位	规模			备注
				大型	中型	小型	
1	装饰装修工程	装饰装修工程	万元	≥1000	1000～100	<100	单项工程合同额
		幕墙工程		单体建筑幕墙高度≥60 米，或面积≥6000 平方米	单体建筑幕墙高度<60 米，且面积<6000 平方米		

三、注册建造师管理

（一）一级建造师的执业技术能力

1. 具有一定的工程技术、工程管理理论和相关经济理论水平，并具有丰富的施工管理专业知识。

2. 能够熟练掌握和运用与施工管理业务相关的法律、法规、工程建设强制性标准和行业管理的各项规定。

3. 具有丰富的施工管理实践经验和资历，有较强的施工组织能力，能保证工程质量和安全生产。

4. 有一定的外语水平。

（二）二级建造师的执业技术能力

1. 了解工程建设的法律、法规、工程建设强制性标准及有关行业管理的规定。

2. 具有一定的施工管理专业知识。

3. 具有一定的施工管理实践经验和资历，有一定的施工组织能力，能保证工程质量和安全生产。

（三）更换注册建造师的情形

注册建造师担任施工项目负责人期间原则上不得更换。如发生下列情形之一的，应当办理书面交接手续后更换施工项目负责人：

1. 发包方与注册建造师受聘企业已解除承包合同的；

2. 发包方同意更换项目负责人的；

3. 因不可抗力等特殊情况必须更换项目负责人的。

建设工程合同履行期间变更项目负责人的，企业应当于项目负责人变更5个工作日内报建设行政主管部门和有关部门及时进行网上变更。

（四）注册建造师享有的权利

注册建造师享有下列权利：

1. 使用注册建造师名称；

2. 在规定范围内从事执业活动；

3. 在本人执业活动中形成的文件上签字并加盖执业印章；

4. 保管和使用本人注册证书、执业印章；

5. 对本人执业活动进行解释和辩护；

6. 接受继续教育；

7. 获得相应的劳动报酬；

8. 对侵犯本人权利的行为进行申述。

（五）注册建造师应履行的义务

注册建造师应当履行下列义务：

1. 遵守法律、法规和有关管理规定，恪守职业道德；

2. 执行技术标准、规范和规程；

3. 保证执业成果的质量，并承担相应责任；

4. 接受继续教育，努力提高执业水准；

5. 保守在执业中知悉的国家秘密和他人的商业、技术等秘密；

6. 与当事人有利害关系的，应当主动回避；

7. 协助注册管理机关完成相关工作。

（六）注册建造师的禁止行为

注册建造师不得有下列行为：

1. 不按设计图纸施工；

2. 使用不合格建筑材料；

3. 使用不合格设备、建筑构配件；

4. 违反工程质量、安全、环保和用工方面的规定；

5. 在执业过程中，索贿、行贿、受贿或者谋取合同约定费用外的其他不法利益；

6. 签署弄虚作假或在不合格文件上签章的；

7. 以他人名义或允许他人以自己的名义从事执业活动；

8. 同时在两个或者两个以上企业受聘并执业；

9. 超出执业范围和聘用企业业务范围从事执业活动；

10. 未变更注册单位，而在另一家企业从事执业活动；

11. 所负责工程未办理竣工验收或移交手续前，变更注册到另一企业；

12. 伪造、涂改、倒卖、出租、出借或以其他形式非法转让资格证书、注册证书和执业印章；

13. 不履行注册建造师义务和法律、法规、规章禁止的其他行为。

（七）注册建造师担任施工项目负责人时的职责

1. 担任建设工程施工项目负责人的注册建造师应当按《注册建造师施工管理签章文件目录》和配套表格要求，在建设工程施工管理相关文件上签字并加盖执业印章，签章文件作为工程竣工备案的依据。

2. 担任建设工程施工项目负责人的注册建造师对其签署的工程管理文件承担相应责任。注册建造师签章完整的工程施工管理文件方为有效。

3. 建设工程发生质量、安全、环境事故时，担任该施工项目负责人的注册建造师应当按照有关法律法规规定的事故处理程序及时向企业报告，并保护事故现场，不得隐瞒。

（八）注册建造师担任施工项目负责人时的签章规定

1. 担任建设工程施工项目负责人的注册建造师在执业过程中，应当及时、独立完成建设工程施工管理文件签章，无正当理由不得拒绝在文件上签字并加盖执业印章。

担任工程项目技术、质量、安全等岗位的注册建造师，是否在有关文件上签章，由企业根据实际情况自行规定。

2. 建设工程合同包含多个专业工程的，担任施工项目负责人的注册建造师，负责该工程施工管理文件签章。

专业工程独立发包时，注册建造师执业范围涵盖该专业工程的，可担任该专业工程施工项目负责人。

分包工程施工管理文件应当由分包企业注册建造师签章。分包企业签署质量合格的文件上，必须由担任总包项目负责人的注册建造师签章。

3. 因续期注册、企业名称变更或印章污损遗失不能及时盖章的，经注册建造师聘用企业出具书面证明后，可先在规定文件上签字后补盖执业印章，完成签章手续。

4. 修改注册建造师签字并加盖执业印章的工程施工管理文件，应当征得所在企业同意后，由注册建造师本人进行修改；注册建造师本人不能进行修改的，应当由企业指定同等资格条件的注册建造师修改，并由其签字并加盖执业印章。

（九）注册建造师执业情况的网络管理

国务院建设主管部门负责建立并完善全国网络信息平台，省级人民政府建设行政主管部门负责注册建造师本地执业状态信息收集、整理，通过中国建造师网（www. coc. gov. cn）向社会实时发布。

注册建造师执业状态信息包括工程基本情况、良好行为、不良行为等内容。注册建造师应当在开工前、竣工验收、工程款结算后 3 日内按照《注册建造师信用档案管理办法》要求，通过中国建造师网向注册机关提供真实、准确、完整的注册建造师信用档案信息。信息报送应当及时、全面和真实，并作为延续注册的依据。

（十）注册建造师违法行为的处理及程序

任何单位和个人可向注册建造师注册所在地或项目所在地县级以上地方人民政府建设主管部门和有关部门投诉、举报注册建造师的违法、违规行为，并提交相应材料。

注册建造师违法从事相关活动的，违法行为发生地县级以上地方人民政府建设主管部门或有关部门应当依法查处，并将违法事实、处理结果告知注册机关；依法应当撤销注册的，应当将违法事实、处理建议及有关材料报注册机关，注册机关或有关部门应当在 7 个工作日内作出处理，并告知行为发生地人民政府建设行政主管部门或有关部门。

注册建造师异地执业的，工程所在地省级人民政府建设主管部门应当将处理建议转交注册建造师注册所在地省级人民政府建设主管部门，注册所在地省级人民政府建设主管部门应当在14个工作日内作出处理，并告知工程所在地省级人民政府建设行政主管部门。

第四节 建造师继续教育

一、一般规定

注册建造师应通过继续教育，掌握工程建设有关法律法规、标准规范，增强职业道德和诚信守法意识，熟悉工程建设项目管理新方法、新技术，总结工作中的经验教训，不断提高综合素质和执业能力。

注册建造师按规定参加继续教育，是申请初始注册、延续注册、增项注册和重新注册（以下统称注册）的必要条件。

二、继续教育的重要意义

注册建造师的执业范围广泛，可以在勘察、设计、施工、监理、招标代理、造价咨询等单位执业。目前由于我国经济建设的快速发展和国际化进程步伐的加快，建设领域的知识更新速度非常迅猛，注册建造师以往的知识结构和专业技能必须及时进行更新，从而跟上时代发展的步伐。而这种知识的更新不能仅单纯依赖注册建造师自身的行为来完成，而必须要以制度的强制形式对继续教育活动加以规范，才能形成外因与内因的相结合，达到理想的效果。因此，注册建造师继续教育的重要意义在于：

1. 通过注册建造师的继续教育，使其能及时掌握工程建设有关的法律规范、标准规范，熟悉工程建设项目管理新理论、新方法、新技术、新材料、新设备、新工艺，不断提高注册建造师综合素质和执业能力，不断促进从业人员整体水平和能力不断提高，提高建设工程项目管理水平。

2. 注册建造师的继续教育是整个建造师执业资格制度体系建设中不可缺失的一个重要环节，与建造师的考试、注册和执业具有同等重要的地位。是确保建造师执业资格制度健康发展的重要手段和有力保障。

3. 使整个建造师执业制度纳入规范化的管理，从而保证继续教育的质量和教育效果，促进整个建造师诚信体系的建设。

4. 充分体现了注册建造师享受权利和承担义务的一致性。《宪法》第46条规定："中华人民共和国公民有受教育的权利和义务"。因此，注册建造师作为公民自然也有接受教育的权利，作为专业执业人员肩负确保工程质量和群众生命财产安全的责任，其必须接受继续教育提高执业能力的义务，及时更新知识，以确保能适应执业活动。另外，《注册建造师管理规定》第 24 条第（六）款、第 25 条第（五）款也明确规定了接受继续教育一方面是注册建造师的权利，另一方面又是注册建造师应尽的义务，体现了权利义务的一致性。

三、继续教育的组织管理

国务院住房和城乡建设主管部门对全国注册建造师的继续教育工作实施统一监督管理，国务院有关部门负责本专业注册建造师继续教育工作的监督管理，省级住房和城乡建设主管部门负责本地区注册建造师继续教育工作的监督管理。

注册建造师参加继续教育的组织工作采取分级与分专业相结合的原则。国务院住房和城乡建设、铁路、交通、水利、工业信息化、民航等部门或其委托的行业协会（以下统称为专业牵头部门），组织本专业一级注册建造师参加继续教育，各省级住房和城乡建设主管部门组织二级注册建造师参加继续教育。

各专业牵头部门按要求推荐一级注册建造师继续教育培训单位并报国务院住房和城乡建设主管部门审核，各省级住房和城乡建设主管部门审核二级注册建造师继续教育培训单位，并报国务院住房和城乡建设主管部门备案。培训单位的培训规模与该年度应参加继续教育的建造师数量应基本平衡。

各专业牵头部门负责一级注册建造师继续教育培训单位专职授课教师的培训，各省级住房和城乡建设主管部门负责二级注册建造师继续教育培训单位专职授课教师的培训，培训合格的教师可按规定从事注册建造师继续教育的授课工作。

国务院住房和城乡建设主管部门在中国建造师网（网址：www. coc. gov. cn）上公布培训单位名单。

四、继续教育的教学体系

国务院住房和城乡建设主管部门会同国务院有关部门组织制定注册建造师继续教育教学大纲，并组织必修课教材的编写。

各专业牵头部门负责本专业一级建造师选修课教材的编写，各省级住房和城乡建设主管部门负责二级建造师选修课教材的编写。

必修课包括以下内容：

1. 工程建设相关的法律法规和有关政策。
2. 注册建造师职业道德和诚信制度。
3. 建设工程项目管理的新理论、新方法、新技术和新工艺。
4. 建设工程项目管理案例分析。

选修课内容为：各专业牵头部门认为一级建造师需要补充的与建设工程项

目管理有关的知识；各省级住房和城乡建设主管部门认为二级建造师需要补充的与建设工程项目管理有关的知识。

国务院住房和城乡建设主管部门负责一级建造师继续教育必修课课程安排的编制，各专业牵头部门负责本专业一级注册建造师继续教育选修课课程安排的编制并报国务院住房和城乡建设主管部门汇总，各省级住房和城乡建设主管部门负责本行政区域内的二级建造师继续教育课程安排的编制并报国务院住房和城乡建设主管部门备案。课程安排由国务院住房和城乡建设主管部门在中国建造师网上公布。

五、继续教育的方式

注册建造师应在企业注册所在地选择中国建造师网公布的培训单位接受继续教育。在企业注册所在地外担任项目负责人的一级注册建造师，报专业牵头部门备案后可在工程所在地接受继续教育。个别专业的一级注册建造师可在专业牵头部门的统一安排下，跨地区参加继续教育。注册建造师在每一注册有效期内可根据工作需要集中或分年度安排继续教育的学时。

注册一个专业的建造师在每一注册有效期内应参加继续教育不少于 120 学时，其中必修课 60 学时，选修课 60 学时。注册两个及以上专业的，每增加一个专业还应参加所增加专业 60 学时的继续教育，其中必修课 30 学时，选修课 30 学时。

注册建造师在每一注册有效期内从事以下工作并取得相应证明的，可充抵继续教育选修课部分学时。每一注册有效期内，充抵继续教育选修课学时累计不得超过 60 学时。

1. 参加全国建造师执业资格考试大纲编写及命题工作，每次计 20 学时。

2. 从事注册建造师继续教育教材编写工作，每次计 20 学时。

3. 在公开发行的省部级期刊上发表有关建设工程项目管理的学术论文的，第一作者每篇计 10 学时；公开出版 5 万字以上专著、教材的，第一、二作者每人计 20 学时。

4. 参加建造师继续教育授课工作的按授课学时计算。

一级注册建造师继续教育学时的充抵认定，由各专业牵头部门负责；二级注册建造师继续教育学时的充抵认定，由各省级住房和城乡建设主管部门负责。

注册建造师继续教育以集中面授为主。同时探索网络教育方式，拟采取网络教育的专业牵头部门或省级住房和城乡建设主管部门，应将管理办法和工作方案报国务院住房和城乡建设主管部门审核，并对网络教育的培训质量负责。

完成规定学时并测试合格后取得的《注册建造师继续教育证书》是建造师申请注册的重要依据。

第五节 建造师信用档案制度

一、一般规定

注册建造师及其聘用单位应当按照要求，向注册机关提供真实、准确、完整的注册建造师信用档案信息。

注册建造师信用档案应当包括注册建造师的基本情况、业绩、良好行为、不良行为等内容。违法违规行为、被投诉举报处理、行政处罚等情况应当作为注册建造师的不良行为记入其信用档案。

注册建造师不良行为，是指违反相关法律、法规、部门规章，被实施行政处罚的不良行为。

注册建造师信用档案信息按照有关规定向社会公示。

二、信用监督管理部门职责

县级以上地方人民政府建设主管部门和有关部门应当按照统一的诚信标准和管理办法，负责对本地区、本部门担任工程项目负责人的注册建造师诚信行为进行检查、记录，同时将不良行为记录信息按照管理权限及时采集信息并报送上级建设主管部门。

县级以上人民政府建设主管部门和有关部门履行监督检查职责时，有权采取下列措施：

1. 要求被检查人员出示注册证书；
2. 要求被检查人员所在聘用单位提供有关人员签署的文件及相关业务文档；
3. 就有关问题询问签署文件的人员；
4. 纠正违反有关法律、法规、本规定及工程标准规范的行为。

注册建造师违法从事相关活动的，违法行为发生地县级以上地方人民政府建设主管部门或者其他有关部门应当依法查处，并将违法事实、处理结果告知注册机关；依法应当撤销注册的，应当将违法事实、处理建议及有关材料报注册机关。

三、注册建造师不良记录认定行为标准

（一）建造师注册

1. 隐瞒有关情况或者提供虚假材料申请注册；
2. 以欺骗、贿赂等不正当手段取得注册证书；
3. 涂改、倒卖、出租、出借或以其他形式非法转让资格证书、注册证书和执业印章；
4. 未办理变更注册而继续执业。

（二）建造师执业

1. 泄露在执业中知悉的国家秘密和他人的商业、技术等秘密；

2. 未取得注册证书和执业印章，担任大中型建设工程项目施工单位项目负责人，或者以建造师的名义从事相关活动；

3. 同时担任两个及两个以上工程项目负责人；

4. 超出执业范围和聘用单位业务范围内从事执业活动；

5. 索贿、受贿或者谋取合同约定费用外的其他利益；

6. 实施商业贿赂；

7. 签署有虚假记载等不合格的文件；

8. 允许他人以自己的名义从事执业活动；

9. 同时在两个或者两个以上单位受聘或者执业；

10. 未按照要求向注册机关提供准确、完整的注册建造师信用档案信息。

（三）其他

1. 因过错造成质量事故；

2. 未履行安全生产管理职责；

3. 违章指挥、强令职工冒险作业，因而发生重大伤亡事故或者造成其他严重后果；

4. 在注册、执业和继续教育活动中，发生其他违反法律、法规和工程建设强制性标准的行为。

四、记入注册建造师执业信用档案的行为

注册建造师有下列行为之一，经有关监督部门确认后由工程所在地建设主管部门或有关部门记入注册建造师执业信用档案：不按设计图纸施工的；使用不合格建筑材料的；使用不合格设备、建筑构配件的；违反工程质量、安全、环保和用工方面的规定的；在执业过程中，索贿、行贿、受贿或者谋取合同约定费用外的其他不法利益的；签署弄虚作假或在不合格文件上签章的；以他人名义或允许他人以自己的名义从事执业活动的；同时在两个或者两个以上企业受聘并执业的；超出执业范围和聘用企业业务范围从事执业活动的；未变更注册单位，而在另一家企业从事执业活动的；所负责工程未办理竣工验收或移交手续前，变更注册到另一企业的；伪造、涂改、倒卖、出租、出借或以其他形式非法转让资格证书、注册证书和执业印章的；不履行注册建造师义务和有法律、法规、规章禁止的其他行为的；未履行注册建造师职责造成质量、安全、环境事故的；泄露商业秘密的；无正当理由拒绝或未及时签字盖章的；未按要求提供注册建造师信用档案信息的；未履行注册建造师职责造成不良社会影响的；未履行注册建造师职责导致项目未能及时交付使用的；不配合办理交接手续的；不积极配合有关部门监督检查的。

第三章　建设工程项目合同管理

第一节　建设工程合同示范文本

一、合同示范文本

合同示范文本是国家行政管理部门或者协会组织为指导当事人订立建设工程合同、平衡各方当事人的权利义务关系、规范合同内容而制订的参考文本。

目前我国建设工程领域中使用的合同示范文本主要有《建设工程勘察合同》、《建设工程设计合同》、《建设工程施工合同》、《建设工程施工专业分包合同》、《建设工程施工劳务分包合同》、《建设工程委托监理合同》等。实行合同示范本文本制度后，当事人在签约时应尽可能使用合同示范文本。除通用条款外，合同当事人可以对协议书及专用条款的内容进行协商、修改，最终确认合同条款。当事人可以选择使用合同示范文本，也可以不选择使用而根据实际情况另行拟定合同文本。在没有专业律师参与合同管理、当事人法律知识相对缺乏的情况下，合同示范文本有利于明确当事人的权利和义务，减少因合同约定条款和内容欠缺而发生纠纷的可能。

二、FIDIC 合同条件

（一）一般概述

FIDIC 即国际咨询工程师联合会，于 1913 年在英国成立。第二次世界大战结束后 FIDIC 发展迅速，至今已有 60 多个国家和地区成为其会员。中国于 1996 年正式加入。FIDIC 是世界上多数独立的咨询工程师的代表，是最具权威的咨询工程师组织，它推动着全球范围内高质量、高水平的工程咨询服务业的发展。

（二）FIDIC 的地区成员协会和专业委员会

FIDIC 下设两个地区成员协会：FIDIC 亚洲及太平洋成员协会（ASPAC）；FIDIC 非洲成员协会集团（CAMA）。FIDIC 还设立了许多专业委员会，用于专业咨询和管理。如业主/咨询工程师关系委员会（CCRC）；合同委员会（CC）；执行委员会（EC）；风险管理委员会（ENVC）；质量管理委员会（QMC）；21 世纪工作组（Task Force 21）等。FIDIC 总部机构现设于瑞士洛桑。

（三）FIDIC合同体系

FIDIC专业委员会编制了一系列规范性合同条件，构成了FIDIC合同条件体系。它们不仅被FIDIC会员国在世界范围内广泛使用，也被世界银行、亚洲开发银行、非洲开发银行等世界金融组织在招标文件中使用。在FIDIC合同条件体系中，最著名的有：《土木工程施工合同条件》（Conditionsof Contract for Work Of Civil Engineering Construction，通称FIDIC“红皮书”）、《电气和机械工程合同条件》（Conditions of Contractfor Electrical and Mechanical Works，通称FIDIC“黄皮书”）、《业主/咨询工程师标准服务协议书》（Client/Consulant Model Services Agreement，通称FIDIC“白皮书”）、《设计—建造与交钥匙工程合同条件》（Conditions of Contract for Design-Build and Turnkey，通称FIDIC“桔皮书”）等。

为了适应国际工程业和国际经济的不断发展，FIDIC对其合同条件要进行修改和调整，以令其更能反映国际工程实践，更具有代表性和普遍意义，更加严谨、完善，更具权威性和可操作性。尤其是近十几年，修改调整的频率明显增大。如被誉为土木工程合同的圣经的“红皮书”，第一版制定于1957年，随后于1963年、1977年、1987年分别发行了第二、三、四版。1988年、1992年又两次对第四版进行修改，1996年又作了增补。

1999年，FIDIC在原合同条件基础上又出版了两份新的合同条件。这是迄今为止FIDIC合同条件的最新版本。

《施工合同条件》（Condition of Contract for Construction）简称“新红皮书”，与原红皮书相对应，但其名称改变后合同的适用范围更大。该合同主要用于由业主设计的或由咨询工程师设计的房屋建筑工程（BuildingWorks）和土木工程（Engi-neeringWorks）。

《永久设备和设计—建造合同条件》（Conditions of Contract for Plantand Design-Build）简称“新黄皮书”，与原黄皮书相对应，其名称的改变便于与新红皮书相区别。在新黄皮书条件下，承包商的基本义务是完成永久设备的设计、制造和安装。

EPC交钥匙项目合同条件（Conditions of Contract for EPC Turnkey Projects）简称“银皮书”，又可译为“设计—采购—施工交钥匙项目合同条件”，它与桔皮书相似但不完全相同。它适于工厂建设之类的开发项目。是包含了项目策划、可行性研究、具体设计、采购、建造、安装、试运行等在内的全过程承包方式。承包商“交钥匙”时，提供的将是配套完整的可以运行的设施。

《简明合同格式》（Short Form of Contract）主要适于价值较低的或形式简单、或重复性的、或工期短的房屋建筑和土木工程。

FIDIC合同条件是在总结了各个国家、各个地区的业主、咨询工程师和承包商各方经验基础上编制出来的，也是在长期的国际工程实践中形成并逐渐发展成熟起来的，是目前国际上广泛采用的高水平的、规范的合同条件。这些条件具有国际性、通用性和权威性。其合同条款公正合理，职责分明，程序严谨，易于操作。考虑到工程项目的一次性、唯一性等特点，FIDIC 合同条件分成了“通用条件”（General Conditions）和“专用条件”（Conditions of Particular Application）两部分。通用条件适于某一类工程。专用条件则针对一个具体的工程项目，是在考虑项目所在国法律法规不同、项目特点和业主要求不同的基础上，对通用条件进行的具体化的修改和补充。

（四）FIDIC 合同条件的应用方式

FIDIC 合同条件的应用方式通常有如下几种：

1. 国际金融组织贷款和一些国际项目直接采用

在世界各地，凡世界银行、亚洲开发银行、非洲开发银行贷款的工程项目以及一些国家和地区的工程招标文件中，大部分全文采用 FIDIC 合同条件。在我国，凡亚洲开发银行贷款项目，全文采用 FIDIC“红皮书”。凡世界银行贷款项目，在执行世界银行有关合同原则的基础上，执行我国财政部在世界银行批准和指导下编制的有关合同条件。

2. 合同管理中对比分析使用

许多国家在学习、借鉴 FIDIC 合同条件的基础上，编制了一系列适合本国国情的标准合同条件。这些合同条件的项目和内容与 FIDIC 合同条件大同小异。主要差异体现在处理问题的程序规定上以及风险分担规定上。FIDIC 合同条件的各项程序性约定十分严谨，处理业主和承包商风险、权利及义务分担也比较公平。因此，业主、咨询工程师、承包商通常都会将 FIDIC 合同条件作为一个标尺、与工作中遇到的其他合同条件相对比，进行合同分析和风险研究，制定相应的合同管理措施，防止合同管理上出现漏洞。

3. 在合同谈判中使用

FIDIC 合同条件的国际性、通用性和权威性使合同双方在谈判中可以以“国际惯例”为理由要求对方对其合同条款的不合理、不完善之处作出修改或补充，以维护双方的合法权益。这种方式在国际工程项目合同谈判中普遍使用。

4. 部分选择使用

即使不全文采用 FIDIC 合同条件，在编制招标文件、分包合同条件时，仍可以部分选择其中的某些条款、某些规定、某些程序甚至某些思路，使所编制的文件更完善、更严谨。在项目实施过程中，也可以借鉴 FIDIC 合同条件的思路和程序来解决和处理有关问题。

（五）FIDIC 合同条件的优点

FIDIC 合同条件文本具有独特优点。每一种 FIDIC 合同条件文本主要包括两个部分，即通用条件和专用条件，在使用中可利用专用条件对通用条件的内容进行修改和补充，以满足各类项目和不同需要。FIDIC 系列合同条件的优点是，具有国际性、通用性、公正性和严密性；合同各方职责分明，各方的合法权益可以得到保障；处理与解决问题程序严谨，易于操作。FIDIC 合同条件把与工程管理相关的技术、经济、法律三者有机地结合在一起，构成了一个较为完善的合同体系。

系统地、认真地学习和掌握 FIDIC 合同条件是每一位工程管理人员掌握现代化项目管理、合同管理理论和方法，提高管理水平的基本要求，也是我国工程项目管理与国际接轨的基本条件。目前，我国建设工程行业面临着许多机遇与挑战。不少施工单位参与了许多大型工程项目的建设，对 FIDIC 合同条件及管理模式有了一定的体会和认识。进一步加强这方面的学习，关注和及时获取这方面的信息，对提高管理水平是十分有益的。

（六）FIDIC 合同条件的种类

FIDIC 出版的各类合同条件按先后顺序主要有：

1. 《土木工程施工合同条件》（1987 年第 4 版，1992 年修订）；

2. 《电气与机械工程合同条件》（1988 年第 2 版）；

3. 《土木工程施工分包合同条件》（1994 年第 1 版），是与《土木工程施工合同条件》配套使用的文本；

4. 《设计—建造与交钥匙工程合同条件》（1995 年版）；

5. 《施工合同条件》（1999 年第一版）；

6. 《生产设备和设计—施工合同条件》（1999 年第一版）；

7. 《设计采购施工（EPC）/交钥匙工程合同条件》（1999 年第一版）；

8. 《简明合同格式》（1999 年第一版）；

9. 多边开发银行统一版《施工合同条件》（2005 年版）。

（七）FIDIC 新版合同条件及其适用范围

FIDIC 于 1999 年推出的四种新版合同条件，继承了以往合同条件的优点，在内容、结构和措辞等方面作了较大修改，进行了重大的调整。四种新版合同条件及其适用范围分述如下：

1. 《施工合同条件》

《施工合同条件》推荐用于有业主或其代表——工程师设计的建筑或工程项目，主要用于单价合同。在这种合同形式下，通常由工程师负责监理，由承包商按照业主提供的设计施工，但也可以包含由承包商设计的土木、机械、电气和构筑物的某些部分。

2.《生产设备和设计—施工合同条件》

《生产设备和设计—施工合同条件》文件推荐用于电气及/或机械设备供货和建筑或工程的设计与施工，通常采用总价合同。由承包商按照业主的要求，设计和提供生产设备及/或其他工程，可以包括土木、机械、电气和建筑物的任何组合，进行工程总承包。但也可以对部分工程采用单价合同。

3.《设计采购施工（EPC）/交钥匙工程合同条件》

《设计采购施工（EPC）/交钥匙工程合同条件》可适用于以交钥匙方式提供工厂或类似设施的加工或动力设备、基础设施项目或其他类型的开发项目，采用总价合同。这种合同条件下，项目的最终价格和要求的工期具有更大程度的确定性；由承包商承担项目实施的全部责任，业主很少介入。即由承包商进行所有的设计、采购和施工，最后提供设施配备完整、可以投产运行的项目。

4.《简明合同格式》

《简明合同格式》适用于投资金额较小的建筑或工程项目。根据工程的类型和具体情况，这种合同格式也可用于投资金额较大的工程，特别是较简单的、或重复性的、或工期短的工程。在此合同格式下，一般都由承包商按照业主或其代表——工程师提供的设计实施工程，但对于部分或完全由承包商设计的土木、机械、电气及/或构筑物的工程，此合同也同样适用。

（八）FIDIC 新版合同条件的主要特点

新版的 FIDIC 合同条件同过去的旧版本相比具有以下特点：

1. 在编排格式上统一化。新版中的通用条件部分均分为二十条，条款的标题以至部分条款的内容能一致的都尽可能一致；

2. 四种新版合同条件的使用范围大大拓宽，适用的项目种类更加广泛；

3. 与旧版本相比较新版条款的内容作了较大的改进和补充；

4. 在编写思想上也有了新的变化。新版本尽可能地在通用条件中做出全面而细致的规定，便于用户在专用条件中自行修改编写；

5. 新版本对业主、承包商双方的职责、业务以及工程师的职权都作了更为严格而明确的规定，提出了更高的要求；

6. 新版合同条件在语言上比以前的旧版本简明，语言结构也相对简单清楚，因此比旧版本更易懂、易读。

（九）多边开发银行统一版《施工合同条件》

FIDIC 与世界银行、亚洲开发银行、非洲开发银行、泛美开发银行、加勒比开发银行、北欧开发基金等国际金融机构共同工作，对 FIDIC《施工合同条件》（1999 年第一版）进行了修改补充，编制了用于多边开发银行提供贷款项目的合同条件——多边开发银行统一版《施工合同条件》（2005 版）。该合同条件不仅便于多边开发银行及其借款人使用FIDIC合同条件，也便于参与多边开发银行贷款项目的其他各方，如工程咨询机构、承包商等使用。

多边开发银行统一版《施工合同条件》，在通用条件中加入了以往多边开发银行在专用条件中使用的标准措辞，减少了以往在专用条件的增补和修改的数量，提高了用户的工作效率，减少了不确定性和发生争端的可能性。该合同条件与FIDIC的其他合同条件的格式一样，包括通用条件、专用条件以及各种担保、保证、保函和争端委员会协议书的标准文本，方便用户的理解和使用。

（十）FIDIC协议书范本

FIDIC出版的协议书也是一种合同格式，通常适用于应用功能比较单一、条款比较简单的合同。目前常用的协议书范本有：

1. 客户/咨询工程师（单位）服务协议书范本（1998年第三版）；

2. 客户/咨询工程师（单位）服务协议书；

3. 代表性协议范本；

4. EIC的施工—运营—转让/公共民营合作制项目白皮书；

5. 联营（联合）协议书；

6. 咨询分包协议书。

其中，《客户/咨询工程师（单位）服务协议书范本》用于建设项目业主同咨询工程师签订服务协议书时参考使用。文本适用于由咨询工程师提供项目的投资机会研究、可行性研究、工程设计、招标评标、合同管理、生产准备和运营等涉及建设全过程的各种咨询服务内容。

在该协议书中，对客户和工程咨询单位的职责、义务、风险分担和保险等方面在条款内容上做了更加明确的规定，增加了反腐败条款和友好解决争端等条款，更好地适应了当前工程市场的需要。这对加强工程咨询市场的规范化，提高工程咨询质量，进而提升项目决策和管理水平有较大的帮助。

（十一）FIDIC合同条件应用指南

FIDIC在编制各类合同条件的同时，还编制了相应的“应用指南”。在“应用指南”中，除了介绍招标程序、合同各方及工程师职责外，还对合同每一条款进行了详细解释和说明，这对使用者是很有帮助的。另外，每份合同条件的前面均列有有关措词的定义和释义。这些定义和释义非常重要，它们不仅适合于合同条件，也适合于其全部合同文件。

FIDIC为了帮助项目参与各方正确理解和使用合同条件和协议书的涵义、帮助咨询工程师提高道德和业务素质，提升执业水平，相应地编写了一系列应用指南。

FIDIC先后出版的应用指南达几十种，例如：

1. FIDIC合同指南（2000年第1版）；

2. 客户/咨询工程师（单位）服务协议书指南（2001年第2版）；
3. 咨询工程师和环境行动指南；
4. 咨询分包协议书与联营（联合）协议书应用指南；
5. 工程咨询业质量管理指南；
6. 工程咨询业ISO9001：9004标准解释和应用指南；
7. 咨询企业商务指南；
8. 根据质量选择咨询服务和咨询专家工作成果评价指南；
9. 关于提供运行、维护和培训（MT）服务的指南；
10. 生产设备合同的EIC承包商指南；
11. 设计采购施工（EPC）/交钥匙工程合同的EIC承包商指南；
12. 施工合同条件指南；
13. 业务实践指南系列；
14. 业务实践手册指南；
15. 工程咨询业实力建设指南；
16. 选聘咨询工程师（单位）指南；
17. 施工质量——行动指南；
18. 质量管理指南；
19. ISO9001：2000质量管理指南解读；
20. 业务廉洁管理指南；
21. 职业赔偿和项目风险保险：客户指南；
22. 联合国环境署—国际商会—FIDIC环境管理体系认证指南；
23. 项目可持续管理指南。

《FIDIC合同应用指南》（2000年第1版）是FIDIC针对其三本新版合同条件于2000年编写的权威性应用指南。FIDIC三本新版合同条件即《施工合同条件》、《生产设备和设计—施工合同条件》和《设计采购施工（EPC)/交钥匙工程合同条件》。

为了帮助有关人员更好地学习应用这套新版合同条件，《FIDIC合同指南》将三种合同条件的特点进行了对比；对编写中的思路以及一些条款做了说明；对如何选用适合的合同格式、如何编写合同专用条件及附件等提供了指导意见。这对于加深理解和合理使用这些合同条件具有重要意义。

（十二）FIDIC《客户/咨询工程师（单位）协议书指南》简介

《客户/咨询工程师（单位）协议书指南》（2001年第2版）是FIDIC于2001年在原《客户/咨询工程师（单位）协议书应用指南》（1991年）的基础上，针对1998年FIDIC《客户/咨询工程师服务协议书范本》第三版重新修订的《应用指南》。全书共分为八章：

第一章“引言”。介绍了《客户/咨询工程师（单位）协议书》的编制背景和指导原则；

第二章对《客户/咨询工程师（单位）协议书》中的工程咨询服务协议书通用条件及专用条件44条规定做了详细说明；对需要在专用条件中对通用条件做补充调整的，给出了范例条款；

第三章是对《客户/咨询工程师（单位）协议书》的附加讨论，针对不同的委托服务方式，对有关条款特别是双方责任划分和保险等问题做了进一步说明，对需要补充的专用条款的有关规定，都给出了范例条款，包括可能需要增加的第45～50条的附加条款范例；

第四章介绍作为《客户/咨询工程师（单位）协议书》附录A的服务范围。提出了咨询工程师可提供的咨询服务包括：投资前、详细规划、设计、采购、实施和运行6个阶段的各类咨询；给出了每一阶段咨询工程师可以提供的服务，及协议书中应明确的原则。并在附件1和附件2种，对土木和环境工程咨询工程师可提供的服务分别开列了详细清单；

第五章是介绍作为《客户/咨询工程师（单位）协议书》附录B的“需要客户提供的人员、设备、设施和其他服务”；

第六章对如何计算和支付报酬做了详细说明，并给出相应的范例条款；

第七章是编写委托服务范围（TOR）、建议书和协议书的注意事项；

第八章是新开列的参考文献。

（十三）FIDIC咨询业务指导性文件

FIDIC编制的文件中，有许多关于咨询业务指导性文件，主要有工作程序与准则以及工作手册等，这些文件对于规范工程市场活动，指导咨询工程师的工作实践、提高服务质量均有重要的借鉴和参考价值。

1. 工作程序与准则

FIDIC根据咨询的业务实践的需要，编制和出版了一些重要的工作程序与准则以指导工作，其中包括：

（1）FIDIC招标程序；

（2）咨询专家在运行、维护和培训中的作用；

（3）编制项目成本估算的准则及工作大纲；

（4）根据质量选择咨询服务；

（5）推荐常规——使在解决建设上争端中作为专家的设计专业人员用；

（6）职业责任保险入门；

（7）建设、保险与法律；

（8）国外施工工程英文标准函件；

（9）大型土木工程项目保险；

（10）承包商资格预审标准格式。

2. 工作手册

FIDIC 的工作手册可以作为咨询工程师的培训资料，对于提高他们的职业道德和业务素质起着有益的作用。以下是一些常用的工作手册：

（1）风险管理手册；

（2）环境管理体系培训大全；

（3）业务廉洁管理体系培训手册；

（4）业务实践手册；

（5）质量管理体系培训材料等。

三、在建设工程领域推行合同示范文本的现实意义

根据国办发（1990）13 号文件、国家工商局（1990）133 号文件精神，合同示范文本制度已于 1990 年 10 月 1 日起在全国逐步推行。这是贯彻执行我国《合同法》，提高合同履约率，强化合同管理，整顿流通秩序的一项重要措施，它对于规范合同当事人的签约行为和经营行为，保护其自身的合法权益，健全社会主义法制，起到了积极作用。实行合同示范文本制度有着重要的现实意义：

1. 推行合同示范文本制度是贯彻国务院进一步治理、整顿和深化改革方针的一项有力措施。

整顿经济秩序，就是要整顿目前经济生活中，特别是流通领域中出现的各种混乱现象（如乱建公司、乱上项目、利用合同骗买骗卖、非法制售假冒伪劣产品等）。全面深化改革，特别要注重深化企业改革，使有条件的企业在履行合同依法经营的原则下，真正自主经营、自负盈亏、自我约束，从而提高经济效益。企业的经济往来，主要是通过合同这一法律形式来实现，企业履行合同的好坏，对社会经济秩序和国民经济的发展以及企业自身的经济效益有很大影响，而合同要实现适当履行，首要的就是要把好合同签订关。要签订合同并能全面履行该合同的各项权利、义务，规范合同文本中的各项条款也就显得十分关键。推行合同示范文本制度，可以改变过去那种各自为战、各行其是、草率签约的混乱状况，对于维护正常的经济秩序有着十分重要的意义。

2. 推行合同示范文本制度，是保护当事人合法权益的重要保证。

推行合同示范文本制度最基本的指导思想，就是为企业服务，为当事人服务，为市场经济正常运行服务。因此，广大合同当事人既是示范文本制度的执行者，又是示范文本制度最直接的受益者。使用合同示范文本的好处是：

（1）合同示范文本内容比较详细，具体条款完备，为签订合同提供了范本；

（2）当事人依据这一文本签订合同，可以减轻撰写合同条款的负担；

（3）对一些不熟悉有关法律，不懂得有关专业知识的当事人提供了具体的辅导和帮助，可减少签约的盲目性，避免上当受骗事情的发生；

（4）合同示范文本具有平等性，它根据当事人法律地位一律平等的原则，规定了各方权利和义务，可杜绝“霸王条款”等各种形式的显失公平条款；

（5）合同示范文本具有合法性，其各项条款完全依据《合同法》等有关法规制订，当事人按照这一格式签订合同可以防止出现违法条款。

3. 推行合同示范文本制度，有利于合同仲裁机构和人民法院及时解决合同纠纷，保护当事人的合法权益。

合同既是当事人履行各自权利、义务的凭证，同时，又是仲裁机构和人民法院在审理合同纠纷案件时借以判断当事人是非过错的最主要证据之一。当事人按照合同示范文本签订合同，基本可以避免条款短缺，解释不清等情况，当事人的权利义务容易分辨，即使发生纠纷，也可以比较容易地举证以谋求法律的保护。

4. 推行合同示范文本制度，是完善合同法律制度的又一项新的措施，是对合同法律制度的充实。

关于合同的法律、行政法规只能对当事人的权利、义务作出原则性规定，而合同示范文本则分别从不同角度，针对不同行业特点，具体地规范了当事人的签约行为，它为《合同法》的贯彻实施起到了很好的保证作用。

四、我国建设工程领域即将推行新的合同示范文本

据粗略统计，我国每年签订的建设工程施工合同均有百万份左右。这些合同是否能依法履行，直接关系到建设工程能否顺利进行、关系到建设工程的质量、工期和投资效益的发挥。但是我国的建设工程施工合同长期存在着履约率低、合同纠纷多的现象，不仅使工程难以顺利进行，还使有关当事人蒙受经济损失。其重要的原因，就是当事人缺乏应有的合同知识和法律意识，所签合同或是内容不完备，或是格式不规范，从合同签订之日起就埋下了许多日后产生纠纷的隐患。

为了避免上述情形的发生，引导当事人在订立、履行建设工程施工合同时能遵守法律、行政法规的规定，遵循公平原则确定各方的权利义务，遵循诚实信用的原则行使权利、履行义务，从而维护当事人各方的合法权益，建设部和国家工商行政管理局于 1991 年印发了《建设工程施工合同文本》（GF-91-0201）作为示范文本推广使用，该文本在指导当事人正确签订和履行建设工程施工合同方面发挥了巨大作用，取得了良好的社会效益和经济效益。

随着工程建设和建筑业发展的需要，1999 年 12 月，建设部和国家工商行政管理局依据我国《建筑法》、《合同法》等有关法律，参照国际通行的 FIDIC

相关合同文本，对1991年颁布的《建设工程施工合同》示范文本作了重大修订，并重新颁布施行至今。99版示范文本在国内建筑市场上得到了更加广泛的应用，对规范建筑市场秩序，提高建设管理水平都起到了良好的作用。

近十余年以来，无论是中国建设领域的法制建设，还是建筑市场各参与主体的业务水平、管理水平都得到了长足的发展变化。99版《建设工程施工合同》示范文本客观上已经难以满足建筑市场的需要。在这种情况下，为规范建设工程施工合同管理，从制度上指导合同当事人防范因合同条款粗放、风险预防不明确、相关法律法规调整等因素产生合同纠纷，住房和城乡建设部数年前即委托有关单位对99版《建设工程施工合同》示范文本进行了修订，组织起草了《建设工程施工合同示范文本》（征求意见稿），即将予以推行。

新版《建设工程施工合同》是项目发包人单位编制各项建设工程招标文件的重要组成部分，也是主要的平衡项目发包人和项目承包人利益及权利义务关系的合同文件。新版《建设工程施工合同》示范文本的修订出台，必然极大的影响建筑市场各参与主体的行为规范和合同利益。修订后的《建设工程施工合同》示范文本，更将有利发展和完善建筑市场，有利于规范市场主体的交易行为，有利于进一步明确建设工程发包人和承包人的权利和义务，保护双方的合法权益。

为了与修订后的《建设工程施工合同》配套使用，形成完整严密的合同体系，住房和城乡建设部委托有关单位与新版《建设工程施工合同》同时起草了《建设工程总承包示范文本》、《建设工程委托监理合同（示范文本）》（对GF-2000-0202《建设工程委托监理合同》的修订），即将与新版《建设工程施工合同》一并发布。

五、使用建设工程合同示范文本应当注意的问题

（一）合同内容需填写完整

合同示范文本一般分为“协议书”、“通用条款”、“专用条款”、“附件”四部分，除了通用条款不用另外填写外，其他部分都有待当事人约定、填写。实践中常出现应填写内容的横线处空白、日期空白等情况，因合同一式几份，空白处很容易自行添加内容，为日后纠纷埋下隐患。正确的做法是合同空白地方均应填满，如无内容则应以斜线划去或注明“此处空白”、“下文空白。”

（二）协议书与专用条款内容应前后一致

因协议书中有关于承发包人、工期、工程价款等工程基本情况的约定，而专用条款中又有这些内容的详细约定；所以在填写时应当注意保持前后一致，避免同一个合同中出现自相矛盾的情况。

(三) 仔细阅读通用条款，如对通用条款有不同约定，应在专用条款中约定明确

六、合同示范文本与格式条款的区别

根据我国《合同法》第三十九条第二款的规定，格式条款是当事人为了重复使用而预先拟定，并在订立合同时未与对方协商的条款。

格式条款，是自19世纪以来发展起来的，是由于某些行业进行频繁地、重复性地交易的过程中为了简化合同订立的程序而形成的。这些行业一般是发展较大的具有一定规模的企业，往往具有垄断性。如水、电、热力、燃气、邮电、电信、保险、铁路、航空，公路、海运等行业。有公用事业，也有一般的大企业。

(一) 格式条款的产生原因

格式条款的产生有其特定的原因，主要表现在以下几方面：

1. 公用事业发展的客观需求

经济的发展，城市化的趋势推动了邮政、电力、交通、金融等公用事业的发展。公用事业的经营，其所服务的对象是大量分散的公众，所提供的服务具有重复性的频繁性。这种经营特点要求其采用格式条款，以节省时间、简化手续，提高效率。

2. 经营者的垄断优势

格式条款的广泛采用是以垄断的存在并达到一定规模为前提的。如果市场的竞争非常激烈，则合同相对人可以在市场中挑选更能令自己满意的企业，并通过双方的个别合意来协商签订合同，这种市场情形下格式条款就难以推行。而在经营者经济上处于优势地位的情况下，消费者对格式条款没有谈判的对等地位，当然也就无从与经营者就格式条款内容进行讨价还价。

(二) 格式条款的特征

1. 作为要约，其对象具有广泛性。要约向公众发出，任何人只要同意要约的规定就可以签订合同。

2. 条款具有持久性。格式条款一般是经过认真研究拟定的，在一个相当长的时期内不会改变。

3. 条款具体细致。格式条款往往内容繁复，条款甚多，具体细致。

(三) 格式条款的优点

格式条款能得到广泛应用，源于其给现代经济生活带来了极大的便利。其优点主要表现在以下两方面：

1. 节约交易成本、提高交易效率

交易成本的节约和生产效率的提高是格式条款的生命力所在，也是格式条

款被普遍使用的根源所在。格式条款的使用使当事人减少了与每个缔约人协商的过程，节约了协商合同条款的时间，从而加快了交易过程，节约了个别交易成本，提高了市场交易的效率。

2. 增进交易安全，防范交易风险

使用格式条款，可以使合同当事人尤其是制定格式条款的一方预先在合同中确定风险，并以合同条款预防风险的发生，限制风险的范围，在当事人之间分配风险甚至将风险转移于他方当事人。

（四）格式条款的缺点

格式条款是企业准确计算风险的一个重要因素，而难以计算的风险则排除在合同之外，一些可能影响合同履行的不可预见的因素，如罢工、火灾和运输上的困难也可以被提前关注。

格式条款的存在是经济发展的必然要求，它给现代经济生活带来了便利，这是无可否认的事实。但其积极作用主要体现经济意义上，从法律角度分析，格式条款的消极作用也是明显的，对其弊端应予规制和防范。格式条款的缺点如下：

1. 与契约自由原则在一定程度上的背离

"契约自由"即"合同自由"是我国《合同法》的基本原则。契约自由包括签订合同、决定合同形式、决定合同内容的自由。由于格式条款是由企业单方预先提出的，相对方不参与条款的制定过程，更无法决定合同的内容和形式。同时，由于垄断的存在或者从事同一经营内容的企业都采用了相同或类似的格式条款，使相对方选择订约对象的权利也受到了限制甚至完全丧失。尽管从形式上，当事人概括地接受了企业所提供的合同条款，这种接受本身就是其意思自治的体现，是其自愿接受合同约束。但是，在这种自愿受约束背后，却存在当事人被迫屈服于企业强大经济实力的现实。缔约能力的不平等使得经济上的弱者在格式条款面前无能为力，只能被动地接受企业的摆布。这实际上在一定程度上动摇了合同法上的契约自由原则。

2. 对契约正义造成了冲击

"契约正义"又称为"合同正义"，不仅包括缔约双方相互给付的对等性，还包括利益分享及风险负担的合理性，合同当事人一方不能滥用其经济实力或权利而损害另一方的利益。然而，在现代市场经济背景下，生产者、经营者与消费者之间已不再是平等的关系，这种不平等使格式条款在一定程度上已经背离了契约正义的要求。在格式条款中对契约正义构成最大威胁的条款主要是一些不公平的条款，包括免责、限制责任的条款。

（五）格式条款的表现形式

格式条款在实践中的表现方式不尽相同，主要分为以下几种：

1. 由单个企业自行拟定的格式条款，并被记载于合同中；

2. 由有关行政主管部门或者行业协会制定，被有关企业直接采用而记载于合同中；

3. 以公告、公示的方式明示，如以使用须知、通知、说明、告示等形式将格式条款张贴于一定的营业场所；

4. 将格式条款印刷于一定的票据、文件（如车票、船票、飞机票、保险单）之上。

（六）格式条款须有提请注意和说明义务

最高人民法院《关于适用〈中华人民共和国合同法〉若干问题的解释（二）》第六条规定，提供格式条款的一方对格式条款中免除或者限制其责任的内容，在合同订立时采用足以引起对方注意的文字、符号、字体等特别标识，并按照对方的要求对该格式条款予以说明的，人民法院应当认定符合《合同法》第三十九条所称"采取合理的方式。"

提供格式条款一方对已尽合理提示及说明义务承担举证责任。

违反提请注意和说明义务会产生的法律后果：

1. 提供格式条款的一方当事人违反《合同法》第三十九条第一款关于提示和说明义务的规定，导致对方没有注意免除或者限制其责任的条款，对方当事人申请撤销该格式条款的，人民法院应当支持。

2. 提供格式条款的一方当事人违反《合同法》第三十九条第一款的规定，并具有《合同法》第四十条规定的情形之一的，人民法院应当认定该格式条款无效。

综上所述，可以发现合同示范文本与格式条款的重要区别：

合同示范文本不是由合同当事人一方拟定的，而是国家建设行政主管部门及工商行政管理部门为了平衡各方当事人的权利义务而制定的供各方选择性采用的合同示范文本，并且示范文本的条款并不是都事先拟定好的，除了通用条款外，协议书及专用条款的内容还需要合同签订双方协商确定。

格式条款是由一方当事人事先拟定的，而不是在双方当事人反复协商基础上制定的；格式条款是为了重复使用向不特定的相对人提出的；格式条款在订立合同时未与对方协商。由此可见合同示范文本并不符合我国《合同法》对格式条款的规定，其中的条款不能被认定为格式条款。

第二节　建设工程合同的担保

一、一般概述

建设工程合同的担保是指在工程建设活动中，根据法律法规的规定或合同约定，由保证人向债权人提供的，保证债务人不履行债务时，由保证人代为履行或承担责任的法律行为。

建设工程合同担保的有效期，是指债权人要求保证人承担担保责任的权利存续期间。在有效期内，债权人有权要求保证人承担担保责任。有效期届满，债权人要求保证人承担担保责任的实体权利消灭，保证人免除担保责任。

在建设工程合同的履行中，当事人的一方为了避免因对方原因而造成的损失，往往要求具有合格资信的第三方，以保证的方式为对方履行合同提供保证担保，即通过保证人向债权人提供担保。如果债务人无法履行其与债权人签订的建设工程合同中规定的应由债务人履行的责任、承诺而致使债权人遭受损失，则由保证人代债务人履行建设工程合同中约定的责任或付出其他形式的补偿。

（一）实行工程担保具有重要的意义

1. 有效遏制拖欠工程款的行为；

2. 为工程质量问题提供保障；

3. 转移工程风险；

4. 与国际接轨，增强建筑企业的竞争能力。

（二）工程担保相关法律规定

为进一步规范建筑市场主体行为，降低工程风险，保障从事建设工程活动各方的合法权益和维护社会稳定，根据《中华人民共和国建筑法》、《中华人民共和国招投标法》、《中华人民共和国合同法》、《中华人民共和国担保法》及有关法律法规，建设部（现住房和城乡建设部）以建市［2004］137 号文件印发了《关于在房地产开发项目中推行工程建设合同担保的若干规定（试行)》，规定了工程建设合同造价在1000 万元以上的房地产开发项目（包括新建、改建、扩建的项目）要适用该规定，其他建设项目可参照该规定执行。该规定将担保分为投标担保、业主工程款支付担保、项目承包人履约担保和项目承包人付款担保。投标担保可采用投标保证金或保证的方式。业主工程款支付担保，项目承包人履约担保和项目承包人支付担保应采用保证的方式。

为推进建设领域担保制度建设，建立防止拖欠工程款的长效机制，贯彻和落实《关于在房地产开发项目中实行建设工程合同保证担保的若干规定（试行)》（建市［2004］137 号）的要求，建设部（现住房和城乡建设部）于2005 年5 月11 日以建市［2005］74 文印发了《工程担保合同示范文本》（试行)。《工程担保合同示范文本》由《投标委托保证合同》、《投标保函》；《业主支付委托保证合同》、《业主支付保函》；《承包商履约委托保证合同》、《承包商履约保函》；《总承包商付款（分包）委托保证合同》、《总承包商付款（分包）保函》；《总承包商付款（供货）委托保证合同》、《总承包商付款

（供货）保函》组成。

地方建设行政主管部门可以参考建设部（现住房和城乡建设部）制定的工程担保合同示范文本，制定本地区统一使用的工程担保合同或保函格式文本。

（三）工程担保的保证人义务

保证人提供的保证方式应当是连带责任保证。保证人应当建立健全对被保证人和项目的保前评审、保后服务和风险监控制度，加强内部管理，规范经营。保证人对于承保的施工项目，应当有效地进行保后风险监控工作，定期出具保后跟踪调查报告。

在保函有效期截止前30日，被保证人合同义务尚未实际履行完毕的，保证人应当对被保证人作出续保的提示，被保证人应当及时提交续保保函。被保证人在保函有效期截止日前未提交续保保函的，建设行政主管部门将该行为记入建设行业信用信息系统，并可以按照有关规定予以处理。

工程担保保函应为不可撤销保函，在保函约定的有效期届满之前，除因主合同终止执行外，保证人、被保证人和受益人都不得以任何理由撤保。

保证人要求被保证人提供第三方反担保的，该反担保保证人不得为受益人或受益人的关联企业。

工程项目发包人依项目承包人履约保函向保证人提出索赔之前，应当书面通知施工单位，说明导致索赔的原因，并向保证人提供项目总监理工程师及其监理单位对索赔理由的书面确认。项目总监理工程师及其监理单位应当在承发包合同约定的时间内对项目发包人的索赔理由进行核实并作出相应的处理。

施工单位依业主工程款支付保函向保证人提出索赔之前，应当书面通知项目发包人和保证人，说明导致索赔的原因。项目发包人应当在14天内向保证人提供能够证明工程款已按约定支付或工程款不应支付的有关证据，否则保证人应该在担保额度内予以代偿。

（四）保函集中保管制度

地方建设行政主管部门可以实行保函集中保管制度。建设行政主管部门可以委托建设工程交易服务中心或相关单位具体实施保函保管、工程担保信息的统计分析工作以及对索赔处理的监管。

项目发包人在申办建设工程施工许可证前，应当将施工单位提供的项目承包人履约保函原件和项目发包人提供的业主工程款支付保函原件提交建设行政主管部门或其委托单位保管。工程投标担保提倡以保函形式提交，把投标保函纳入集中保管的范围。实行分段滚动担保的，应将涵盖各阶段保证责任的保函原件分阶段提交建设行政主管部门或其委托单位保管。

建设行政主管部门或其委托单位应当对保函的合规性（包括保证人主体

的合规性和保函条件的合规性等）进行审核，发现保函不合规的，不予收存。建设行政主管部门或其委托单位对保函的真实性不承担责任，但有权对保函的真实性进行核查。项目发包人、施工单位提供虚假担保资料或虚假保函的，建设行政主管部门将该行为记入建设行业信用信息系统，并可以根据相关规定给予处分。

在保函约定的有效期内发生索赔时，索赔方可凭索赔文件到建设行政主管部门或其委托单位取回被索赔方的保函原件，向保证人提起索赔。经索赔后，如被索赔方的主合同义务尚未履行完毕，索赔方应当将被索赔方的保函原件交回建设行政主管部门或其委托单位保管；如被索赔方的保函金额已不足以保证主合同继续履行的，索赔方应当要求被索赔方续保，并将续保的保函原件送交建设行政主管部门或其委托单位保管。

工程项目发包人、施工单位的主合同义务已实际履行完毕，应当分别凭施工单位出具的工程款支付情况证明或工程竣工验收证明文件以及由建设行政主管部门出具的保函收讫证明原件，由保函受益人到建设行政主管部门或其委托单位分别取回保函原件，退回保证人。

在保函有效期届满前，建设工程因故中止施工三个月以上，或建设工程未完工但工程承包合同解除，需要解除担保责任的，工程项目发包人、施工单位经协商一致，应当凭双方中止施工的协议、中止施工的情况说明或合同解除备案证明，到建设行政主管部门或其委托单位取回保函原件，办理解除担保手续，恢复施工前应当按规定重新办理担保手续。

建设行政主管部门或其委托单位应当建立保证人工程担保余额台账，进行有关信息的统计和管理工作，建立相应的数据库，为保证人的担保余额、保函的查询提供方便条件。

（五）加快工程担保信用体系建设

按照住房和城乡建设部《关于加快推进建筑市场信用体系建设工作的意见》、《建筑市场诚信行为信息管理试行办法》和《全国建筑市场责任主体不良行为记录基本标准》等有关规定，加快建筑市场信用体系建设，为推行工程担保制度提供支持。

保证人可依据建筑市场主体在资质、经营管理、安全与文明施工、质量管理和社会责任等方面的信用信息，实施担保费率差别化制度。对于资信良好的项目发包人、施工单位，应当适当降低承保条件，实现市场奖优罚劣的功能。

保证人在工程担保业务活动中存在以下情况的，应记入建筑市场信用信息系统，并作为不良行为记录予以公布，情节严重的，应禁止其开展工程担保业务：

1. 超出担保能力从事工程担保业务的；

2. 虚假注册、虚增注册资本金或抽逃资本金的；
3. 擅自挪用被保证人保证金的；
4. 违反约定，拖延或拒绝承担保证责任的；
5. 在保函备案时制造虚假资料或提供虚假信息的；
6. 撤保或变相撤保的；
7. 安排受益人和被保证人互保的；
8. 恶意压低担保收费，进行不正当竞争的；
9. 不进行风险预控和保后风险监控的；
10. 其他违反法律、法规规定的行为。

二、保证的方式

我国《担保法》规定了保证的方式有一般保证和连带责任保证两种。

一般保证的保证人在一般情况下仅在债务人的财产不能完全清偿债权时，才对不能清偿的部分负担担保责任。一般保证的债务人只有在主债权纠纷经过审判或仲裁，并就主债务人的财产强制执行而仍不足以受偿时，才能请求保证人履行保证债务。

连带责任保证是指保证人在债务人不履行债务时与债务人负有连带责任的保证。连带责任保证的债务人在主合同规定的债务履行期届满没有履行债务的，债权人可以要求债务人履行债务，也可以要求保证人在其保证范围内承担保证责任。连带责任保证的债权人要求保证人承担保证责任的，只需证明债务人有届期不履行债务的事实即可，而不论债权人是否就债务人的财产已强制执行，保证人都应根据保证合同的约定承担保证责任。因为连带责任保证中的保证人比一般保证中的保证人责任更为重大，所以保证人为避免承担过重的保证责任，一定要在合同中明确保证方式是一般保证还是连带责任保证。

当事人对保证方式没有约定或者约定不明确的，按照连带责任保证承担保证责任。

工程建设合同担保的担保费用可计入工程造价。

三、我国工程担保的种类

（一）保证人和保函

1. 保证人

保证担保的保证人应当是中华人民共和国境内注册的有资格的银行业金融机构或者专业担保公司。

“有资格的银行业金融机构”是指具有法人资格或法人授权的分支机构，不包括银行储蓄所、分理处。

“专业担保公司”是指银行业金融机构根据中国银行业监督管理委员会的规定，可以与其开展授信业务的专业担保公司。

专业担保公司应当有规范的操作流程和风险管理制度，能够承担工程风险预控和对债务人履约情况进行监管的责任；专业担保公司担保余额的总额不得超过其净资产的10倍，单笔承包履约保证担保金额不得超过其净资产的50%，单笔工程款支付保证担保金额不得超过其净资产的20%。

同一银行业金融机构或专业担保公司不得同时为同一工程建设项目提供下列保证担保：

（1）工程款支付保证担保和承包履约保证担保；

（2）工程款支付保证担保和预付款保证担保；

（3）劳务分包付款保证担保和劳务分包履约保证担保。

2. 保函

保证担保以保函形式出具。保证人应当在保函中明确赔付方式及期限。

保函应当为不可撤销保函，在保函约定的有效期届满之前，除因主合同中止执行、解除或法律法规规定的情况外，保证人、债务人和债权人不得以任何理由撤保。

保函约定的有效期已届满，或保函约定的担保金额已被债权人全部索赔，但债务人尚未实际履行完主合同约定的义务时，债务人应当按规定重新提交保函。

债权人可以要求债务人必须提交银行业金融机构出具的保函或者专业担保公司出具的保函，但不得指定具体的保证人。

债务人提供反担保的，反担保方不得为该担保项目的债权人或与债权人关联的企业。

（二）项目发包人工程款支付担保

1. 定义

项目发包人工程款支付担保，是指为保证项目发包人履行工程合同约定的工程款支付义务，由保证人为项目发包人向项目承包人提供的，保证项目发包人支付工程款的担保。

项目发包人在签订工程建设合同的同时，应当向项目承包人提交项目发包人工程款支付担保。未提交项目发包人工程款支付担保的建设工程，视作建设资金未落实。

2. 担保的方式

项目发包人工程款支付担保可以采用银行保函、专业担保公司的保证。

3. 担保的金额

项目发包人支付担保的担保金额应当与项目承包人履约担保的担保金额

相等。

4. 担保期限

项目发包人工程款支付担保的有效期应当在合同中约定。合同约定的有效期截止时间为项目发包人根据合同的约定完成了除工程质量保修金以外的全部工程结算款项支付之日起 30 天至 180 天。

5. 分段滚动担保

对于工程建设合同额超过 1 亿元人民币以上的工程，项目发包人工程款支付担保可以按工程合同确定的付款周期实行分段滚动担保，但每段的担保金额为该段工程合同额的10% ~15% 。

项目发包人工程款支付担保采用分段滚动担保的，在项目发包人、项目监理工程师或造价工程师对分段工程进度签字确认或结算，项目发包人支付相应的工程款后，当期项目发包人工程款支付担保解除，并自动进入下一阶段工程的担保。

6. 担保备案

项目发包人工程款支付担保与工程建设合同应当由项目发包人一并送建设行政主管部门备案。

（三）投标担保

1. 定义

投标担保是指由保证人为投标人向招标人提供的，保证投标人按照招标文件的规定参加招标活动的担保。投标人在投标有效期内撤回投标文件，或中标后不签署工程建设合同的，由保证人按照约定履行担保责任。

2. 担保方式

投标担保可采用银行保函、专业担保公司的保证，或保证金担保方式，具体方式由招标人在招标文件中规定。

投标人采用保证金担保方式的，招标人与中标人签订合同后 5 个工作日内，应当向中标人和未中标的投标人退还投标保证金。

3. 担保金额

投标担保的担保金额通常不超过投标总价的 2% 。

4. 担保期限

投标担保的有效期应当在合同中约定。合同约定的有效期截止时间为投标有效期后的 30 天至 180 天。

5. 担保责任

除不可抗力外，中标人在截标后的投标有效期内撤回投标文件，或者中标后在规定的时间内不与招标人签订承包合同的，招标人有权对该投标人所交付的保证金不予返还；或由保证人按照下列方式之一，履行保证责任：

（1）代项目承包人向招标人支付投标保证金，支付金额不超过双方约定的最高保证金额；

（2）招标人依法选择次低标价中标，保证人向招标人支付中标价与次低标价之间的差额，支付金额不超过双方约定的最高保证金额；

（3）招标人依法重新招标，保证人向招标人支付重新招标的费用，支付金额不超过双方约定的最高保证金额。

（四）项目承包人履约担保

1. 定义

项目承包人履约担保，是指由保证人为项目承包人向项目发包人提供的，保证项目承包人履行工程建设合同约定义务的担保。

2. 担保金额

项目承包人履约担保的担保金额不得低于工程建设合同价格（中标价格）的10%。采用经评审的最低投标价法中标的招标工程，担保金额不得低于工程合同价格的15%。

3. 担保方式

项目承包人履约担保的方式可采用银行保函、专业担保公司的保证。具体方式由招标人在招标文件中作出规定或者在工程建设合同中约定。

同一银行分支行或专业担保公司不得为同一工程建设合同提供项目发包人工程款支付担保和项目承包人履约担保。

4. 担保期限

项目承包人履约担保的有效期应当在合同中约定。合同约定的有效期截止时间为工程建设合同约定的工程竣工验收合格之日后30天至180天。

5. 担保责任

项目承包人由于非项目发包人的原因而不履行工程建设合同约定的义务时，由保证人按照下列方式之一，履行保证责任：

（1）向项目承包人提供资金、设备或者技术援助，使其能继续履行合同义务；

（2）直接接管该项工程或者另觅经项目发包人同意的有资质的其他项目承包人，继续履行合同义务，项目发包人仍按原合同约定支付工程款，超出原合同部分的，由保证人在保证额度内代为支付；

（3）按照合同约定，在担保额度范围内，向项目发包人支付赔偿金。

6. 附随义务

项目发包人向保证人提出索赔之前，应当书面通知项目承包人，说明其违约情况并提供项目总监理工程师及其监理单位对项目承包人违约的书面确认书。如果项目发包人索赔的理由是因建筑工程质量问题，项目发包人还需同时提供建筑工程质量检测机构出具的检测报告。

（五）项目承包人付款担保

1. 定义

项目承包人付款担保，是指保证人为项目承包人向分包商、材料设备供应商、建设工人提供的，保证项目承包人履行工程建设合同的约定向分包商、材料设备供应商、建设工人支付各项费用和价款，以及工资等款项的担保。

2. 担保方式

项目承包人付款担保可以采用银行保函、专业担保公司的保证。

3. 担保期限

项目承包人付款担保的有效期应当在合同中约定。合同约定的有效期截止时间为自各项相关工程建设分包合同（主合同）约定的付款截止日之后的 30 天至 180 天。

4. 担保责任

项目承包人不能按照合同约定及时支付分包商、材料设备供应商、工人工资等各项费用和价款的，由保证人按照担保函或保证合同的约定承担担保责任。

（六）劳务分包付款保证担保

1. 一般约定

采用招标投标方式确定劳务分包人的，劳务发包人应当向分包人提交劳务分包付款保证担保。

2. 担保金额

劳务分包付款保证担保的担保金额通常不得低于劳务分包合同价的 10%。

3. 担保期限

劳务分包付款保证担保有效期的截止时间通常为劳务分包合同约定的付款截止日之后 30 天至 180 天。

4. 担保责任

劳务发包人不能按照合同约定及时支付劳务分包款项的，分包人有权要求保证人承担保证担保责任。

（七）劳务分包履约保证担保

1. 一般约定

劳务发包人向分包人提交劳务分包付款保证担保的，分包人应当同时向劳务发包人提交劳务分包履约保证担保。

2. 担保金额

劳务分包履约保证担保的担保金额应当与劳务分包付款保证担保的担保金额相等。

3. 担保期限

劳务分包履约保证担保有效期的截止时间通常为劳务分包合同约定的工程竣工之日后30天至180天。

4. 担保责任

分包人不能按照劳务分包合同约定履行义务时，劳务发包人有权要求保证人承担保证担保责任。

（八）预付款保证担保

1. 一般约定

发包人按照合同约定向承包人支付预付款并要求承包人提交预付款保证担保的，承包人应当提交。

2. 担保金额

预付款保证担保金额与预付款金额相等。

3. 担保期限

预付款保证担保的有效期通常最长不超过预付款全额返还或抵扣之日后30天。

4. 担保责任

承包人不能按照合同约定使用预付款的，发包人有权要求保证人承担保证担保责任。

（九）保修金保证担保

1. 一般约定

工程结算时，发包人将保修金全额支付给承包人并要求承包人提交保修金保证担保的，承包人应当提交。

2. 担保金额

保修金保证担保金额应当与保修合同约定的保修金额相等。

3. 担保期限

保修金保证担保有效期由发包人与承包人在保修合同中约定。

4. 担保责任

承包人不履行保修责任时，发包人有权要求保证人承担保证担保责任。

四、《工程担保合同示范文本》（试行）

（一）投标委托保证合同（试行）

编号：（工　字）第　号

委托保证人（以下称甲方）：

住　　所：

法定代表人：

电　　话：

保证人（以下称乙方）：

住　　所：

法定代表人：

电　　话：

鉴于甲方参加__________项目的投标，乙方接受甲方的委托，同意为甲方以保证方式向__________（以下简称“招标人”）提供投标担保。甲乙双方经协商一致，订立本合同。

第一条　定义

本合同所称投标担保是指乙方向招标人保证，当甲方未按照招标文件的规定履行投标人义务时，由乙方代为承担保证责任的行为。

第二条　保证的范围及保证金额

2.1　乙方保证的范围是甲方未按照招标文件的规定履行投标人义务，给招标人造成的实际损失。

乙方在甲方发生以下情形时承担保证责任：

（1）在招标文件规定的投标有效期内即____年____月____日后至____年____月____日内未经招标人许可撤回投标文件。

（2）中标后因中标人原因未在招标文件规定的时间内与招标人签订《建设工程施工合同》。

（3）中标后不能按照招标文件的规定提供履约保证。

（4）招标文件规定的投标人应支付投标保证金的其他情形。

2.2　乙方保证的金额为人民币________元（大写：________________）。

第三条　保证的方式及保证期间

3.1　乙方保证的方式为：连带责任保证。

3.2　乙方保证的期间为：自保函生效之日起至招标文件规定的投标有效期届满后日，即至____年____月____日止。

3.3　投标有效期延长的，经乙方书面同意后，保函的保证期间做相应调整。

第四条　承担保证责任的形式

4.1　乙方根据招标人要求以下列方式之一承担保证责任：

（1）代甲方支付投标保证金为人民币________元。

（2）如果招标人选择重新招标，乙方支付重新招标的费用，但支付金额不超过本合同第二条约定的保证金额。

第五条　担保费及支付方式

5.1　担保费率根据担保额、担保期限、风险等因素确定。

5.2　双方确定的担保费率为：____________。

5.3　本合同生效后____日内，甲方一次性支付乙方担保费共计人民币____________元（大写：________________）。

第六条　反担保

甲方必须按照乙方的要求向乙方提供反担保，由双方另行签订反担保合同。

第七条　乙方的追偿权

乙方按照本合同的约定承担保证责任后，即有权要求甲方立即归还乙方代偿的全部款项及乙方实现债权的费用，甲方另外应支付乙方代偿之日起企业银行同期贷款利息、罚息，并按上述代偿款项的____%一次性支付违约金。

第八条　双方的其他权利义务

8.1　乙方在甲乙双方签订本合同，并收到甲方支付的担保费之日起____日内，向招标人出具《投标保函》。

8.2　甲方如需变更名称、经营范围、注册资金、注册地、主要营业机构所在地、法定代表人或发生合并、分立、重组等重大经营举措应提前三十日通知乙方；发生亏损、诉讼等事项应立即通知乙方。

第九条　争议的解决

本合同发生争议或纠纷时，甲乙双方当事人可以通过协商解决，协商不成的，通过第__款约定的方式解决：

9.1　向____________法院起诉；

9.2　向____________提起仲裁。（写明仲裁机构名称）

第十条　甲乙双方约定的其他事项

____。

第十一条　合同的生效、变更和解除

11.1　本合同由甲乙双方法定代表人（或其授权代理人）签字或加盖公章后生效。

11.2　本合同生效后，任何有关本合同的补充、修改、变更、解除等均需由甲乙双方协商一致并订立书面协议。

第十二条　附则

本合同一式____份，甲乙双方各执____份。

甲方：	乙方：
法定代表人：	法定代表人：
（或授权代理人）	（或授权代理人）
年　　月　　日	年　　月　　日

（二）投标保函（试行）

编号：（工　字）第　号

________________（招标人）：

鉴于________________（以下简称投标人）参加____________项目投标，应投标人申请，根据招标文件，我方愿就投标人履行招标文件约定的义务以保证的方式向贵方提供如下担保：

一、保证的范围及保证金额

我方在投标人发生以下情形时承担保证责任：

1. 投标人在招标文件规定的投标有效期内即____年____月____日后至____年____月____日内未经贵方许可撤回投标文件；

2. 投标人中标后因自身原因未在招标文件规定的时间内与贵方签订《建设工程施工合同》；

3. 投标人中标后不能按照招标文件的规定提供履约保证；

4. 招标文件规定的投标人应支付投标保证金的其他情形。

我方保证的金额为人民币____________元（大写：________________）。

二、保证的方式及保证期间

我方保证的方式为：连带责任保证。

我方的保证期间为：自本保函生效之日起至招标文件规定的投标有效期届满后____日，即至____年____月____日止。

投标有效期延长的，经我方书面同意后，本保函的保证期间做相应调整。

三、承担保证责任的形式

我方按照贵方的要求以下列方式之一承担保证责任：

（1）代投标人向贵方支付投标保证金为人民币____元。

（2）如果贵方选择重新招标，我方向贵方支付重新招标的费用，但支付金额不超过本保证函第一条约定的保证金额，即不超过人民币____元。

四、代偿的安排

贵方要求我方承担保证责任的，应向我方发出书面索赔通知。索赔通知应写明要求索赔的金额，支付款项应到达的账号，并附有说明投标人违约造成贵方损失情况的证明材料。

我方收到贵方的书面索赔通知及相应证明材料后，在____工作日内进行核定后按照本保函的承诺承担保证责任。

五、保证责任的解除

1. 保证期间届满贵方未向我方书面主张保证责任的，自保证期间届满次日起，我方解除保证责任。

2. 我方按照本保函向贵方履行了保证责任后，自我方向贵方支付（支付款项从我方账户划出）之日起，保证责任即解除。

3. 按照法律法规的规定或出现应解除我方保证责任的其他情形的，我方在本保函项下的保证责任亦解除。

我方解除保证责任后，贵方应按上述约定，自我方保证责任解除之日起____个工作日内，将本保函原件返还我方。

六、免责条款

1. 因贵方违约致使投标人不能履行义务的，我方不承担保证责任。

2. 依照法律规定或贵方与投标人的另行约定，免除投标人部分或全部义务的，我方亦免除其相应的保证责任。

3. 因不可抗力造成投标人不能履行义务的，我方不承担保证责任。

七、争议的解决

因本保函发生的纠纷，由贵我双方协商解决，协商不成的，通过诉讼程序解决，诉讼管辖地法院为________法院。

八、保函的生效

本保函自我方法定代表人（或其授权代理人）签字或加盖公章并交付贵方之日起生效。

本条所称交付是指：__________________。

保证人：

法定代表人（或授权代理人）：

年　　月　　日

（三）业主支付委托保证合同（试行）

编号：（工　字）第　号

委托保证人（以下称甲方）：

住　　所：

法定代表人：

电　　话：

传　　真：

保证人（以下称乙方）：

住　　所：

法定代表人：

电　　话：

传　　真：

鉴于甲方与________（以下简称承包商）就________项目于____年____月____日签订编号为________的《建设工程施工合同》（以下简称主合同），乙方接受甲方的委托，同意为甲方以保证方式向承包商提供工程款支付担保。双方经协商一致，订立本合同。

第一条　定义

1.1　本合同所称业主支付担保是指，乙方向承包商保证，当甲方未按照主合同的约定支付工程款时，由乙方代为支付的行为。

1.2　本合同所称主合同约定的工程款是指主合同约定的除工程质量保修金以外的合同价款。

第二条　保证的范围及保证金额

2.1　乙方保证的范围是主合同约定的工程款。

2.2　乙方保证的金额是主合同约定的工程款的____%，金额最高不超过________人民币________元（大写：________________）。

第三条　保证的方式及保证期间

3.1　乙方保证的方式为：连带责任保证。

3.2　乙方保证的期间为：自本合同生效之日起至主合同约定的工程款支付之日后____日内。

3.3　甲方与承包商协议变更工程款支付日期的，经乙方书面同意后，保证期间按照变更后的支付日期做相应调整。

第四条　承担保证责任的形式

4.1　乙方承担保证责任的形式是代为支付。

4.2　甲方未按主合同约定向承包商支付工程款的，由乙方在保证金额内代为支付。

第五条　担保费及支付方式

5.1　担保费率根据担保额、担保期限、风险等因素确定。

5.2　双方确定的担保费率为：________________。

5.3　本合同生效后____日内，甲方一次性支付乙方担保费共计人民币__________元（大写：__________）。

第六条 反担保

甲方应按照乙方的要求向乙方提供反担保，由双方另行签订反担保合同。

第七条 乙方的追偿权

乙方按照本合同的约定承担了保证责任后，即有权要求甲方立即归还乙方代偿的全部款项及乙方实现债权的费用，甲方另外应支付乙方代偿之日起企业银行同期贷款利息、罚息，并按上述代偿款项的____%一次性支付违约金。

第八条 双方的其他权利义务

8.1 乙方在甲乙双方签订本合同，并收到甲方支付的担保费之日起____日内，向承包商出具《业主支付保函》。

8.2 甲方如需变更名称、经营范围、注册资金、注册地、主要营业机构所在地、法定代表人或发生合并、分立、重组等重大经营举措应提前三十日通知乙方；发生亏损、诉讼等事项应立即通知乙方。

8.3 甲方不得擅自将工程转让给第三人。甲方与承包商有关主合同的修改、变更，应告知乙方；如发生结构、规模、标准等重大设计变更，应经乙方书面同意。

8.4 甲方保证对已经落实的工程款项实行专款专用，及时向乙方通报工程款项的支付和合同履行情况，积极配合乙方进行定期或随时检查和监督。必要时乙方可要求甲方将已落实的工程款项打入乙方指定的账户，实行专款专用监督。

第九条 争议的解决

本合同发生争议或纠纷时，甲乙双方当事人可以通过协商解决，协商不成的，通过第__款约定的方式解决：

9.1 向____________法院起诉；

9.2 向____________提起仲裁。（写明仲裁机构名称）

第十条 甲乙双方约定的其他事项

____。

第十一条 合同的生效、变更和解除

11.1 本合同由甲乙双方法定代表人（或其授权代理人）签字或加盖公章生效。

11.2 本合同生效后，任何有关本合同的补充、修改、变更、解除等均需由甲乙双方协商一致并订立书面协议。

第十二条 附则

本合同一式____份，甲乙双方各执____份。

甲方：　　　　　　　　　　　　　　乙方：
法定代表人：　　　　　　　　　　　法定代表人：
（或授权代理人）　　　　　　　　　（或授权代理人）
年　　月　　日　　　　　　　　　　年　　月　　日

（四）业主支付保函（试行）

编号：（工　字）第　号

____________（承包商）：

鉴于贵方与________（以下简称“业主”）就________项目于____年____月____日签订编号为的《建设工程施工合同》（以下简称主合同），应业主的申请，我方愿就业主履行主合同约定的工程款支付义务以保证的方式向贵方提供如下担保：

一、保证的范围及保证金额

我方的保证范围是主合同约定的工程款。

本保函所称主合同约定的工程款是指主合同约定的除工程质量保修金以外的合同价款。

我方保证的金额是主合同约定的工程款的____%，数额最高不超过人民币__________元（大写：_______________）。

二、保证的方式及保证期间

我方保证的方式为：连带责任保证。

我方保证的期间为：自本合同生效之日起至主合同约定的工程款支付之日后________日内。

贵方与业主协议变更工程款支付日期的，经我方书面同意后，保证期间按照变更后的支付日期做相应调整。

三、承担保证责任的形式

我方承担保证责任的形式是代为支付。业主未按主合同约定向贵方支付工程款的，由我方在保证金额内代为支付。

四、代偿的安排

贵方要求我方承担保证责任的，应向我方发出书面索赔通知及业主未支付主合同约定工程款的证明材料。索赔通知应写明要求索赔的金额，支付款项应到达的账号。

在出现贵方与业主因工程质量发生争议，业主拒绝向贵方支付工程款的情形时，贵方要求我方履行保证责任代为支付的，还需提供项目总监理工程师、监理单位或符合相应条件要求的工程质量检测机构出具的质量说明材料。

我方收到贵方的书面索赔通知及相应证明材料后，在____工作日内进行核定后按照本保函的承诺承担保证责任。

五、保证责任的解除

1. 在本保函承诺的保证期间内，贵方未书面向我方主张保证责任的，自保证期间届满次日起，我方保证责任解除。

2. 业主按主合同约定履行了工程款的全部支付义务的，自本保函承诺的保证期间届满次日起，我方保证责任解除。

3. 我方按照本保函向贵方履行保证责任所支付金额达到本保函金额时，自我方向贵方支付（支付款项从我方账户划出）之日起，保证责任即解除。

4. 按照法律法规的规定或出现应解除我方保证责任的其他情形的，我方在本保函项下的保证责任亦解除。

我方解除保证责任后，贵方应自我方保证责任解除之日起____个工作日内，将本保函原件返还我方。

六、免责条款

1. 因贵方违约致使业主不能履行义务的，我方不承担保证责任。

2. 依照法律法规的规定或贵方与业主的另行约定，免除业主部分或全部义务的，我方亦免除其相应的保证责任。

3. 贵方与业主协议变更主合同的，如加重业主责任致使我方保证责任加重的，需征得我方书面同意，否则我方不再承担因此而加重部分的保证责任。

4. 因不可抗力造成业主不能履行义务的，我方不承担保证责任。

七、争议的解决

因本保函发生的纠纷，由贵我双方协商解决，协商不成的，通过诉讼程序解决，诉讼管辖地法院为____________法院。

八、保函的生效

本保函自我方法定代表人（或其授权代理人）签字或加盖公章并交付贵

方之日起生效。

本条所称交付是指：________________。

保证人：

法定代表人（或授权代理人）：

年 月 日

（五）承包商履约委托保证合同（试行）

编号：（工 字）第 号

委托保证人（承包商，以下称甲方）：

住 所：

法定代表人：

电 话：

传 真：

保证人（以下称乙方）：

住 所：

法定代表人：

电 话：

传 真：

鉴于甲方与________（以下简称业主）就____项目于____年____月____日签订编号为的《建设工程施工合同》（以下简称主合同），乙方接受甲方的委托，同意为甲方以保证方式向业主提供工程履约担保。甲乙双方经协商一致，订立本合同。

第一条 定义

本合同所称工程履约担保是指，乙方向业主保证，当甲方未按照主合同的约定履行主合同义务给业主造成损失时，由乙方按照本合同约定承担保证责任的行为。

第二条 保证的范围及保证金额

2.1 乙方保证的范围是甲方未履行主合同约定的义务，给业主造成的实际损失。

2.2 乙方保证的金额是主合同约定的合同总价款的____%，数额最高不超过人民币元（大写：__________）。

第三条 保证的方式及保证期间

3.1 乙方保证的方式为：连带责任保证。

3.2 乙方保证的期间为：自本合同生效之日起至主合同约定的工程竣工

日期后____日内。

3.3　甲方与业主变更工程竣工日期的，经乙方书面同意后，保证期间按照变更后的竣工日期做相应调整。

第四条　承担保证责任的形式

4.1　乙方根据业主要求以下列方式之一承担保证责任：

(1) 由乙方提供资金及技术援助，甲方继续履行工程交付义务，但乙方支付金额不超过本合同第二条规定的保证金额。

(2) 由乙方在本合同第二条规定的保证金额内赔偿业主的损失。

第五条　担保费及支付方式

5.1　担保费率根据担保额、担保期限、风险等因素确定。

5.2　双方确定的担保费率为：________________。

5.3　本合同生效后____日内，甲方一次性支付乙方担保费共计人民币__________元（大写：______________）。

第六条　反担保

甲方应按照乙方的要求向乙方提供反担保，由双方另行签订反担保合同。

第七条　乙方的追偿权

乙方按照本合同的约定承担了保证责任后，即有权要求甲方立即归还乙方代偿的全部款项及乙方实现债权的费用，甲方另外应支付乙方代偿之日起企业银行同期贷款利息、罚息，并按上述代偿款项的____%一次性支付违约金。

第八条　双方的其他权利义务

8.1　乙方在甲乙双方签订本合同，并收到甲方支付的担保费之日起____日内，向业主出具《承包商履约保函》。

8.2　甲方如需变更名称、经营范围、注册资金、注册地、主要营业机构所在地、法定代表人或发生合并、分立、重组等重大经营举措应提前三十日通知乙方；发生亏损、诉讼等事项应立即通知乙方。

8.3　甲方与业主有关主合同的修改、变更，应告知乙方；如发生结构、规模、标准等重大设计变更，应经乙方书面同意。

8.4　甲方应全面履行主合同，及时向乙方通报主合同的履行情况，乙方在进行定期或随时检查和监督时甲方应积极配合。

第九条　争议的解决

本合同发生争议或纠纷时，甲乙双方当事人可以通过协商解决，协商不成的，通过第__款约定的方式解决：

9.1 向____________法院起诉；

9.2 向____________提起仲裁。（写明仲裁机构名称）

第十条 甲乙双方约定的其他事项

____。

第十一条 合同的生效、变更和解除

11.1 本合同由甲乙双方法定代表人（或其授权代理人）签字或加盖公章后生效。

11.2 本合同生效后，任何有关本合同的补充、修改、变更、解除等均需由甲乙双方协商一致并订立书面协议。

第十二条 附则

本合同一式____份，甲乙双方各执____份。

甲方：	乙方：
法定代表人：	法定代表人：
（或授权代理人）	（或授权代理人）
年 月 日	年 月 日

（六）承包商履约保函（试行）

编号：（工 字）第 号

____________（业主）：

鉴于贵方与________（以下简称“承包商”）就________项目于____年____月____日签订编号为________的《建设工程施工合同》（以下简称主合同），应承包商申请，我方愿就承包商履行主合同约定的义务以保证的方式向贵方提供如下担保：

一、保证的范围及保证金额

我方的保证范围是承包商未按照主合同的约定履行义务，给贵方造成的实际损失。

我方保证的金额是主合同约定的合同总价款____%，数额最高不超过人民币________元（大写：________________）。

二、保证的方式及保证期间

我方保证的方式为：连带责任保证。

我方保证的期间为：自本合同生效之日起至主合同约定的工程竣工日期后____日内。

贵方与承包商协议变更工程竣工日期的，经我方书面同意后，保证期间按照变更后的竣工日期做相应调整。

三、承担保证责任的形式

我方按照贵方的要求以下列方式之一承担保证责任：

（1）由我方提供资金及技术援助，使承包商继续履行主合同义务，支付金额不超过本保函第一条规定的保证金额。

（2）由我方在本保函第一条规定的保证金额内赔偿贵方的损失。

四、代偿的安排

贵方要求我方承担保证责任的，应向我方发出书面索赔通知及承包商未履行主合同约定义务的证明材料。索赔通知应写明要求索赔的金额，支付款项应到达的账号，并附有说明承包商违反主合同造成贵方损失情况的证明材料。

贵方以工程质量不符合主合同约定标准为由，向我方提出违约索赔的，还需同时提供符合相应条件要求的工程质量检测部门出具的质量说明材料。

我方收到贵方的书面索赔通知及相应证明材料后，在____工作日内进行核定后按照本保函的承诺承担保证责任。

五、保证责任的解除

1. 在本保函承诺的保证期间内，贵方未书面向我方主张保证责任的，自保证期间届满次日起，我方保证责任解除。

2. 承包商按主合同约定履行了义务的，自本保函承诺的保证期间届满次日起，我方保证责任解除。

3. 我方按照本保函向贵方履行保证责任所支付的金额达到本保函金额时，自我方向贵方支付（支付款项从我方账户划出）之日起，保证责任即解除。

4. 按照法律法规的规定或出现应解除我方保证责任的其他情形的，我方在本保函项下的保证责任亦解除。

我方解除保证责任后，贵方应自我方保证责任解除之日起____个工作日内，将本保函原件返还我方。

六、免责条款

1. 因贵方违约致使承包商不能履行义务的，我方不承担保证责任。

2. 依照法律法规的规定或贵方与承包商的另行约定，免除承包商部分或全部义务的，我方亦免除其相应的保证责任。

3. 贵方与承包商协议变更主合同的，如加重承包商责任致使我方保证责任加重的，需征得我方书面同意，否则我方不再承担因此而加重部分的保证责任。

4. 因不可抗力造成承包商不能履行义务的，我方不承担保证责任。

七、争议的解决

因本保函发生的纠纷，由贵我双方协商解决，协商不成的，通过诉讼程序解决，诉讼管辖地法院为________法院。

八、保函的生效

本保函自我方法定代表人（或其授权代理人）签字或加盖公章并交付贵方之日起生效。

本条所称交付是指：________________。

保证人：

法定代表人（或授权代理人）：

年　　月　　日

（七）总承包商付款（分包）委托保证合同（试行）

编号：（工　字）第　号

委托保证人（总承包商，以下称甲方）：

住　　所：

法定代表人：

电　　话：

传　　真：

保证人（以下称乙方）：

住　　所：

法定代表人：

电　　话：

传　　真：

鉴于甲方与________（以下简称分包商）就________项目于____年____月____日签订编号为号《分包合同》（以下简称主合同），乙方接受甲方的委托，同意以保证方式为甲方向分包商提供付款保证。甲乙双方经协商一致，订立本合同。

第一条　定义

1.1　本合同所称总承包商付款保证是指，乙方向分包商保证，当甲方未按照主合同的约定支付工程款时，由乙方按照本合同的约定代为支付的行为。

1.2　本合同所称工程款是指________________。

第二条　保证的范围及保证金额

2.1　乙方提供保证的范围是主合同约定的甲方应向分包商支付的工程款。

2.2　甲方在上述保证范围内所承担的保证金额最高不超过人民币__________元（大写：______________）。

第三条　保证的方式及保证期间

3.1　乙方保证的方式为：连带责任保证。

3.2　乙方保证的期间为：自本合同生效之日起至主合同约定的工程款支付之日后____日。

3.3　甲方与分包商协议变更主合同付款日期的，经乙方书面同意后，保证期间按照变更后的日期做相应调整。

第四条　承担保证责任的形式

乙方承担保证责任的形式为代为支付。当甲方未按照主合同的约定向分包商支付工程款时，由乙方代为履行支付义务，但乙方付款总额不超过本合同第二条约定的保证金额。

第五条　担保费及支付方式

5.1　担保费率根据担保额、担保期限、风险等因素确定，收取担保费。

5.2　双方确定的担保费率为：________。

5.3　本合同生效后____日内，甲方一次性支付乙方担保费共计人民币________元（大写：________）。

第六条　反担保

甲方应按照乙方的要求向乙方提供反担保，由双方另行签订反担保合同。

第七条　乙方的追偿权

乙方按照合同的约定承担保证责任后，即有权要求甲方立即归还乙方代偿的全部款项及乙方实现债权的费用，甲方另外应支付乙方代偿之日起企业银行同期贷款利息、罚息，并按上述代偿款项的____%一次性支付违约金。

第八条　双方的其他权利义务

8.1　乙方在甲乙双方签订本合同，并收到甲方支付的担保费之日起____日内，向分包商出具《总承包商付款（分包）保函》。

8.2　甲方如需变更名称、经营范围、注册资金、注册地、主要营业机构所在地、法定代表人或发生合并、分立、重组等重大经营举措应提前三十日通知乙方；发生亏损、诉讼等事项应立即通知乙方。

8.3　甲方不得擅自将工程转让给第三人。甲方与分包商有关主合同的修改、变更，应告知乙方；如发生重大变更，应经乙方书面同意。

8.4　甲方应全面履行主合同，及时向乙方通报主合同的履行情况，乙方在进行定期或随时检查和监督时甲方应积极配合。

第九条 争议的解决

本合同发生争议或纠纷时，甲乙双方当事人可以通过协商解决，协商不成的，通过第__款约定的方式解决：

9.1 向____________法院起诉；

9.2 向____________提起仲裁。（写明仲裁机构名称）

第十条 甲乙双方约定的其他事项

____。

第十一条 合同的生效、变更和解除

11.1 本合同由甲乙双方法定代表人（或其授权代理人）签字或加盖公章后生效。

11.2 本合同生效后，任何有关本合同的补充、修改、变更、解除等均需由甲乙双方协商一致并订立书面协议。

第十二条 附则

本合同一式____份，甲乙方各执____份。

甲方：	乙方：
法定代表人：	法定代表人：
（或授权代理人）	（或授权代理人）
年 月 日	年 月 日

（八）总承包商付款（分包）保函（试行）

编号：（工 字）第 号

________________（分包商）：

鉴于贵方与___________（以下简称“总承包商”）就___________项目于____年____月____日签订编号为________的《分包合同》（以下简称主合同），应总承包商的申请，我方愿就总承包商履行主合同约定的工程款支付义务以保证的方式向贵方提供如下担保：

一、保证的范围及保证金额

我方的保证范围是主合同约定的总承包商应向贵方支付的工程款。

我方保证的金额是主合同约定工程款的____%，数额最高不超过人民币________元（大写：________________）。

本保函所称工程款是指________________。

二、保证的方式及保证期间

我方保证的方式为：连带责任保证。

我方保证的期间为：自本合同生效之日起至主合同约定的工程款支付之日后____日内。

贵方与总承包商协议变更工程款支付日期的，经我方书面同意后，保证期间按照变更后的支付日期做相应调整。

三、承担保证责任的形式

我方承担保证责任的形式是代为支付。总承包商未按主合同约定向贵方支付工程款的，由我方在保证金额内代为支付。

四、代偿的安排

贵方要求我方承担保证责任的，应向我方发出书面索赔通知及总承包商未支付主合同约定的工程款的证明材料。索赔通知应写明要求索赔的金额，支付款项应到达的账号。

在出现贵方与总承包商因工程质量发生争议，总承包商拒绝向贵方支付工程款的情形时，贵方要求我方履行保证责任代为支付的，还需提供项目总监理工程师、监理单位或符合相应条件要求的工程质量检测机构出具的质量说明材料。

我方收到贵方的书面索赔通知及相应证明材料后，在____个工作日内进行核定后按照本保函的承诺承担保证责任。

五、保证责任的解除

1. 在本保函承诺的保证期间内，贵方未书面向我方主张保证责任的，自保证期间届满次日起，我方保证责任解除。

2. 总承包商按主合同约定履行了工程款支付义务的，自本保函承诺的保证期间届满次日起，我方保证责任解除。

3. 我方按照本保函向贵方履行保证责任所支付金额达到本保函金额时，自我方向贵方支付（支付款项从我方账户划出）之日起，保证责任即解除。

4. 按照法律法规的规定或出现应解除我方保证责任的其他情形的，我方在本保函项下的保证责任亦解除。

我方解除保证责任后，贵方应自我方保证责任解除之日起____个工作日内，将本保函原件返还我方。

六、免责条款

1. 因贵方违约致使总承包商不能履行义务的，我方不承担保证责任。

2. 依照法律法规的规定或贵方与总承包商的另行约定，免除总承包商部分或全部义务的，我方亦免除其相应的保证责任。

3. 贵方与总承包商协议变更主合同的，如加重总承包商债务致使我方保证责任增加的，需征得我方书面同意，否则我方不再承担因此而加重部分的保证责任。

4. 因不可抗力造成总承包商不能履行义务的，我方不承担保证责任。

七、争议的解决

因本保函发生的纠纷，由贵我双方协商解决，协商不成的，通过诉讼程序解决，诉讼管辖地法院为____________法院。

八、保函的生效

本保函自我方法定代表人（或其授权代理人）签字或加盖公章并交付贵方之日起生效。

本条所称交付是指：____________。

保证人：

法定代表人（或授权代理人）：

年　　月　　日

（九）总承包商付款（供货）委托保证合同（试行）

编号：（工　字）第　号

委托保证人（总承包商，以下称甲方）：

住　　所：

法定代表人：

电　　话：

传　　真：

保证人（以下称乙方）：

住　　所：

法定代表人：

电　　话：

传　　真：

鉴于甲方与________（以下简称供货商）于____年____月____日签订编号为________《买卖合同》（以下简称主合同），乙方接受甲方的委托，同意为甲方向供货商提供付款保证，甲乙双方经协商一致订立本合同。

第一条　定义

1.1　本合同所称总承包商付款保证是指，乙方向供货商保证，当甲方未按照主合同的约定支付货款时，由乙方按照本合同的约定代为支付的行为。

1.2　本合同所称货款是指____________________。

第二条　保证的范围及保证金额

2.1　乙方保证的范围是主合同约定的甲方应向供货商支付的货款。

2.2　乙方保证的金额是甲方应支付货款的____%，数额最高不超过人民币________元（大写：____________）。

第三条　保证的方式及保证期间

3.1　乙方保证的方式为：连带责任保证。

3.2　乙方保证的期间为：自本合同生效之日起至主合同约定的甲方应履行付款义务期限届满之日后____日。

3.3　如甲方与供货商协议变更主合同的付款时间，经乙方书面同意后，保证期间按变更后的时间做相应调整。

第四条　承担保证责任的形式

乙方承担保证责任的形式是代为支付。当甲方未按照主合同的约定向供货商支付货款时，由乙方向供货商支付。

第五条　担保费及支付方式

5.1　担保费率根据担保额、担保期限、风险等因素确定。

5.2　双方确定的担保费率为：____________。

5.3　本合同生效后____日内，甲方一次性支付乙方担保费共计人民币____________元（大写：____________）。

第六条　反担保

甲方应按照乙方的要求向乙方提供反担保，由双方另行签订反担保合同。

第七条　乙方的追偿权

乙方按照合同的约定承担了保证责任后，即有权要求甲方立即归还乙方代偿的全部款项及乙方实现债权的费用，甲方另外应支付乙方代偿之日起企业银行同期贷款利息、罚息，并按上述代偿款项的____%一次性支付违约金。

第八条　双方的其他权利义务

8.1　乙方在甲乙双方签订本合同，并收到甲方支付的担保费之日起____日内，向供货商出具《总承包商付款（供货）保函》。

8.2　甲方如需变更名称、经营范围、注册资金、注册地、主要营业机构所在地、法定代表人或发生合并、分立、重组等重大经营举措应提前三十日通知乙方；发生亏损、诉讼等事项应立即通知乙方。

8.3　未经乙方同意，甲方不得擅自与供货商修改、变更主合同；未经乙方书面同意，甲方不得将其主合同的权利、义务转让给第三人。

8.4　甲方应全面履行主合同，及时向乙方通报主合同的履行情况，并积极配合乙方进行定期或随时检查和监督。

第九条　争议的解决

本合同发生争议或纠纷时，甲乙双方当事人可以通过协商解决，协商不成的，通过第__款约定的方式解决：

9.1 向____________法院起诉；

9.2 向____________提起仲裁。（写明仲裁机构名称）

第十条　甲乙双方约定的其他事项

____。

第十一条　合同的生效、变更和解除

11.1　本合同由甲乙双方法定代表人（或其授权代理人）签字或加盖公章后生效。

11.2　本合同生效后，任何有关本合同的补充、修改、变更、解除等均需由甲乙双方协商一致并订立书面协议。

第十二条　附则

本合同一式____份，甲乙双方各执____份。

甲方：	乙方：
法定代表人：	法定代表人：
（或授权代理人）	（或授权代理人）
年　　月　　日	年　　月　　日

（十）总承包商付款（供货）保函（试行）

编号：（工　字）第　号

________________（供货商）：

鉴于贵方与________（以下简称"总承包商"）就________项目于____年____月____日签订编号为________的《买卖合同》（以下简称主合同），应总承包商的申请，我方愿就总承包商履行主合同约定的货款支付义务以保证的方式向贵方提供如下担保：

一、保证的范围及保证金额

我方的保证范围是主合同约定的货款。

本保函所称货款指：________________。

我方保证的金额是主合同约定的货款的____%，数额最高不超过人民币____元（大写：____________）。

二、保证的方式及保证期间

我方保证的方式为：连带责任保证。

我方保证的期间为：自本合同生效之日起主合同约定的总承包商应履行支付货款义务期限届满之日后____日。

贵方与总承包商协议变更货款支付日期的，经我方书面同意后，保证期间按照变更后的支付日期做相应调整。

三、承担保证责任的形式

我方承担保证责任的形式是代为支付。总承包商未按主合同约定向贵方支付货款的，由我方在保证金额内代为支付。

四、代偿的安排

贵方要求我方承担保证责任的，应向我方发出书面索赔通知及总承包商未支付货款的证明材料。索赔通知应写明要求索赔的金额，支付款项应到达的账号。

在出现贵方与总承包商因货物质量发生争议，总承包商拒绝向贵方支付货款的情形时，贵方要求我方履行保证责任代为支付的，还需提供________部门出具的质量合格的说明。

我方收到贵方的书面索赔通知及相应证明材料后，在____工作日内进行核定后按照本保函的承诺承担保证责任。

五、保证责任的解除

1. 在本保函承诺的保证期间内，贵方未书面向我方主张保证责任的，自保证期间届满次日起，我方保证责任解除。

2. 总承包商按主合同约定履行了货款支付义务的，自本保函承诺的保证期间届满次日起，我方保证责任解除。

3. 我方按照本保函向贵方履行保证责任所支付的金额达到本保函金额时，自我方向贵方支付（支付款项从我方账户划出）之日起，保证责任即解除。

4. 按照法律法规的规定或出现应解除我方保证责任的其他情形的，我方在本保函项下的保证责任亦解除。

我方解除保证责任后，贵方应自我方保证责任解除之日起____个工作日内，将本保函原件返还我方。

六、免责条款

1. 因贵方违约致使总承包商不能履行义务的，我方不承担保证责任。

2. 依照法律法规的规定或贵方与总承包商的另行约定，免除总承包商部分或全部义务的，我方亦免除其相应的保证责任。

3. 贵方与总承包商协议变更主合同的，需征得我方书面同意，否则我方不再承担保证责任。

4. 因不可抗力造成总承包商不能履行义务的，我方不承担保证责任。

七、争议的解决

因本保函发生的纠纷，由贵我双方协商解决，协商不成的，通过诉讼程序解决，诉讼管辖地法院为＿＿＿＿＿＿法院。

八、保函的生效

本保函自我方法定代表人（或其授权代理人）签字或加盖公章并交付贵方之日起生效。

本条所称交付是指：＿＿＿＿＿＿＿＿。

保证人：

法定代表人（或授权代理人）：

年　　月　　日

第三节　建设工程项目保险

建设工程领域本身存在高风险的特点，随着科学水平的不断提高，大量的新技术、新工艺，不断被采用，伴随而产生的新风险、新的不可预知的失误也不断增加。因此，引进保险机制，分解行业风险，已经成为建设行业健康发展、规范运作亟待解决的重大课题。由于保险的抗衡并化解不可预知的意外风险的本质特征，在建设工程中具有独特的不可替代的作用。

一、实行工程保险制度的必要性

1. 工程保险是市场经济发展的需要；
2. 工程保险可以减少风险的不确定性；
3. 工程保险有利于增强竞争力；
4. 工程保险有利于加快与国际接轨的进程。

二、保险在工程建设中的作用

1. 保障投资者的利益；
2. 促进工程承包制的完善；
3. 改善工程建设融资条件；

4. 加强工程建设风险管理；

5. 推动工程技术创新。

三、工程保险的种类

（一）雇主责任险

1. 雇主责任保险的概念

雇主责任保险，是以被保险人所雇佣的员工在受雇期间，从事与被保险人经营业务有关的工作而遭受意外导致伤、残、死亡或患有与职业有关的职业性疾病而根据《中华人民共和国劳动法》及劳动合同应由被保险人承担的经济赔偿责任为承保风险的一种责任保险。

雇主责任险在我国普及程度不高，覆盖面有待进一步扩展，其功能尚未发挥出来。但随着建筑市场经济的不断完善和保险事业的不断发展，雇主责任险将成为企业转嫁安全风险的重要选择。

2. 雇主责任保险的保障范围

（1）适用对象

凡三资企业、国内股份公司、国有企业、事业单位、集体企业及集体或个人承包的各类企业在职人员，与该企业存在劳动关系的各种用工形式、各种用工期限、年满16周岁的劳动者及其他按国家规定和法定途径审批的劳动者。且一般规定仅适用于在本国或本地区境内工作的雇员。

（2）保险标的

雇主责任保险以雇主所雇佣的员工在受雇期间，从事与被保险人经营业务有关的工作而遭受意外导致伤、残、死亡或患有与职业有关的职业性疾病依法或根据雇佣合同应承担的经济赔偿责任为保险标的。

3. 雇主责任保险的责任范围

（1）保险责任

①雇主根据法律或雇用合同对雇员应承担的赔偿责任；

②在责任事故中雇主对雇员依法应负的经济赔偿责任和有关法律费用等。

（2）除外责任

凡属下列原因造成雇员人身伤残或死亡的，保险人不予赔偿：

①是战争、暴动、罢工、核风险等引起雇员的人身伤害；

②是被保险人的故意行为或重大过失；

③是被保险人对其承包人的雇员所负的经济赔偿责任；

④是被保险人的合同项下的责任；

⑤是被保险人的雇员因自己的故意行为导致的伤害；

⑥是被保险人的雇员由于疾病、传染病、分娩、流产以及由此而施行的

内、外科手术所致的伤害等。

4. 雇主责任保险的责任期限

通常为一年，期满续保。也可以根据雇佣合同的期限投保不足一年或一年以上的雇主责任保险。保险责任期限为两年或两年以下，应按年计收保险费。

5. 雇主责任保险的扩展责任

经保险双方协议约定，可以扩展到其他附加责任。

目前雇主责任保险的投保方式为定员定名和定员不定名两种方式，对于雇员固定的企业，可以选择定员定名投保的方式；而对于人员流动性比较大，用工变化多的企业，则适合选择定员不定名投保方式。

除该险种的主险外，还有附加险，如附加第三者责任保险条款、附加员工公务出国条款等。各保险公司对于附加险均有不同规定，投保时应以各保险公司规定为准。

（二）建设工程一切险

1. 建设工程一切险的概念

建设工程一切险承保各类土木建筑工程，如房屋、公路、铁路、桥梁、隧道、堤坝、电站、码头、飞机场等工程，在建造过程中因自然灾害或意外事故所导致的损失。

2. 建设工程一切险的保障范围

（1）适用对象

建设工程一切险的被保险人涉及工程建设期内具有经济利益的关系人。包括：项目发包人或工程所有人、总承包商和分包商、技术顾问（建造师、设计师、工程师和其他专业顾问）、其他关系方。

在总承包方式下，由总承包方负责投保；在分项或分段承包方式下，由合同中规定的某一方投保。建设工程一切险并不是被保险人多多益善，因为附加被保险人是需要另收取额外费用。

（2）保险标的

就建设工程一切险，其主要的保险标的是建设工程的物质损失项目，表现为各种物质实体和建设工程施工有关的物资，主要包括：

①在建的建设工程；

②施工用的物料和构配件；

③建设所用机器、设备和工具；

④工地内临时搭建的建筑；

⑤工地上的其他财产。

以上五项物质损失项目的保险价值构成了建设工程保险物质损失项目的总保险金额。

3. 建设工程一切险的责任范围

（1）承保责任

①洪水、潮水、水灾、地震、海啸、暴雨、风暴、雪崩、地崩、山崩、冻灾、冰雹及其他自然灾害；

②雷电、火灾、爆炸；

③飞机坠毁、飞机部件或飞行物体坠落；

④盗窃；

⑤工人、技术人员缺乏经验、疏忽、过失、无意行为；

⑥原材料缺陷或工艺不善引起的事故；

⑦除除外责任以外的其他不可预料的事故；

⑧发生保险责任事故后，现场的必要清除费用。

（2）除外责任

①战争、类似战争行为、敌对行为、武装冲突、恐怖活动、谋反、政变引起的任何损失、费用和责任；政府命令或任何公共当局的没收、征用、销毁或毁坏；罢工、暴动、民众骚乱引起的任何损失、费用和责任。

②被保险人及其代表的故意行为或重大过失引起的任何损失、费用和责任。

③核裂变、核聚变、核武器、核材料、核辐射及放射性污染引起的任何损失、费用和责任。

④大气、土地、水污染及其他各种污染引起的任何损失、费用和责任。

⑤工程部分停工或全部停工引起的任何损失、费用和责任。

⑥罚金、延误、丧失合同及其他后果损失。

（3）保险期限

保险期限自保险工程在工地动工或用于保险工程的材料、设备运抵工地之时起始，至工程所有人对部分或全部工程签发完工验收证书或验收合格，或工程所有人实际占有或使用或接收该部分或全部工程之时止，以先发生者为准。但在任何情况下，建设工程保险期限的起始或终止不得超出保险单明细表中列明的建设期保险生效日或终止日。

4. 建设工程一切险的扩展责任

经保险双方协议约定，可以扩展到其他附加责任，如第三者责任附加险，在保险期限内，因发生意外事故造成工地及邻近地区的第三者人身伤亡、疾病或者财产损失，依法应由被保险人负责时，以及被保险人因此而支付的诉讼费用和事先经保险人书面同意支付的其他费用，均由保险人负责赔偿。保险人对每一事故的赔偿金额以根据法律或政府有关部门裁定的应由被保险人偿付的数额为准，但不能超过保险单列明的赔偿限额。被保险人或其代表未经保险人的书面同意，不能作出任何许诺、出价、约定、付款或赔偿。

（三）安装工程一切险

1. 安装工程一切险的概念

安装工程一切险是以安装工程中的各种机器、机械、设备为保险标的的保险，承保被保险工程项目在安装过程中由于自然灾害、意外事故以及机械事故等造成的物质损失和费用，并负责对第三者损害的赔偿责任。

2. 安装工程一切险的保障范围

（1）适用对象

安装工程一切险的被保险人涉及工程建设期内具有经济利益的关系人。包括：项目发包人、项目承包人、分包商、供货商、制造商、技术顾问、其他关系方。

（2）保险标的

①安装的机器及安装费，包括安装工程合同内要安装的机器、设备、装置、物料、基础工程以及为安装工程所需要的各种临时设施；

②安装工程使用的承包人的机器、设备；

③附带投保的土木建筑工程项目等。

3. 安装工程一切险的责任范围

（1）除外责任

①战争、类似战争行为、敌对行为、武装冲突、恐怖活动、谋反、政变引起的任何损失、费用和责任；政府命令或任何公共当局的没收、征用、销毁或毁坏；罢工、暴动、民众骚乱引起的任何损失、费用和责任。

②被保险人及其代表的故意行为或重大过失引起的任何损失、费用和责任。

③核裂变、核聚变、核武器、核材料、核辐射及放射性污染引起的任何损失、费用和责任。

④大气、土地、水污染及其他各种污染引起的任何损失、费用和责任。

⑤工程部分停工或全部停工引起的任何损失、费用和责任。

⑥罚金、延误、丧失合同及其他后果损失。

（2）保险期限

保险期限自保险工程在工地动工或用于保险工程的材料、设备运抵工地之时起始，至工程所有人对部分或全部工程签发完工验收证书或验收合格，或工程所有人实际占有或使用或接收该部分或全部工程之时止，以先发生者为准。但在任何情况下，建设工程保险期限的起始或终止不得超出保险单明细表中列明的建设期保险生效日或终止日。

安装工程一切险与建设工程一切险被称为工程保险的姐妹险，其在形式和内容上都具有相似或相同的地方，扩展责任内容也相同。

（四）建筑意外伤害保险

1. 建筑意外伤害保险的概念

我国《建筑法》第四十八条规定："建筑施工企业应当依法为职工参加工伤保险缴纳工伤保险费。鼓励企业为从事危险作业的职工办理意外伤害保险，支付保险费。"

《建设工程安全生产管理条例》第三十八条规定："施工单位应当为施工现场从事危险作业的人员办理意外伤害保险。意外伤害保险费由施工单位支付。实行施工总承包的，由总承包单位支付意外伤害保险费。意外伤害保险期限自建设工程开工之日起至竣工验收合格止。"

2. 建筑意外伤害保险的保险范围

建筑施工单位应当为施工现场从事危险作业的人员，在施工活动过程中发生的人身意外伤害事故办理建筑意外伤害保险，支付保险费。对于施工现场的管理人员是否作为保险范围的界定，作者认为实际上施工现场的管理人员是经常在施工现场，他们也同样面临着施工带来的人身伤害的危险，因此被保险人也应该包括施工现场的管理人员。

3. 建筑意外伤害保险的保险期限

建筑施工企业应在开工前投保，保险期限应自建设工程开工之日起至竣工验收合格止，如因故延长工期的，应办理保险延长手续。

4. 建筑意外伤害保险的除外责任

（1）投保人、受益人对被保险人的故意杀害、伤害；

（2）被保险人违法、故意犯罪或拒捕；

（3）被保险人殴斗、酗酒、自杀、故意自伤或服用、吸食、注射毒品；

（4）被保险人受酒精、毒品、管制药物的影响而导致的意外；

（5）战争、类似战争行为、敌对行为、武装冲突、恐怖活动、谋反、政变引起的任何损失、费用和责任；

（6）核裂变、核聚变、核武器、核材料、核辐射及放射性污染引起的任何损失、费用和责任；

（7）被保险人在从事与建筑施工不相关的工作，或在施工现场或施工期指定的生活区域外发生的意外伤害事故等。

5. 建筑意外伤害保险的保险金额及费用

各地行政主管部门结合本地区的实际情况，确定合理的最低保险金额。最低保险金额须能够保障施工伤亡人员得到有效的经济补偿。施工企业办理建筑意外伤害保险时，投保的保险金额不能低于此标准。

保险费应当列入建筑安装工程费用，并由建筑施工企业支付。施工企业和保险公司根据各类风险因素商定保险费率，提倡差别费率和浮动费率。差别费率是指保险费与工程规模、类型、工程项目的风险程度和现场环境等因素挂钩。浮动费率是指保险费率与企业的安全生产业绩、安全生产管理状况等因素挂钩。对重视安全生产，安全生产业绩好的企业，保险费率可下浮，以此促进企业对安全生产的重视。各级建设行政主管部门要把在建工程项目开工前是否投保情况，作为审查企业安全生产条件的重要内容之一。未投保的工程项目，不予发放施工许可证。

（五）施工机器、设备保险

1. 施工机器、设备保险的概念

施工机器、设备保险是指在建筑、安装工程中为该工程施工用机器和设备所投保的一种财产保险。

在实际投保中，施工机器、设备保险是作为建设工程一切险及安装工程一切险的附加险种，也可单独投保，主要是保障施工方的机器、设备。

2. 施工机器、设备保险的保障范围

（1）适用对象

施工机器、设备保险主要适用于建设工程的施工方，为建筑施工机械设备在施工生产过程中因意外事故、自然灾害而引发的设备自身损失和第三者责任提供保险保障。

（2）保险范围

由于下列原因造成建设期或安装期间和施工场地内施工机器、设备的损失，保险人负责赔偿：

①雷电、火灾、爆炸；

②洪水、潮水、水灾、地震、海啸、暴雨、风暴、雪崩、地崩、山崩、冻灾、冰雹及其他自然灾害；

③飞机坠毁、飞机部件或飞行物体坠落；

④升降机、行车、吊车、脚手架的倒塌；

⑤碰撞、倾覆；

⑥操作人员的疏忽、过失。

3. 施工机器、设备保险的责任范围

（1）除外责任

由于下列原因引起的损失和费用，保险人不予赔偿：

①机器设备运行必然引起的后果，包括自然磨损、氧化、腐蚀、锈蚀、孔蚀、污垢等物理性变化或化学反应；

②水箱、水管自然爆裂；

③保险机器设备的机械性或电器性损坏、故障、断裂、失灵及因冷却剂或

其他流体冻结、润滑不良、缺油或冷却剂等直接所致的毁损或灭失；

④置换的零件或配件包括钻、锥、刀具或其他切割的刀面、锯条、模具、压磨面或压碎面筛、皮带、绳索、钢缆、链条、输送带、电池、轮胎、电线、电缆、软管，按期更换的接头或衬垫等的毁损或灭失，但与机器设备本体同时所受的毁损或灭失不在此限；

⑤燃料、触媒、冷却剂及润滑油料的毁损或灭失；

⑥因锅炉或压力容器内部蒸汽或流体压力发生爆炸及内燃机爆炸所致的毁损或灭失；

⑦投保人、被保险人或受雇人明知或应知保险机器设备的瑕疵、缺陷或其所致的毁损或灭失；

⑧机器设备的制造商或供应商依法或依约应负责赔偿的毁损或灭失；

⑨任何维护或保养费用；

⑩保险事故发生后引起的任何间接或附带的损失、费用和责任；

⑪保险单中规定应由被保险人自行负担的免赔额；

⑫其他不属于保险责任范围内的损失。

（2）责任期限

通常为一年，期满续保。也可以根据建设工程合同的期限投保不足一年或一年以上的施工机器、设备保险。

第四节　建设工程争议评审

一、一般概述

建设工程争议评审是指在工程开始或进行中，由当事人选择独立的评审专家，就当事人之间发生的争议及时提出解决建议或者作出决定的争议解决方式。争议评审是一种以“细致分割”方式实时解决争议，及时化解小争议，防止争议扩大造成工程拖延、损失和浪费，保障工程顺利进行。争议评审于1975年在美国科罗拉多州艾森豪威尔隧道工程中采用，取得了巨大成功。由于该方式具有专业、简便、快捷、成本低等优势逐步得到推广。

1995年1月，世界银行开始在其招标文件中强制要求由其贷款进行的项目必须采用争议评审方式。同年，国际咨询工程师协会（FIDIC）在《桔皮书》（即《设计—建造与交钥匙工程合同条件》）中提出了“争议评审”的概念并相继在其他类型合同条件中引入“争议评审”机制。

2004年9月1日，国际商会（ICC）推出《争议小组规则》。我国世界银行贷款项目如小浪底、二滩水电站、万家寨水利工程等大型工程亦采用了争议评审方式，效果良好。

2007年11月1日，国家发展和改革委员会、财政部、建设部（现住房和城乡建设部）、铁道部、交通部、信息产业部、水利部、民用航空总局、国家广播电影电视总局九个部门联合制定并颁布了《中华人民共和国标准施工招标文件》，其中的“通用合同条款”的争议解决条款中引入了争议评审机制，尝试在国家投资建设工程项目中通过争议评审方式解决争议。《标准施工招标文件》（2007版）24.3款争议评审作了相应规定：

1. 采用争议评审的，发包人和承包人应在开工日后的28天内或在争议发生后，协商成立争议评审组。争议评审组由有合同管理和工程实践经验的专家组成。

2. 合同双方的争议，应首先由申请人向争议评审组提交一份详细的评审申请报告，并附必要的文件、图纸和证明材料，申请人还应将上述报告的副本同时提交给被申请人和监理人。

3. 被申请人在收到申请人评审申请报告副本后的28天内，向争议评审组提交一份答辩报告，并附证明材料。被申请人应将答辩报告的副本同时提交给申请人和监理人。

4. 除专用合同条款另有约定外，争议评审组在收到合同双方报告后的14天内，邀请双方代表和有关人员举行调查会，向双方调查争议细节；必要时争议评审组可要求双方进一步提供补充材料。

5. 除专用合同条款另有约定外，在调查会结束后的14天内，争议评审组应在不受任何干扰的情况下进行独立、公正的评审，作出书面评审意见，并说明理由。在争议评审期间，争议双方暂按总监理工程师的确定执行。

6. 发包人和承包人接受评审意见的，由监理人根据评审意见拟定执行协议，经争议双方签字后作为合同的补充文件，并遵照执行。

7. 发包人或承包人不接受评审意见，并要求提交仲裁或提起诉讼的，应在收到评审意见后的14天内将仲裁或起诉意向书面通知另一方，并抄送监理人，但在仲裁或诉讼结束前应暂按总监理工程师的确定执行。

《房屋建筑和市政工程标准施工招标文件》2010年版“专用合同条款”一般约定第1.1.6.3款也作了相应规定。在该文件中，争议评审组是由发包人和承包人共同聘请的人员组成的独立、公正的第三方临时性组织，一般由一名或者三名合同管理和（或）工程管理专家组成。争议评审组负责对发包人和（或）承包人提请进行评审的本合同项下的争议进行评审并在规定的期限内给出评审意见，合同双方在规定的期限内均未对评审意见提出异议时，评审意见对合同双方有最终约束力。发包人和承包人应当分别与接受聘请的争议评审专家签订聘用协议，就评审的争议范围、评审意见效力等必要事项做出约定。

需要注意的是，在建设工程争议评审机制中，专家是处理争议的核心。专家的资质、能力、水平等是直接关系其程序能否顺利进行、调解是否能够成功、裁判决定是否能够获得当事人认可的重要因素。在当前中国的法律框架下，必须有第三方确定一个专家资质标准，并配备一个可随时更新的权威专家库，以便供当事人选择。

目前的建设工程争议评审机制尚无法律支撑，也未与诉讼、仲裁等机制相衔接，该机制的具体适用及其“裁判”文件的效力都只能依赖于当事人的认可。

二、北京仲裁委员会《建设工程争议评审规则》

北京仲裁委员会于2009年1月20日第五届北京仲裁委员会第四次会议讨论通过《建设工程争议评审规则》，自2009年3月1日起施行；

北京仲裁委员会还相应制定了《评审专家守则》、《建设工程争议评审专家名单》、《建设工程争议评审收费办法》。

（一）定义

根据北京仲裁委员会的《建设工程争议评审规则》（下称“评审规则”），建设工程争议评审（下称“争议评审”）是指在工程开始或进行中，由当事人选择独立的评审专家，就当事人之间发生的争议及时提出解决建议或者作出决定的争议解决方式。争议评审是一种以“细致分割”方式实时解决争议，及时化解小争议，防止争议扩大造成工程拖延、损失和浪费，保障工程顺利进行。

（二）选择适用

《评审规则》是提供给当事人选择适用的操作规程，为当事人采用争议评审方式提供指导，不带有强制性。当事人在合同条款中约定：“发生争议提请评审时，双方一致同意适用北京仲裁委员会的评审规则”，规则才对当事人有约束力。而且，规则的所有条款也并非全部、强制适用。如果当事人对评审程序事项另有约定，从其约定。当事人可以对于评审组的组成方式、时间、评审范围、评审意见约束力、评审专家报酬和评审期限等进行约定。评审组专家与当事人之间的权利义务依据他们之间协议确定。当事人或评审专家均有权自行决定终止评审程序。《评审规则》仅在评审专家的指定与退出环节发挥作用，对于评审程序与评审决定不产生其他影响。评审过程由评审专家与当事人共同协调推进。

（三）评审意见效力

评审意见效力是指评审专家组的意见是否对当事各方产生约束力以及产生什么样的约束力。标准合同的评审条款中对此规定是：发包人和承包人接受评审意见的，由监理人根据评审意见拟定执行协议，经争议双方签字后作为合同的补充文件，并遵照执行。发包人或承包人不接受评审意见，并要求提交仲裁或提起诉讼的，应在收到评审意见后的 14 天内将仲裁或起诉意向书面通知另一方，并抄送监理人，但在仲裁或诉讼结束前应暂按总监理工程师的确定执行。这与《国际商会争议小组规则》规定的评审意见效力有较大差别。

《国际商会争议小组规则》按照评审意见效力将争议评审分为三种：

1. DRB（Dispute Review Board，争议评审小组）是由争议评审小组对争议作出建议，当事人在规定期限内对建议提出书面异议的，该建议对当事人不发生约束力，争议应提交仲裁或诉讼解决；当事人在规定期限内未提出异议的，该建议产生约束力，当事人应当遵守建议。

2. DAB（Dispute Adjudication Board，争议裁决小组），是由争议裁决小组对争议作出决定。决定自当事人收到时产生约束力。当事人不论是否提出异议均应遵守决定。即使当事人在规定期限内提出书面异议，且争议提交仲裁或诉讼，在仲裁庭或法院作出相反的裁决或判决前，该决定对双方当事人始终具有拘束力。

3. CDB（Combined Dispute Board，综合争议小组）是 DRB 和 DAB 的综合。通常情况下争议评审小组对争议作出建议，当事人对建议提出异议，该建议对当事人不发生拘束力；但是，在一方当事人请求对争议作出决定且他方当事人不表示反对或者虽然他方当事人反对但综合争议小组认为必要的，则其对争议作出的决定与 DAB 形式下争议裁决小组的决定具有相同的约束力。

FIDIC 红皮书中规定的是 DAB 模式，即争议裁决小组决定对双方均有拘束力，双方应立即执行，除非此类决定在后续的友好解决或仲裁中被修改。如果合同当事人对决定不满意，可在收到该决定后第 28 天之内将其异议通知对方并附具理由。当事人未依据规定发出通知的，不得对争端进行仲裁。

按照标准合同，评审组评审意见对当事人是否产生约束力，取决于当事人意愿。双方当事人接受意见的，在监理人的协助下，将意见内容拟定成合同补充协议，当事人按照补充协议执行。评审意见只是促成当事人就争议重新达成一致的专家指导性意见。评审意见产生效力不仅需当事人双方同意，还要将意见另行签订为合同补充协议。当事人不接受该意见的，仍按总监理工程师的意见执行。这与该文件中对总监理工程师系监理人委派常驻施工场地对合同履行实施管理的全权负责人的角色定位是一致的。可以说，标准合同中的评审意见效力有些类似于 DRB 形式下评审小组的建议，但其产生效力的程序比较复杂——需转化为补充协议形式。

为了当事人更方便的采用争议评审，《评审规则》在标准合同的基础上进行了进一步细化。在考虑当事人意思自治原则与及时处理纠纷客观要求基础上，允许当事人对评审意见的效力进行约定：当事人既可选择类似 DRB 形式下评审建议效力的方式，也可选择类似菲迪克合同条件下DAB裁决小组决定效力的方式。《评审规则》第21条规定："当事人对评审意见有异议的，应当自收到评审意见之日起14日内向评审组或者对方当事人书面提出。当事人在上述期限内提出异议的，评审意见即不具约束力；未提出异议的，则评审意见在上述期限届满之日起对各方当事人有约束力。当事人应当按照评审意见执行。""如当事人约定评审意见自作出或者当事人收到之日起即对当事人有约束力，即使当事人在收到评审意见之日起14日内提出了书面异议，仍应按照评审意见执行。在当事人将该争议提交仲裁庭或者法院对该项争议作出不同的裁决或者判决前，评审意见仍对当事人有约束力。"

（四）评审规则的适用范围

争议评审比较适合时间跨度大、情况复杂的建设工程。因此《争议评审规则》将适用范围界定为"包括施工合同、设计—施工合同（Design-build合同）、设计—采购—施工合同（EPC合同）、勘查合同、设计合同、监理合同、项目管理合同、代建合同等"，为当事人选择适用争议评审规则提供指引。

（五）评审组的组成

按照国际惯例，争议评审组可以由一名、三名或者五名评审专家组成。三名以上专家组成评审组时，由首席争议解决专家临时指定三名专家就每个特定的争议进行听审调查并作出意见。考虑到费用、效率以及习惯问题，《评审规则》规定的评审组由一名或三名评审专家组成。当事人未作特别约定的，由三名评审专家组成。

评审组由一名评审专家组成的，由双方共同选定。双方未能达成一致，可提出申请由仲裁委员会主任指定。评审组由三名评审专家组成的，由双方当事人分别选定一名评审专家，第三名评审专家由前两名评审专家提名并由当事人共同确定，第三名评审专家为首席评审专家。如一方或双方当事人未能选定各自的评审专家或当事人未能就首席评审专家达成一致的，可申请仲裁委员会主任指定。

评审组的组成时间由双方当事人在合同中进行约定。为促进争议评审的应用，《评审规则》参照标准合同将评审组组成时间规定为"开工之日起28天内或争议发生后一方当事人收到对方发出的要求评审的通知之日起14天内"。其本意是鼓励当事人在施工早期组成评审组。因为，如果争议已经发生，双方当事人很难就评审组的组成达成一致，即便组成评审组，也会因评审组并未事先了解工程进展及施工现场情况，而难以及时有效地提出意见。

（六）评审专家的披露、退出及保密问题

评审专家，不论是单方选定、共同选定还是指定，均应保持独立与中立的地位，并以公正方式行事，避免拖延和浪费。

评审专家在知悉与当事人之间存在可能导致对其独立性、公正性产生怀疑情形的，应当书面进行披露。评审专家披露制度类似于仲裁员披露。评审专家披露后的退出比仲裁员回避相对严格：无论披露的事项属于什么性质，除非当事人明确同意该评审专家继续履行职责，否则，该评审专家应当退出评审组。当事人知悉此类情形而评审专家未予披露的，当事人有权要求评审专家退出，评审专家不退出的，当事人可申请仲裁委员会主任对评审专家是否退出作出决定。因涉及公正、独立事项之外的其他事项导致评审专家无法正常或适当履行其职责的（包括但不限于死亡、疾病、残疾以及评审专家提出终止协议等情形），也应当退出。评审专家退出后，其与当事人之间的协议自动终止。除当事人另有约定外，应当按照该评审专家的产生方式重新确定评审专家。评审专家退出前的评审行为有效。评审组为三名评审专家，其中一名退出的，另外两名继续担任评审专家。但在新的评审专家产生之前不得进行评审活动，除非各方当事人明确表示同意。

评审专家披露和退出制度是保障争议评审的公正性、保障当事人在评审程序中的知情权和控制权。除此之外，《评审规则》还规定评审专家负有保密义务，在评审活动进行中及评审活动结束后禁止在相同或相关争议中担任仲裁员、证人或一方当事人的代理人。

（七）评审意见的作出

《评审规则》规定评审组应当在调查会结束后 14 日内作出评审意见。当事人也可在评审专家协议中对于评审意见作出的时间另行约定。评审组未能形成一致意见的，按评审组多数专家意见作出，如未能形成多数意见，以首席评审专家意见为准。在评审意见的制作过程中，首席评审专家有义务召集评审组进行讨论、起草评审意见、征询其他评审专家对于评审意见的意见、组织各评审专家签署并向各方当事人发出评审意见。

（八）评审专家的报酬

因申请建设工程争议评审解决争议产生的评审专家报酬、北京仲裁委员会的行政费和其他所有费用，由当事人平均分担。当事人另有约定或另有规定的除外。

评审组由三名评审专家组成，每名评审专家应获得同等报酬，由当事人每月支付或按照评审组的工作每日支付。

支付给评审专家的前 24 个月的报酬应当固定。此后，以评审专家与各方当事人每年签订协议的形式进行调整。

评审专家应当每月收到固定金额的报酬，在当事人与评审专家所签订的协议里固定报酬应包括以下评审专家职责内容：

1. 组织参加当事人和工地人员参加的评审会议；
2. 组织参加评审组内部会议；
3. 熟悉合同并追踪合同履行情况；

4. 在履行评审专家职责期间研究当事人提交的项目报告和相关信息。对于固定报酬之外因进行现场勘查、审理争议而举行的调查会以及制作评审意见等而发生的实际费用（包括差旅费、通讯费、住宿费、餐费、签证费、复印费等）及报酬应由当事人负担。当事人应当在收到评审专家关于前述费用和报酬的收费通知后15日内向评审专家支付费用或报酬。如果任何一方当事人没有按期在收到收费通知后15日内支付费用或报酬的，评审专家可在通知当事人后暂停评审工作直至当事人全额支付费用和报酬。评审专家与当事人可以约定延迟支付费用的违约责任。仲裁委员会的行政费用包括指定评审专家产生的费用，决定评审专家退出产生的费用。该费用是不可退还的：

（1）如果当事人要求仲裁委员会指定评审专家，每人次费用为5000元（指人民币，下同）。

（2）如果当事人要求仲裁委员会对评审专家退出作出决定，每人次费用为5000元，该费用由提出退出请求的当事人承担。如果一方当事人有怠于支付评审专家报酬、行政费用和其他费用的行为，任何一方当事人，可以全额垫付费用。除非自动放弃权利，垫付费用的当事人可以向怠于支付的当事人追偿其垫付的费用，当事人可以约定怠于支付费用的违约责任。

三、中国国际经济贸易仲裁委员会《建设工程争议评审规则》

中国国际经济贸易仲裁委员会/中国国际商会于2010年1月27日通过《建设工程争议评审规则（试行）》，自2010年5月1日起试行。

中国国际经济贸易仲裁委员会还相应制定了《评审专家守则》、《建设工程争议评审专家名单》、《建设工程争议评审收费办法》。

（一）定义

建设工程争议评审是当事人在履行建设工程合同发生争议时，根据约定，将有关争议提交争议评审组（以下简称评审组）进行评审，由评审组作出评审意见的一种争议解决方式。

建设工程合同（以下简称“合同”）包括工程勘察合同、设计合同、施工合同以及其他与建设工程有关的合同。

（二）评审意见效力

当事人可以对评审意见的效力做出约定，评审意见依约定对当事人产生约束力。当事人对评审意见的效力未作约定但同意适用建设工程争议评审规则的，在满足建设工程争议评审规则规定的条件后，评审意见即对当事人具有约束力。

（三）评审组的组成

1. 评审组的种类

建设工程争议评审组分为常设评审组和临时评审组。

当事人可以在签订合同时或者在约定的期限内确定评审组成员，成立常设评审组，以跟踪了解合同履行的情况，协助预防争议；常设评审组可以根据当事人的申请，评审有关争议。

当事人也可以在争议发生后，成立临时评审组，评审特定争议。

评审组的产生方式和工作内容、评审程序、评审意见的效力、评审组成员的报酬和费用等根据当事人的约定来确定。当事人没有约定而同意适用根据中国国际经济贸易仲裁委员会规则的，依据该规则确定。

2. 评审组的组成

除非当事人另有约定，评审组由一名或三名评审专家组成。

当事人没有约定评审组组成人数的，评审组由三名评审专家组成。

（1）评审组专家资格

评审专家应当具有合同管理、合同解释和建设工程行业的专业知识和实践经验。

当事人对评审组成员的资格有其他特殊约定的，从其约定。

中国国际经济贸易仲裁委员会设立推荐性的《建设工程争议评审专家名册》（以下简称“评审专家名册”），供当事人选定评审组成员时参考。当事人也可以在《评审专家名册》之外选择评审组成员。

（2）常设评审组专家的选定

常设评审组由三人组成的，双方当事人应当在约定的期限内，或者在没有约定期限的情况下，在合同签订后28天内或合同开始履行后28天内（以较早的时间为准），各自选定一名评审专家，并书面通知对方和评审专家。当事人未能在上述期限内选定评审专家的，任一方当事人可以请求仲裁委员会秘书长代为指定上述评审专家。

根据前款规定产生的两名评审专家应在第二名评审专家确定之日起14天内共同选定第三名评审专家，并书面通知双方当事人。两名评审专家未能在上述期限内共同选定第三名评审专家的，任一方当事人可以请求仲裁委员会秘书长代为指定第三名评审专家。第三名评审专家应当担任评审组的首席评审专家。

当事人约定常设评审组由一人组成的，双方当事人应当在约定的期限内，或者在合同没有约定期限的情况下，在合同签订后28天内或合同开始履行后28天内（以较早的时间为准），共同选定独任评审专家。当事人在上述期限内未能就独任评审专家的人选达成一致的，任一方当事人可以请求仲裁委员会秘书长代为指定独任评审专家。

当事人请求仲裁委员会秘书长代为指定评审专家的，应当以书面形式提出，附具有关建设工程合同性质或者争议性质的说明。当事人对评审专家资格有特殊要求的，也应当一并予以说明。

仲裁委员会秘书长在代为指定评审专家时，应当综合考虑相关建设工程合同或者争议的性质、所需评审专家的专业特长、行业经验、语言能力以及当事人的特殊要求等相关情况。

（3）签订《评审组成员协议》

评审组的每一位成员应当分别与全体当事人签订《评审组成员协议》，对必要的事项作出约定，包括但不限于评审组解决争议的范围、评审组的工作内容、评审组成员与当事人的一般义务、评审组成员的报酬和费用、协议的生效和终止等。

当事人可以在任何时间共同终止《评审组成员协议》，但应当提前书面通知评审组成员。任何一方当事人不能单独终止《评审组成员协议》。评审组成员可在任何时间单方终止《评审组成员协议》，但应当提前书面通知所有当事人，上述提前通知的时间由当事人与评审组成员具体约定。

《评审组成员协议》终止的，评审组成员即退出评审组。评审组成员因为建设工程争议评审规则规定的其他情形不再担任评审组成员或退出评审组的，该名评审组成员与当事人签署的《评审组成员协议》当即终止。

根据当事人的请求并经双方同意，仲裁委员会可以为《评审组成员协议》的达成提供联络沟通、文件交换等辅助性秘书服务。

在评审组成员与当事人签订的《评审组成员协议》生效后，评审组正式成立。

评审组在《评审组成员协议》约定的期限届满时终止工作。除非当事人另有约定，当事人可以共同决定提前解散评审组。评审组自收到最后一方当事人的书面通知之日起解散。

（四）评审专家的披露、退出和保密问题

1. 评审专家的披露

评审专家应当独立、公正地履行职责。

评审专家知悉存在可能引起当事人对其公正性或者独立性产生合理怀疑的任何事实或情况的，应当立即向所有当事人书面披露，并将该披露事宜及时通知评审组的其他成员。

任何一方当事人在收到评审专家的书面披露之日起14天内对该专家提出书面异议的，该名评审专家不再担任评审组成员。当事人未在上述期限内提出书面异议的，视为同意其继续担任评审组成员，此后不得以该名评审专家曾经披露的事项为由再提出异议或者申请其回避。

任何一方当事人发现对某位评审专家的公正性或者独立性产生合理怀疑的任何事实或情况而要求其回避的，可以在得知回避事由后14天内书面申请仲裁委员会秘书长对该名评审专家是否回避作出决定，但应当说明提出回避请求所依据的具体事实和理由，并举证。

一方当事人申请评审专家回避，其他当事人同意的，或者被申请回避的评审专家主动提出不担任评审组成员的，该名评审专家不再担任评审组成员。上述情形并不表示当事人提出回避的理由成立。除此种情形外，评审专家是否应当回避，由仲裁委员会秘书长作出终局决定，并可以不说明理由。

在仲裁委员会秘书长就评审专家是否回避作出决定前，被申请回避的评审专家应当继续履行职责。

2. 评审专家的退出

评审专家在法律或事实上不能正常或者适当履行评审组成员职责的，应当退出评审组。

评审专家因建设工程争议评审规则规定的情形不再担任评审组成员或退出评审组的，除非当事人另有约定，应当按照其原来的产生方式确定替换的评审专家。三人评审组中有一人退出的，其余两人应当继续担任评审组成员。

除非当事人另有约定，在替换的评审专家产生以前，评审组应当中止工作。替换前评审组的行为继续有效。

评审专家应当依照建设工程争议评审规则和《评审组成员协议》，勤勉审慎地履行职责。

3. 评审专家的保密

评审专家对评审组工作中的相关事项和所涉信息负有保密义务，当事人另有约定或者建设工程争议评审规则另有规定的除外。

除非当事人同意，评审专家不得在与评审争议相关的仲裁或者诉讼程序中担任仲裁员、法官或者一方当事人的证人或代理人，但在仲裁庭或法庭认为有必要的情况下，可以作为仲裁庭或法庭的证人参与仲裁或诉讼程序。

（五）评审专家的会晤与考察

常设评审组应当研究当事人提交的相关资料，在合同履行期间定期与当事人会晤、进行现场考察，以保证熟悉合同文件、及时跟踪了解合同的履行情况以及合同履行过程中出现的分歧。

双方当事人和评审组所有成员均应参加所有的会晤和现场考察。如果一方当事人未能出席，评审组有权决定会晤或现场考察如期进行。除非各方当事人同意或评审组另有决定，评审组不得在任何一位评审组成员缺席的情况下进行会晤或现场考察。

除定期的会晤和现场考察外，任何一方当事人还可以根据需要，请求评审组紧急安排会晤或现场考察。评审组应当尽可能在收到上述请求之日起 28 天内进行会晤或现场考察。

根据当事人的请求并经双方同意，仲裁委员会可以为评审组和当事人之间的会晤提供场所、设备以及必要的支持与协助。

（六）评审组专家的协助义务

在当事人同意的情况下，常设评审组可以采取其认为适当的方式和措施，非正式地协助当事人解决合同履行过程中产生的分歧。

上述方式和措施包括但不限于评审组和当事人共同讨论，在征得所有当事人同意后单独与各方会谈以及发表非正式的口头或书面意见。

如上述分歧最终被提交评审解决，评审组和当事人在评审程序中均不受其在非正式协助过程中发表的口头或书面意见的约束。

（七）当事人的协助义务

当事人应当充分配合评审组的工作，及时向评审组提供必要的信息和有关资料，遵从评审组的安排和决定，并为评审组的工作提供必要的条件。

评审组与当事人之间的任何书面文件往来，都应当按照当事人与评审组约定的联系方式进行，同时发送给各方当事人和评审组的所有成员。

评审组由三人组成的，首席评审专家收到文件的时间视为评审组收到当事人提交文件的时间。

（八）争议评审程序

评审程序自评审组收到评审申请之日开始。

1. 评审申请

任何一方当事人作为申请人，申请评审组通过评审程序解决争议时，应当向评审组提交书面的评审申请，并同时将评审申请转交被申请人。

评审申请应当包括：

（1）当事人关于将争议提交评审解决的约定；

（2）争议的相关情况和争议要点；

（3）申请人提交评审解决的争议事项和具体的评审请求；

（4）申请人对争议的处理意见及所依据的文件、图纸及其他证明材料。

2. 评审答辩

除非当事人另有约定或者评审组另有决定，被申请人应当在收到申请人的评审申请之日起28天内，向评审组提交书面答辩，并同时将答辩转交申请人。

答辩应当包括被申请人对争议的处理意见及所依据的文件、图纸及其他证明材料。

被申请人未提交书面答辩的，不影响评审程序的继续进行。

3. 评审调查会

评审组评审争议时应当召开调查会，当事人另有约定的除外。评审组可以根据评审的需要，召开多次调查会。

除非当事人另有约定或者评审组另有决定，被申请人在答辩期限内提交书面答辩的，第一次调查会应当在评审组收到答辩后 14 天内召开；被申请人未在答辩期限内提交书面答辩的，第一次调查会应当在答辩期限届满后 14 天内召开。

根据当事人的请求并经双方同意，仲裁委员会可以为调查会提供场所、设备以及必要的支持与协助。

除非当事人另有约定，调查会不公开进行。

当事人可以委托代理人参加调查会。当事人有正当理由不能参加调查会的，可以申请延期，但必须提前以书面方式向评审组提出。是否同意延期，由评审组决定。

任何一方当事人未出席调查会的，评审组在确信其已收到调查会通知的情况下，有权决定调查会继续进行。

除非各方当事人同意，评审组的所有成员均应当参加调查会。

除非当事人另有约定，评审组除召开调查会外，还可以按照其认为适当的其他方式评审争议，但应当避免不必要的程序拖延和费用开支。在任何情形下，评审组均应公平和公正地行事，给予各方当事人陈述与辩论的合理机会。

4. 评审组的权力

除非当事人另有约定，评审组的权力包括但不限于：

（1）决定评审组对所涉争议的管辖权及评审争议的范围；

（2）决定评审程序的安排；

（3）召集会晤、进行现场考察和召开调查会，并决定与此有关的任何程序事宜；

（4）询问当事人、当事人的代理人和证人；

（5）要求当事人提交补充材料和书面意见；

（6）根据评审争议的需要，决定进行鉴定或者聘请专家就某一具体的法律或技术问题出具意见；

（7）在一方当事人缺席的情况下继续评审程序并出具评审意见；

（8）采取其他必要措施保证评审程序顺利进行和评审组正常履行职责。

5. 当事人在评审程序中的权利

当事人在评审程序中可以就争议自行和解，也可以在评审组的主持下进行调解。

当事人在评审程序中达成和解或者调解成功的，评审程序终止。当事人可以就此签订和解协议。当事人也可以根据和解协议中的仲裁条款，请求仲裁委员会组成仲裁庭根据和解协议的内容作出仲裁裁决。

未达成和解或者调解未成功的，评审组和各方当事人在评审程序中均不受其在和解或者调解过程中发表的口头或书面意见的约束。

申请人撤回评审请求或者当事人一致同意终止评审程序的，评审程序终止。

在当事人和评审组一致同意的情况下，评审组可以决定对同一合同项下产生的多个争议一并评审，或对相同当事人多个合同项下的相关争议一并评审。

争议的评审涉及第三人的，经当事人和第三人的书面同意并重新与评审组成员签署《评审组成员协议》，评审组可以决定第三人加入评审程序。第三人加入评审程序之前，还应当以书面形式同意接受建设工程争议评审规则的约束，并且同意评审组的组成和此前已经进行的评审程序，原当事人与该第三人另有约定的除外。

（九）评审意见的作出

1. 出具评审意见的期限

除非当事人另有约定，评审组应当在评审程序开始之日起 84 天内出具评审意见。评审组在征得各方当事人同意的前提下，可以适当延长作出评审意见的期限。

除非当事人另有约定，评审组应当依据合同的条款和合同项目所在地或者其他与合同有最密切联系地法律的规定，参考相关的国内外行业惯例和技术标准规范，公平合理、独立公正地作出评审意见。

2. 评审意见的内容

评审意见应当以书面形式作出。评审意见的内容应当包括但不限于：

（1）申请人的评审请求、争议事项和双方当事人的意见；

（2）评审组对争议的评审结果和所依据的事实及理由；

（3）评审意见的效力；

（4）评审意见作出的日期。

3. 评审意见的作出

由三人评审组评审争议的，评审意见依全体或者多数评审专家的意见作出；不能形成多数意见的，依首席评审专家的意见作出。

评审意见应当由评审专家签署。持不同意见的评审专家可以在评审意见上署名，也可以不署名，但应当出具单独的书面意见，随评审意见转给各方当事人。该书面意见不构成评审意见的一部分。不附具不同意见的，不影响评审意见的作出和效力。

4. 仲裁委对评审意见的核阅

根据当事人的约定，仲裁委员会可以对评审意见草案进行核阅。

当事人约定由仲裁委员会对评审意见草案进行核阅的，评审组应当在签署评审意见前将评审意见草案提交仲裁委员会。在不影响评审组独立评审的前提下，仲裁委员会可以就评审意见的有关问题提请评审组注意。

仲裁委员会应当在收到评审意见草案和当事人缴纳的核阅费用后 14 天（以较晚的时间为准）内核阅完毕。特殊情况下需要延长核阅期限的，仲裁委员会应当提前书面通知评审组和各方当事人。

由仲裁委员会核阅评审意见草案的，评审组可视具体情形，对评审意见作出的期限予以延长。

5. 对评审意见有异议时的处理

当事人对评审意见的结果有异议的，应当自收到评审意见之日起 14 天内向评审组和对方当事人书面提出，并说明理由。当事人在上述期限内未提出异议的，评审意见自上述期限届满之日起对各方当事人具有约束力，当事人应当遵照评审意见执行。当事人在上述期限内提出书面异议的，评审意见对当事人不产生约束力。评审意见的结果可以拆分成可独立执行的若干项而当事人只针对其中的一项或几项提出书面异议的，不影响其他各项评审结果的约束力。

评审意见产生约束力的，在当事人通过将争议提交诉讼或者根据仲裁协议提交仲裁获得与评审意见不同的判决或裁决之前，或者在各方当事人就评审争议的解决另行作出不同于评审意见的约定之前，评审意见仍对当事人具有约束力。

当事人对评审意见的效力另有约定的，从其约定。

除非当事人另有约定，评审意见可以在当事人之间就相关争议进行的诉讼或者仲裁程序中作为证据使用。

当事人可以根据已经产生约束力的评审意见签订和解协议，并依据和解协议中的仲裁条款，请求仲裁委员会组成仲裁庭根据和解协议的内容作出仲裁裁决。

评审意见对当事人未产生约束力，或者评审组未在第三十二条规定的期限内作出评审意见，或者评审组已经终止工作或被解散的，当事人可以直接将有关争议提交诉讼或者根据仲裁协议提交仲裁，当事人另有约定的除外。

6. 当事人的权利

任何一方当事人可以在收到评审意见之日起 7 天内，就评审意见中的任何书写、打印、计算错误或者其他类似性质的错误书面申请评审组作出更正；确有错误的，评审组应当在收到书面申请之日起 7 天内作出书面更正。评审组也可以在评审意见作出之日起 7 天内，自行对上述错误作出书面更正。

评审组因遗漏未对某项评审请求出具评审意见，任何一方当事人可以在收到评审意见之日起 7 天内，书面申请评审组就该项评审请求作出补充评审意见；确有此种情形的，评审组应当在收到书面申请之日起 7 天内作出补充评审意见。评审组也可以在评审意见作出之日起 7 天内，自行对上述评审请求作出补充评审意见。

书面更正和补充评审意见构成原评审意见的一部分。在上述两款情形下，第三十七条中关于评审意见异议的期限应当自当事人收到评审组的书面更正或者补充评审意见之日起重新起算。

（十）临时评审组的特别约定

当事人成立临时评审组评审争议的，申请人应当先向被申请人发出要求评审解决争议的书面通知。

评审组由三人组成的，由双方当事人在被申请人收到申请人要求评审解决争议的书面通知之日起14天内各自选定一名评审专家，并书面通知对方和评审专家。申请人或者被申请人未能在上述期限内选定评审专家的，任一方当事人可以请求仲裁委员会秘书长代为指定上述评审专家。

根据前款规定产生的两名评审专家应在第二名评审专家确定之日起14天内共同选定第三名评审专家，并书面通知双方当事人。两名评审专家未能在上述期限内共同选定第三名评审专家的，任一方当事人可以请求仲裁委员会秘书长代为指定第三名评审专家。第三名评审专家应当担任评审组的首席评审专家。

当事人约定评审组由一人组成的，由双方当事人在被申请人收到申请人要求评审解决争议的书面通知之日起14天内共同选定独任评审专家。当事人在上述期限内未能就独任评审专家的人选达成一致的，任一方当事人可以请求仲裁委员会秘书长代为指定独任评审专家。

评审组成立后，申请人应当向评审组提交符合第二十二条规定的书面评审申请，并同时将评审申请转交被申请人。

评审程序自评审组收到申请人的评审申请之日起开始。

（十一）评审专家报酬

除非当事人另有约定或者评审组另有决定，评审专家担任评审组成员的所有报酬和因履行评审专家职责而发生的所有交通、食宿等实际费用，应当由各方当事人平均分担。

评审专家应当避免不必要的费用支出。

当事人应当按照《评审组成员协议》的约定，向评审组成员支付报酬和费用。当事人未按约定向评审组成员支付报酬和费用的，评审组可以中止工作，直至当事人全额支付相关款项。

一方当事人不支付上述款项的，可以由其他当事人先行垫付。

仲裁委员会按照《建设工程争议评审收费办法》的规定，就下列事项收取相应费用：

（1）代为指定评审专家；

（2）决定评审专家回避事宜；

（3）为《评审组成员协议》的达成提供辅助性秘书服务；

（4）为评审组和当事人之间的会晤及评审调查会提供场所、设备以及必要的支持与协助；

（5）核阅评审意见草案。

评审组履行职责的过程中发生的其他费用，包括但不限于仲裁委员会收取的前条费用以及评审程序中进行鉴定或者聘请法律或技术专家的费用等，由各方当事人平均分担，当事人另有约定的或者仲裁委员会《建设工程争议评审收费办法》另有规定的除外。

（十二）争议评审费用

中国国际经济贸易仲裁委员会（以下简称仲裁委员会）按照以下办法收取其建设工程争议评审的相关费用：

由仲裁委员会代为指定评审专家的，每人次收费人民币5000元。

由仲裁委员会决定评审专家回避事宜的，每人次收费人民币8000元。该费用应当由提出回避申请的当事人承担，当事人另有约定的除外。

由仲裁委员会对评审意见草案进行核阅的，根据案件的具体情况，每件收费人民币20000～50000元。

仲裁委员会为《评审组成员协议》的达成提供辅助性秘书服务的，收费人民币2000元。根据具体情况，仲裁委员会在征得双方当事人同意后，可以对上述费用予以相应调整。

仲裁委员会为评审组和当事人之间的会晤和评审调查会提供场所、设备及必要的支持与协助的，仲裁委员会根据实际情况确定具体的收费金额。

除非当事人另有约定，上述费用应当由各方当事人平均分担。

（十三）争议评审示范争议解决条款

“合同各方同意适用中国国际经济贸易仲裁委员会建设工程争议评审规则（以下简称“评审规则”），成立常设评审组（或临时评审组），评审组由三人（或一人）组成。

凡因本合同引起的或与本合同有关的任何争议，合同各方均可提交评审组，根据评审规则解决。争议未经评审或者经评审未能最终解决的，应当提交中国国际经济贸易仲裁委员会，按照申请仲裁时该会现行有效的仲裁规则进行仲裁。仲裁裁决是终局的，对双方均有约束力。”

当事人还可以补充约定：

“评审组在发出评审意见前应当将评审意见草案提交中国国际经济贸易仲裁委员会进行核阅。”

第五节 诉讼时效新制度

一、时效制度

（一）时效的概念

时效制度，是指一定事实状态在法律规定期间内的持续存在，从而产生与该事实状态相适应的法律效力的制度。

时效成立的要件有三个：第一，需以一定事实状态的存在为要件；第二，需以一定时间的经过为要件；第三，需发生一定的法律后果。

（二）建立时效制度的意义

1. 有利于稳定社会经济秩序

在社会生活中，人们对于自己的民事权利应当及时行使，只有这样，社会经济活动才能正常有秩序的进行。假如当事人之间的经济关系长期处于不稳定状态，必然会影响社会财富的正常流转。有法谚云“法律不保护在权利上睡眠的人”，因此，法律规定一定的时间，作为对某些民事权利保护的有效期间，是创立时效制度的主要原因。

2. 有利于保护当事人的合法权益

当事人的合法权益，受到法律保护，但这种保护不是无限制的，以当事人积极行使权利为前提。时效制度的建立，有利于督促当事人及时行使权利，使其合法权益得到有效保护。

3. 有利于人民法院对案件的审理

人民法院审理案件，要依据“以事实为根据，以法律为准绳”的原则，认定证据，查清事实，正确适用法律，从而作出公证的判决，达到维护当事人的合法权益为目的。如果民事权利长期不行使，会因年深日久造成证据丧失或难以举证的后果，不利于法院对案件的审理。因此，时效制度的建立对完善我国的司法制度，对人民法院及时审结民事纠纷，保护当事人的合法权益具有重要意义。

（三）时效的分类

时效可分为取得时效和消灭时效。

取得时效是指凡一定事实状态持续一定时间而取得权利。

消灭时效是指凡一定事实状态持续一定时间而失去权利。

二、诉讼时效制度

（一）诉讼时效的概念

诉讼时效是权利人在法定期间内不向人民法院请求保护其合法权益，就丧失了请求人民法院依诉讼程序强制义务人履行义务的权利的法律制度，而这个法定期间，就是诉讼时效期间。

可见，诉讼时效期间是权利人向人民法院请求保护其合法权利的法定有效期间。

（二）诉讼时效的特征

1. 诉讼时效属于消灭时效

在诉讼时效期间届满后，权利人即丧失了请求法院依诉讼程序强制义务人履行义务的权利。

2. 诉讼时效届满并不消灭实体权利

诉讼时效期间届满后，义务人如自愿履行义务，权利人仍有权受领，此时，义务人不得以不知时效期间届满为理由而要求返还。因为权利人的实体权利不因时效届满而消灭。

3. 诉讼时效属于强制性的规定

诉讼时效及其具体内容必须由国家法律作出规定，当事人必须遵守，如果当事人之间订有关于诉讼时效期间的缩短、延长，以及预先放弃时效利益的协议，该协议无效。

（三）诉讼时效的效力

诉讼时效的效力是指诉讼时效届满所产生的法律后果。对此理论上有实体权利消灭说、抗辩权发生说和诉权消灭说。我国《民法通则》对诉讼时效的效力采取的是诉权消灭说。在我国，诉讼时效届满后产生如下法律效力：

1. 诉讼时效届满后，权利人丧失对其殆于行使的民事权利的胜诉权，同时对义务人产生抗辩权，义务人可以以诉讼时效届满为由抗辩权利人对其提出的履行义务的请求权。

2. 诉讼时效届满并不消灭实体权利，权利人基于民事法律关系所享有的民事权利（实体权利）仍然存在，所以，义务人在诉讼时效届满之后自愿向权利人履行义务的，权利人仍然有权接受，不受诉讼时效限制。而且基于当事人实体权利义务的存在，义务人在自愿履行义务后，又以超过诉讼时效为由反悔的，人民法院也不予以支持。但如果有证据证明实体权利本身已因其他原因而消灭的，则履行义务的义务人可以不当得利为由要求返还。

3. 诉讼时效届满仅消灭权利人的胜诉权，而不消灭起诉权。权利人在超过诉讼时效期间后起诉的，人民法院仍应予以受理，不得以诉讼时效届满为由不予受理。因为人民法院在受理之后才能查明诉讼时效是否届满。如果有人民法院受理后查明没有中止、中断、延长事由的，则依法判决驳回其诉讼请求。如果人民法院查明权利人确有正当理由的，则依法认定诉讼时效中止、中断或予以延长，以便保护权利人的权利。

4. 诉讼时效届满后，不仅对于主权利产生丧失胜诉权的效果，而且对附属于主权利的从权利也产生同样的效果。

三、合同的诉讼时效起算

由于国际货物买卖合同和技术进出口合同发生的争议一般都比较复杂、涉及的标的额也较大，为了更有效地保护当事人的合法权益，合同法对这类合同发生争议提起诉讼或者仲裁的期限规定为四年，相比国内同类案件提起诉讼或者申请仲裁的期限要长。

提起诉讼或者申请仲裁期限的起算点，自当事人知道或者应当知道其权利受到侵害之日起计算。

其他合同争议的诉讼时效主要有如下两类：

1. 无单行法专门加以规定的，即一般应为两年。

2. 单行法对某类合同有专门规定的，适用该单行法的规定。其诉讼时效自然也适用单行法的规定。根据我国现行法律，诉讼时效期间在两年以下的为短期诉讼时效。例如我国《食品卫生法》第四十条第二款规定，有关食品卫生的损害赔偿纠纷的诉讼时效期间为一年，各种货运规则规定的索赔诉讼时效期间一般为180天。我国《海商法》第257条规定，就海上货物运输向承运人要求赔偿的请求权，时效期间为一年，在时效期间内或者时效期届满后，被认定为负有责任的人向第三人提起追偿请求的，时效期间为90日。

关于诉讼时效的起算时间具体而言，有如下几种情况：

1. 合同请求权系附条件、附期限的，应从停止条件成就，始期到来时起算。

2. 如合同规定有履行期限的，应自履行期限届满时起计算。

3. 如合同没有规定履行期限的，应从权利人可以行使权利之时起计算。

4. 合同无效或合同被撤销后的返还请求权，应自合同被确认为无效或被撤销时起计算。

5. 如合同的标的为不作为的，其诉讼时效自合同义务人违反不作为义务时起计算。

6. 因违约行为而产生的强制实际履行权、损害赔偿请求权和违约金请求权。应自违约行为成立时起计算。

权利被侵害后，因特殊情况而同时适用一般诉讼时效期间与长期诉讼时效期间，发生诉讼时效期间的竞合时，应适用长期诉讼时效。关于诉讼时效的中止、中断及延长等内容，也应依据民法通则的规定。

四、诉讼时效的中止

在诉讼时效期间的最后六个月内，因不可抗力或者其他障碍不能行使请求权的，诉讼时效中止。从中止时效的原因消除之日起，诉讼时效期间继续计算。

诉讼时效中止是指在诉讼时效期间，因发生法定事由阻碍权利人行使请求权，时效期间依法暂时停止计算，并在法定事由消失之日起继续计算的情况，又称为时效的暂停。

我国《民法通则》第一百三十九条规定："在诉讼时效期间的最后6个月内，因不可抗力或者其他障碍不能行使请求权的，诉讼时效中止，诉讼时效从中止时效的原因消除之日起继续计算。"

适用诉讼时效中止应注意以下问题：

1. 诉讼时效的中止必须是因法定事由而发生。

这些法定事由包括两大类：一是不可抗力，不可抗力是不能预见、不能避免和不能克服的客观情况。自然灾害如地震、洪水等；人的活动如战争、罢工等。二是其他阻碍，其他障碍是一种概括性规定，主要包括如下情况：

（1）权利人为无行为能力人、限制行为能力人而无法定代理人或法定代理人已死亡或丧失行为能力；

（2）继承开始后，没有确定继承人或遗产管理人；

（3）其他构成行使权利之障碍的事由，由法官以自由裁量权决定。

2. 法定事由发生在诉讼时效期间的最后6个月内。

引起时效中止的期间并不是时效期内的任何时间，而是发生或存续于时效期间的最后6个月之内。

3. 发生时效中止的事由后，诉讼时效中止之前已经经过的期间与中止时效的事由消失之后继续进行的期间合并计算。而中止的时间则不计入时效期间。

最高人民法院《关于审理民事案件适用诉讼时效制度若干问题的规定》（2008年8月11日由最高人民法院审判委员会第1450次会议通过，自2008年9月1日起施行）第20条规定：有下列情形之一的，应当认定为《民法通则》第一百三十九条规定的"其他障碍"，诉讼时效中止：

（一）权利被侵害的无民事行为能力人、限制民事行为能力人没有法定代理人，或者法定代理人死亡、丧失代理权、丧失行为能力；

（二）继承开始后未确定继承人或者遗产管理人；

（三）权利人被义务人或者其他人控制无法主张权利；

（四）其他导致权利人不能主张权利的客观情形。

五、诉讼时效的中断

诉讼时效因提起诉讼、当事人一方提出要求或者同意履行义务而中断。从中断时起，诉讼时效期间重新计算。

诉讼时效中断是指已开始的诉讼时效因发生法定事由不再进行，并使已经经过的时效期间丧失效力。

我国《民法通则》第一百四十条规定："诉讼时效因提起诉讼、当事人一方提出要求或者同意履行义务而中断。从中断时起，诉讼时效期间重新计算。"

适用诉讼时效中断应注意以下问题：

1. 引起诉讼时效中断的事实是由法律直接规定的，包括起诉、权利人主张权利或者义务人同意履行义务的行为。这些法定事由只要在诉讼时效进行中出现即引起时效的中断。

2. 中断诉讼时效的法定事由发生在诉讼时效期间的任何阶段均产生中断的法律效力。诉讼时效中断的次数不受法律限制，也就是说，诉讼时效因权利人主张权利或者义务人同意履行义务而中断后，权利人在新的诉讼时效期间，再次主张权利或者义务人再次同意履行义务的，可以认定为诉讼时效再次中断。

3. 从诉讼时效中断时起，诉讼时效期间重新起算。法定事由发生之前已经经过的时效期间归于无效，与重新计算的时效期间没有关系。

最高人民法院《关于审理民事案件适用诉讼时效制度若干问题的规定》（2008 年 8 月 11 日由最高人民法院审判委员会第 1450 次会议通过，自 2008 年 9 月 1 日起施行）第 10 条规定：具有下列情形之一的，应当认定为《民法通则》第一百四十条规定的"当事人一方提出要求"，产生诉讼时效中断的效力：

（一）当事人一方直接向对方当事人送交主张权利文书，对方当事人在文书上签字、盖章或者虽未签字、盖章但能够以其他方式证明该文书到达对方当事人的；

（二）当事人一方以发送信件或者数据电文方式主张权利，信件或者数据电文到达或者应当到达对方当事人的；

（三）当事人一方为金融机构，依照法律规定或者当事人约定从对方当事人账户中扣收欠款本息的；

（四）当事人一方下落不明，对方当事人在国家级或者下落不明的当事人一方住所地的省级有影响的媒体上刊登具有主张权利内容的公告的，但法律和司法解释另有特别规定的，适用其规定。

前款第（一）项情形中，对方当事人为法人或者其他组织的，签收人可以是其法定代表人、主要负责人、负责收发信件的部门或者被授权主体；对方当事人为自然人的，签收人可以是自然人本人、同住的具有完全行为能力的亲属或者被授权主体。

该司法解释还规定，下列事项之一，人民法院应当认定与提起诉讼具有同等诉讼时效中断的效力：

（一）申请仲裁；

（二）申请支付令；

（三）申请破产、申报破产债权；

（四）为主张权利而申请宣告义务人失踪或死亡；

（五）申请诉前财产保全、诉前临时禁令等诉前措施；

（六）申请强制执行；

（七）申请追加当事人或者被通知参加诉讼；

（八）在诉讼中主张抵销；

（九）其他与提起诉讼具有同等诉讼时效中断效力的事项。

权利人向人民调解委员会以及其他依法有权解决相关民事纠纷的国家机关、事业单位、社会团体等社会组织提出保护相应民事权利的请求，诉讼时效从提出请求之日起中断。权利人向公安机关、人民检察院、人民法院报案或者控告，请求保护其民事权利的，诉讼时效从其报案或者控告之日起中断。前述机关决定不立案、撤销案件、不起诉的，诉讼时效期间从权利人知道或者应当知道不立案、撤销案件或者不起诉之日起重新计算；刑事案件进入审理阶段，诉讼时效期间从刑事裁判文书生效之日起重新计算。

义务人作出分期履行、部分履行、提供担保、请求延期履行、制定清偿债务计划等承诺或者行为的，应当认定为《民法通则》第一百四十条规定的当事人一方“同意履行义务。”

对于连带债权人中的一人发生诉讼时效中断效力的事由，应当认定对其他连带债权人也发生诉讼时效中断的效力。对于连带债务人中的一人发生诉讼时效中断效力的事由，应当认定对其他连带债务人也发生诉讼时效中断的效力。债权人提起代位权诉讼的，应当认定对债权人的债权和债务人的债权均发生诉讼时效中断的效力。债权转让的，应当认定诉讼时效从债权转让通知到达债务人之日起中断。债务承担情形下，构成原债务人对债务承认的，应当认定诉讼时效从债务承担意思表示到达债权人之日起中断。

六、诉讼时效的特殊规定

我国《民法通则》对侵害财产权的诉讼时效期间，作了以下方面的特殊规定：

1. 诉讼时效起算。

诉讼时效期间一般自权利人知道或应当知道其权利被侵害时起开始计算，但存在以下两种情形有所例外：

（1）《民法通则》实施前，权利人知道或者应当知道其民事权利被侵害，《民法通则》实施后，向人民法院请求保护的诉讼时效期间，应当适用《民法通则》第一百三十五条和第一百三十六条的规定，从1987年1月1日起算；

（2）《民法通则》实施前，民事权利被侵害超过20年的，《民法通则》实施后，权利人向人民法院请求保护的诉讼时效期间，分别为《民法通则》第一百三十五条规定的两年或者第一百三十六条规定的一年，从1987年1月1日起算。该处的“权利人”在侵权行为造成损害的场合，为权利被侵害的受害人。

2. 超过诉讼时效期间，加害人自愿履行赔偿行为的效力问题。

《民法通则》规定，超过诉讼时效期间，当事人自愿履行的，不受诉讼时效期间的限制。司法解释进一步指出，过了诉讼时效期间，义务人履行义务后，又以超过诉讼时效期间为由反悔的，不予支持。因此，我国法律规定的诉讼时效期间届满后，权利人丧失的只是胜诉权——通过诉讼获得国家强制力对其权利加以保护的权利，但其实体权利在实体法中并未丧失。根据这样的规定，对于侵权行为造成的损害，超过诉讼时效期间而加害人仍自愿履行赔偿义务的，该行为有效，受害人有权加以受领。

3. 未授权给公民、法人经营、管理的国家财产受到侵害的，不受诉讼时效期间的限制。

对于未授权给公民、法人经营、管理的国家财产，不论诉讼时效期间是否届满，它所得到的保护在效力和强度上是一样的；从实质上进行分析，诉讼时效期间对这类国家财产的保护并不适用。

4. 法律对诉讼时效另有规定的，依照法律规定。

法律、法规对索赔时间和对产品质量等提出异议的时间有特殊规定的，按特殊规定办理。不过，对产品质量等提出异议的时间从性质上看并不是诉讼时效，而且它是合同法领域出现的情形。《民法通则》关于诉讼时效的规定是一般规定，其他法律的规定是特别规定，依据普通法与特别法的关系原理，二者有不同时，其他法律对诉讼时效作出的特别规定应当优先适用。

七、在理解诉讼时效期间时需要注意的事项

1. 我国的诉讼时效期间分为一般诉讼时效期间与特殊诉讼时效期间。

一般诉讼时效期间又称普通诉讼时效期间，是指《民法通则》上规定的适用于没有特殊规定的各种民事法律关系的诉讼时效期间，该期间为两年。超过诉讼时效的两年期限，当事人向人民法院提出诉讼请求的，如无法律规定的延长诉讼时效的特殊情况，人民法院应在查明诉讼时效确已届满的事实后，依

法判决驳回其诉讼请求。特殊诉讼时效期间又包括短期诉讼时效期间与最长诉讼时效期间。

2. 根据有关法律的规定，在我国其他特别法中还存在特别诉讼时效期间，在司法实践中一定要注意适用。

3. 诉讼时效期间届满，权利人所丧失的仅仅是胜诉权，而不是起诉权。权利人仍可起诉至人民法院，人民法院应当受理，经审理查明无时效期间中断、中止等延长事由的，判决驳回诉讼请求。

4. 在运用诉讼时效期间时注意同有关法律规定的除斥期间相区别。

第四章 建设工程项目劳务管理

第一节 概 述

一、劳务管理现状

建设工程除了投资规模大、工期长的特点外，还有参与建设主体多、劳动用工总量大、劳动用工形式多变的特点。一般正常的生产经营企业单位以及事业单位，劳动用工总量和劳动用工形式基本确定，即使是季节性和产业景气周期变化对用工总量和用工形式有影响，但也基本是可预防和可控制的。但是，建设工程本身就是一个过程，在工程开始、施工安装、工程完工收尾三个大的不同阶段，劳动用工总量不断在发生变化。参与建设工程的有各种企业组织形式，各种经济实体，因此导致用工形式也是多种多样。

一些建筑施工企业出于追求自身利益最大化、用工成本最低化的目的，往往忽视劳动者利益的保护，执行国家法律政策的随意性较强，有意甚至恶意规避法律，违法用工、侵害劳动者合法权益的情形时有发生。一些建筑施工企业在原有经营模式的影响下，依然维持着原有的用人观念和人事制度，随着劳动者与建筑施工企业利益格局和力量对比的变化，双方矛盾日益突出，导致大量劳动争议纠纷出现。

在劳动关系中，应当承认劳动者一方往往处于弱势，但是，如果立法过分扩大劳动者的权益，加大用人单位责任，就会使用人单位用人自主权受到束缚，难以实行优胜劣汰的灵活管理，影响人力资源的优化配置，最终影响用人单位的市场竞争力。如果劳动者权益保护不到位，对用人单位责任要求过少，就会影响劳动力供给，不利于高素质的健康的职工队伍的形成，最终用人单位利益也会受到损害。因此，要在公民的劳动权和用人单位的责任之间找到适当的平衡点，确保劳动关系和谐顺畅。目前我国劳动用工中普遍实行了劳动合同制度，将劳动合同制度化、法律化，明确劳动合同双方当事人的权利和义务，有利于建立稳定的劳动关系、减少劳动争议的发生，有利于保护劳动者和用人单位双方的合法权益。

二、劳务管理涉及的相关法律法规

（一）建设工程项目劳务管理涉及的主要法律

《中华人民共和国劳动法》、《中华人民共和国劳动合同法》、《中华人民共和国劳动争议调解仲裁法》、《中华人民共和国社会保险法》等；

（二）建设工程项目劳务管理涉及的主要行政法规

《中华人民共和国劳动合同法实施条例》、《工伤保险条例》、《劳动保障监察条例》等；

（三）建设工程项目劳务管理涉及的主要部门规章

《建设领域农民工工资支付管理暂行办法》、《劳动人事争议仲裁办案规则》等；

（四）建设工程项目劳务管理涉及的主要司法解释

最高人民法院《关于审理劳动争议案件适用法律若干问题的解释》、最高人民法院《关于审理劳动争议案件适用法律若干问题的解释（二）》等。

第二节　劳动合同的订立

一、一般概述

（一）定义

劳动法领域中最基本的概念是劳动关系，只有存在劳动关系，劳动者和用人单位才受劳动法律的规范，才适用劳动法律的相关规定。如果不存在劳动关系，就谈不上劳动者和用人单位，也谈不上劳动法律的适用。

为更好地保护劳动者合法权益和应对实践中的复杂情况，《劳动合同法》明确规定了自用工之日起劳动关系建立。

建立劳动关系，应当订立书面劳动合同。劳动合同是劳动者与用人单位确立劳动关系、明确双方权利义务的协议。因此，劳动者与用人单位一经建立劳动关系，就应该订立劳动合同。

不管是建筑业企业用工，还是项目部劳动用工，和一般企事业法人单位劳动用工是相同的，首先要与劳动者确定劳动关系，而劳动关系存在、确立的主要标志就是企业与劳动者之间订立了劳动合同。

（二）劳动合同签订日期、实际提供劳动日期和劳动关系成立日期三个相关概念的关系

1. 建立劳动关系的唯一标准是实际提供劳动。

只要劳动者实际提供劳动，用人单位实际用工，就建立了劳动关系。不论劳动者是否签订了书面劳动合同，将受到同等的保护。

劳动关系，是劳动者与用人单位在实现劳动过程中建立的社会关系。将实际用工作为建立劳动关系的标准有其合理性，是劳动关系的应有之义，同时也有利于保护劳动者的合法权益。

2. 书面劳动合同签订在前，实际用工在后的，劳动关系自实际提供劳动之日起建立。

劳动关系的建立后于书面劳动合同的签订日，劳动关系建立日期之前的书面劳动合同只具有合同效力，如果合同一方违约，按照民法规定追究其违约责任。

3. 实际用工在前，签订书面劳动合同在后的，劳动关系早于书面劳动合同建立，劳动关系的建立不受未签订书面劳动合同的影响。法律规定通过经济措施，促使用人单位早日与劳动者订立书面劳动合同。

4. 劳动者在实际提供劳动的同时签订书面劳动合同的，劳动合同签订期、劳动关系建立期和实际提供劳动期三者是一致的。

（三）劳动合同签订率偏低的原因

劳动合同签订率偏低有用人单位不愿签订书面劳动合同的原因，也有一些劳动者不愿意签订书面劳动合同的原因，但主要是用人单位的原因所导致。

企业不愿签订劳动合同的原因主要是为了降低法律风险、压缩成本、逃避交纳社保费用等。劳动者不愿意签订劳动合同的原因主要是方便自由跳槽、规避交纳社会保险费用，还有些劳动者是没有意识到要签订劳动合同保护自已的合法劳动权益。

（四）针对劳动合同签订率偏低采取的对策

为解决书面劳动合同签订率偏低的问题，我国《劳动合同法》规定了如下对策：

1. 书面劳动合同是劳动合同唯一合法形式，不承认口头劳动合同，达成口头劳动合同的，视为尚未订立劳动合同；

2. 劳动关系一经建立，应该签订书面劳动合同。已建立劳动关系，未同时订立书面劳动合同的，应当自用工之日起一个月内订立书面劳动合同；

3. 用人单位自用工之日起超过一个月但不满一年未与劳动者订立书面劳动合同的，应当向劳动者每月支付二倍的工资；

4. 用人单位自用工之日起满一年不与劳动者订立书面劳动合同的，视为用人单位与劳动者已订立无固定期限劳动合同；

5. 用人单位违反本法规定不与劳动者订立无固定期限劳动合同的，自应当订立无固定期限劳动合同之日起向劳动者每月支付二倍的工资。

（五）用人单位应当建立职工名册备查

从用人单位管理角度看，建立职工名册应该是进行有效管理的基本条件，只要是具有一定规模、运行规范的用人单位，出于企业管理的需要，都会建立职工名册。

要求用人单位建立职工名册，主要有两个考虑：

1. 解决劳动者维权时，起到证明劳动关系是否存在的作用

实践中，有些劳动争议是有关劳动关系是否存在的争议，对此，劳动者自己很难举证，但可以请求让用人单位提供职工名册等文件加以证明。同样，用人单位也可以以职工名册来证明劳动关系是否存在。

2. 便于劳动和社会保障行政管理部门依法监督检查

劳动和社会保障行政管理部门要依法履行监督检查的职责，必须要掌握用人单位实际用工等的情况。

为了劳动和社会保障行政管理部门依法履行监督管理职责，同时不增加用人单位的负担，解决好不签订劳动合同、不交纳社会保险等问题，规定企业建立职工名册，由劳动和社会保障行政管理部门随时监督检查。

二、劳动合同的订立

（一）劳动合同订立的基本原则

用人单位与劳动者订立劳动合同，应当遵循合法、公平、平等自愿、协商一致、诚实信用的原则。依法订立的劳动合同具有约束力，用人单位与劳动者应当履行劳动合同约定的义务。

（二）用人单位的告知义务和劳动者的说明义务

用人单位招用劳动者时，应当如实告知劳动者工作内容、工作条件、工作地点、职业危害、安全生产状况、劳动报酬，以及劳动者要求了解的其他情况；用人单位有权了解劳动者与劳动合同直接相关的基本情况，劳动者应当如实说明。

（三）用人单位不得扣押劳动者证件和要求提供担保

用人单位招用劳动者，不得扣押劳动者的居民身份证和其他证件，不得要求劳动者提供担保或者以其他名义向劳动者收取财物。

（四）劳动合同的种类

劳动合同分为固定期限劳动合同、无固定期限劳动合同和以完成一定工作任务为期限的劳动合同。

1. 固定期限劳动合同

固定期限劳动合同是指用人单位与劳动者约定合同终止时间的劳动合同。用人单位与劳动者协商一致，可以订立固定期限劳动合同。

2. 无固定期限劳动合同

无固定期限劳动合同是指用人单位与劳动者约定无确定终止时间的劳动合

同。用人单位与劳动者协商一致，可以订立无固定期限劳动合同。

有下列情形之一，劳动者提出或者同意续订、订立劳动合同的，除劳动者提出订立固定期限劳动合同外，应当订立无固定期限劳动合同：

(1) 劳动者在该用人单位连续工作满十年的；

(2) 用人单位初次实行劳动合同制度或者国有企业改制重新订立劳动合同时，劳动者在该用人单位连续工作满十年且距法定退休年龄不足十年的；

(3) 连续订立二次固定期限劳动合同，且劳动者没有《劳动合同法》第三十九条和第四十条第一项、第二项规定的情形，续订劳动合同的。

用人单位自用工之日起满一年不与劳动者订立书面劳动合同的，视为用人单位与劳动者已订立无固定期限劳动合同。

3. 以完成一定工作任务为期限的劳动合同

以完成一定工作任务为期限的劳动合同是指用人单位与劳动者约定以某项工作的完成为合同期限的劳动合同。用人单位与劳动者协商一致，可以订立以完成一定工作任务为期限的劳动合同。

(五) 劳动合同的内容

劳动合同应当具备以下条款：

1. 用人单位的名称、住所和法定代表人或者主要负责人姓名；
2. 劳动者的姓名、住址和居民身份证或者其他有效身份证件号码；
3. 劳动合同期限；
4. 工作内容和工作地点；
5. 工作时间和休息休假；
6. 劳动报酬；
7. 社会保险；
8. 劳动保护、劳动条件和职业危害防护；
9. 法律、法规规定应当纳入劳动合同的其他事项。

劳动合同除上述规定的必备条款外，用人单位与劳动者可以约定试用期、培训、保守秘密、补充保险和福利待遇等其他事项。

(六) 劳动合同的生效

劳动合同由用人单位与劳动者协商一致，并经用人单位与劳动者在劳动合同文本上签字或者盖章生效。劳动合同文本由用人单位和劳动者各执一份。

下列劳动合同无效或者部分无效：

1. 以欺诈、胁迫的手段或者乘人之危，使对方在违背真实意思的情况下订立或者变更劳动合同的；
2. 用人单位免除自己的法定责任、排除劳动者权利的；
3. 违反法律、行政法规强制性规定的。

对劳动合同的无效或者部分无效有争议的，由劳动争议仲裁机构或者人民法院确认。

第三节 劳动关系的认定与劳动报酬

建立劳动关系，应当订立书面劳动合同。已建立劳动关系，未同时订立书面劳动合同的，应当自用工之日起一个月内订立书面劳动合同。用人单位与劳动者在用工前订立劳动合同的，劳动关系自用工之日起建立。

劳动合同虽然是劳动者与用人单位之间确立劳动关系存在的标志，但劳动合同并不是劳动合同关系产生的唯一根据。只要用人单位和劳动者之间存在劳动关系，即用人单位对劳动者实施了管理、支付了薪酬，劳动者也向用人单位提供了劳动，即使双方没有签订劳动合同，或者是事后补签的劳动合同，但劳动合同关系已经存在。在用人单位与劳动者签订劳动合同后才发生劳动合同关系的情况下，劳动合同就成为劳动合同关系产生的根据。因此，劳动合同是劳动合同关系存在、确立的证明和证据，但却不是唯一根据。

已建立劳动关系，但未同时订立书面劳动合同的，应当自用工之日起一个月内订立书面劳动合同。在这个月内，如果约定的劳动报酬不明确的，新招用的劳动者的劳动报酬应当按照企业的或者行业的集体合同规定的标准执行；没有集体合同或者集体合同未作规定的，用人单位应当对劳动者实行同工同酬。

实践中，有时用人单位在实际用工之前，先与劳动者订立劳动合同。对于这种情况，对于劳动合同从何时生效，以及劳动关系何时建立有不同的认识。劳动关系建立的唯一标准是实际用工，即劳动者实际提供劳动之日起劳动关系建立。任何组织和个人不得以书面劳动合同订立与否作为保护劳动者合法劳动权益的标准，即不得以事实劳动关系为由，降低或者放弃对劳动者的保护。书面劳动合同一经签字或者盖章就生效，而劳动关系从用工之日起建立。在劳动合同订立后，实际用工之前，如果因劳动合同发生争议，适用《民法通则》有关违约的规定，不适用劳动法律的规定。

劳动报酬是劳动者提供劳动的回报，是劳动合同的主要内容，也是劳动者主要的合同权利，一般情况下，在订立劳动合同时，劳动报酬应当是明确的。为了保护自己的合法权益，劳动者在订立劳动合同时，约定劳动报酬一定要明确、具体。包括明确劳动报酬的种类、金额、支付方式、支付时间以及拖欠劳动报酬的法律后果等相关内容。

用人单位应当按照劳动合同约定和国家规定，向劳动者及时足额支付劳动报酬。用人单位拖欠或者未足额支付劳动报酬的，劳动者可以依法向当地人民法院申请支付令，人民法院应当依法发出支付令。

一、劳动报酬约定不明确时的处理办法

实践中有些用人单位在订立劳动合同时，对劳动报酬进行模糊处理，或者只有口头约定，在支付劳动报酬时引发争议。劳动报酬约定不明确，引发争议的，可以按照如下办法解决：

（一）用人单位与劳动者重新协商

劳动合同的内容就是合同双方协商确定的，劳动报酬约定不明确，最好的解决方式就是双方重新协商。

（二）适用集体合同的规定

根据《劳动合同法》第五十一条的规定，企业职工一方与用人单位通过平等协商，就劳动报酬、工作时间、休息休假、劳动安全卫生、保险福利等事项订立了集体合同。依法订立的集体合同对用人单位和劳动者具有约束力。因此，如果协商不成，用人单位又有集体合同的，就应当适用集体合同的规定。

（三）按照同工同酬原则确定

没有集体合同或者集体合同未规定劳动报酬的，用人单位应当对劳动者实行同工同酬。目前，我国的集体合同制度不发达，多数企业没有集体合同，行业性和区域性集体合同也很少；在这种情况下，用人单位在确定劳动报酬时应当遵循同工同酬的原则。同工同酬是劳动法确立的分配原则，我国《劳动法》第四十六条规定："工资分配应当遵循按劳分配原则，实行同工同酬。"即用人单位对相同或者相近的工作岗位的劳动者支付大体相同的劳动报酬。

二、建筑领域内农民工工资支付

当前，建筑业已成为吸纳农村富余劳动力的主要行业之一，广大农民工进入建筑业，促进了农村劳动力就业结构调整，增加了农民收入。但是，由于建筑领域存在劳动力供大于求、拖欠工程款以及劳务用工行为不规范等问题，造成当前一些地区建筑业企业拖欠和克扣农民工工资的现象仍然存在，侵害了农民工的合法权益。为了规范建设领域农民工工资支付行为，预防和解决建筑业企业拖欠或克扣农民工工资问题，2004 年 9 月 6 日劳动和社会保障部、建设部（现住房和城乡建设部）发布了《建设领域农民工工资支付管理暂行办法》[2004] 22 号)，对建设领域的农民工工资作了详细规定。

（一）工资支付

1. 建筑业企业支付农民工工资

（1）企业必须严格按照《劳动法》、《工资支付暂行规定》和《最低工资规定》等有关规定支付农民工工资，不得拖欠或克扣；

（2）企业应当根据劳动合同约定的农民工工资标准内容，按照依法签订

的集体合同或劳动合同约定的日期按月支付工资，并不得低于当地最低工资标准；

（3）企业应将工资直接发放给农民工本人，严禁发放给“包工头”或其他不具备用工主体资格的组织和个人。企业可委托银行发放农民工工资；

（4）企业支付农民工工资应编制工资支付表，如实记录支付单位、支付时间、支付对象、支付数额等工资支付情况，并保存两年以上备查。

2. 项目发包人或项目承包人与分包企业支付农民工工资

（1）项目承包人应对劳务分包企业工资支付进行监督，督促其依法支付农民工工资；

（2）项目发包人或项目承包人未按合同约定与建设工程分包企业结清工程款，致使建设工程分包企业拖欠农民工工资的，由项目发包人或工程总承包企业项目承包人先行垫付农民工被拖欠的工资，先行垫付的工资数额以未结清的工程款为限；

（3）建筑施工企业因被拖欠工程款导致拖欠农民工工资的，建筑施工企业追回的被拖欠工程款，应优先用于支付拖欠的农民工工资；

（4）项目承包人不得将建设工程违反规定发包、分包给不具备用工主体资格的组织或个人，否则应承担清偿拖欠工资连带责任。

（二）权益保护

1. 建筑业企业不得有下列侵害农民工工资权益的行为

（1）未按照约定支付工资的；

（2）支付工资低于当地最低工资标准的；

（3）拖欠或克扣工资的；

（4）不支付加班工资的；

（5）侵害工资报酬权益的其他行为。

2. 建筑业企业拖欠或克扣农民工工资应承担的责任

企业应定期如实向当地劳动和社会保障行政管理部门及建设行政主管部门报送本单位工资支付情况。企业违反国家工资支付规定拖欠或克扣农民工工资的，记入信用档案，并通报有关部门。建设行政主管部门可依法对其市场准入、招投标资格和新开工项目施工许可等进行限制，并予以相应处罚。企业应按有关规定缴纳工资保障金，存入当地政府指定的专户，用于垫付拖欠的农民工工资。

用人单位必须以法定货币形式按时足额支付劳动者工资，不得以任何名目拖欠和克扣。各级劳动和社会保障行政管理部门和建设行政主管部门要加强协调，积极配合，定期对建筑业企业工资支付情况进行监督检查。对查出拖欠和克扣工资的建筑业企业，要责令其及时补发工资；不能立即补发的，要制定清欠计划，限期补发。对恶意拖欠、克扣工资的企业，严格按国家有关规定进行处罚，并向社会公布有关企业名单。涉嫌犯罪的，劳动和社会保障行政管理部门要及时移交司法机关依法严肃处理。

由于建筑领域拖欠工程款问题是造成建筑业企业拖欠农民工工资的主要原因，因此，在解决拖欠工程款问题的同时，也要切实解决好拖欠农民工工资问题。因项目发包人拖欠建筑业企业工程款，致使建筑业企业不能按时发放工资的，要追究项目发包人的责任；建筑业企业拖欠劳务分包企业分包工程款，致使劳务分包企业不能按时发放农民工工资的，要追究建筑业企业的责任。

3. 建筑业企业应加强对农民工劳动合同的管理

各级劳动和社会保障行政管理部门和建设行政主管部门要加强对建筑业企业招用农民工的管理，要求企业在招用农民工时，必须依法与农民工签订劳动合同，并向劳动和社会保障行政管理部门进行用工备案。劳动合同中要明确规定劳动合同期限、工作内容、劳动保护和劳动条件、劳动报酬以及违反劳动合同的责任等内容。其中有关劳动报酬的条款，应明确工资支付标准、支付项目、支付形式以及支付时间等内容。

企业符合法定条件与农民工解除劳动合同，应依法支付农民工经济补偿金。因履行、变更、解除和终止劳动合同发生的争议，按国家有关劳动争议处理规定处理。

各级劳动和社会保障行政管理部门和建设行政主管部门要协调配合，做好劳动合同签订和履行情况的监督检查。对签订劳动合同收取抵押金、风险金等违法行为，一经发现，要按有关规定严肃处理。对不依法与农民工签订劳动合同、或采取欺诈和威胁等手段订立劳动合同以及不按规定进行用工备案的企业，要根据国家有关法律法规和政策严肃处理，对农民工造成损害的，企业要依法承担赔偿责任。

4. 大力发展建筑劳务分包企业，规范用工行为

要规范建筑业用工行为，禁止无用工资格的个人、组织及“包工头”的非法用工行为。各级建设行政主管部门要大力发展劳务分包企业，指导劳务队伍按资质标准注册成立劳务分包企业。要指导农民工输出较多的地区，以多种形式组建法人形式的劳务分包企业，有组织、有目标地承揽劳务分包工程。总承包企业应通过内部招标或社会公开招标的方式选用劳务分包企业。有条件的地区，可拓展有形建筑市场劳务分包服务功能，及时面向市场公开发布劳务分包信息，为劳务分包企业提供公平、合法的承揽建筑劳务的场所。

5. 建立健全农民工工资支付监控制度

各级劳动和社会保障行政管理部门要建立健全工资支付监控制度，对企业工资支付情况进行监督检查，定期组织企业进行自查、抽查，并视情况对检查

结果进行公布和对有关企业提出预警。充分发挥基层劳动保障平台和社区工会组织的作用，将工资支付监控工作延伸到基层。一旦出现拖欠苗头，要及时采取措施加以解决，避免事态扩大。企业要按照劳动保障行政管理部门的要求，定期将农民工工资支付情况报当地劳动和社会保障行政管理部门备案。因客观原因不能按时足额支付农民工工资的企业，必须向农民工说明拖欠原因，并向劳动和社会保障行政管理部门和建设行政管理部门报告。

各地区劳动和社会保障行政管理部门要结合本地区情况，制订建立企业工资支付监控制度的具体措施。

6. 建立企业工资支付信用制度

各级劳动和社会保障行政管理部门要结合劳动保障年检，建立企业工资支付信用制度，将企业工资支付情况作为评价企业劳动用工信用状况的重要内容，记入企业劳动用工信用档案。对拖欠和克扣工资的企业，劳动和社会保障行政管理部门要在劳动力市场上公示，视情况通报有关企业及其法定代表人名单，并通告建设行政管理部门、工商行政管理部门以及行业协会。

建设行政管理部门在企业资质年检时，应当将企业工资支付信用情况作为考核企业诚信的重要内容，对恶意拖欠和克扣工资的企业，按法律、法规及有关规定进行处理。各级建设行政管理部门要建立房地产开发企业工程款支付信用制度。对违反合同不支付、不足额支付工程款的企业，要在房地产信用档案中公示。

7. 完善工作机制

各级劳动和社会保障行政管理部门和建设行政管理部门要建立健全解决拖欠农民工工资的工作机制，切实做到专人负责、申诉有门、处理及时、客观公正。要按照各自职责，认真负责地对侵犯农民工权益的违法行为进行处理，不得相互推诿。要建立健全拖欠农民工工资举报制度，设立举报箱、开通举报电话，并设专人负责接待来访举报。信访机构要认真接待农民工因被拖欠工资等问题的上访，耐心细致地做好政策宣传解释工作。使用农民工较多的地区，建设行政主管部门要与有关部门协商，成立法律援助工作站，开展法律咨询服务活动。

劳动和社会保障行政管理部门除要进行日常巡视检查、举报专查以及劳动保障年检工作外，还要定期进行专项检查。对用人单位拖欠和克扣农民工工资以及不依法与农民工签订劳动合同等违法行为，农民工要及时向当地劳动和社会保障行政管理部门举报。对侵害农民工合法权益的违法行为，劳动和社会保障行政管理部门要依法查处。

对拖欠农民工工资严重的施工企业，以及严重拖欠施工企业工程款的项目发包人，除按有关规定进行查处外，还要在新闻媒体上予以曝光。必要时，提请有关部门追究责任人的行政责任。

8. 因用人单位拖欠或克扣农民工工资而引起的劳动争议的处理方式

对用人单位拖欠和克扣工资等行为而引起的劳动争议案件，劳动争议仲裁机构要及时受理劳动争议，要及时进行调解；对不能达成调解协议的案件，及时作出裁决。农民工也可直接向当地劳动争议仲裁机构申请仲裁。用人单位对劳动争议仲裁机构的裁决无异议又拒不执行的，农民工可依法向人民法院申请强制执行。

第四节　工作时间制度

一、概述

工作时间是指劳动者根据法律和法规的规定，基于劳动关系在用人单位从事生产或工作的时间。包括每日应工作的时数和每周应工作的天数（或时数），分别称为工作日或工作周。根据法律规定，劳动者每日工作时间不超过8小时，平均每周工作时间不超过40小时。

工作时间作为法律范畴，不仅包括劳动者实际完成一定工作的时间，也包括劳动者在生产或工作前从事必要的准备和收尾的时间；连续性有害健康工作的间歇时间以及女职工的哺乳时间，虽然劳动者没有进行工作，但也计为工作时间；劳动者在本单位范围以外，根据单位命令从事其他活动，如出差或外出开会等情况也属于工作时间的范畴。

二、我国的工作时间制度

根据我国法律规定，现在的工作时间制度包括标准工时制度、计件工时制度、综合计算工时制度、不定时工时制度和延长工时制度等。

（一）标准工时制度

标准工时制度，是指用人单位按照法律规定的标准日工作时间和周工作时间组织生产和工作的一种工作时间制度。

根据《国务院关于职工工作时间的规定》，在中华人民共和国境内的国家机关、社会团体、企业事业单位以及其他组织的职工，每日工作8小时、每周工作40小时。

因工作性质或者生产特点的限制，不能实行每日工作8小时、每周工作40小时标准工时制度的，按照国家有关规定，可以实行其他工作和休息办法。

任何单位和个人不得擅自延长职工工作时间。因特殊情况和紧急任务确需延长工作时间的，按照国家有关规定执行。

国家机关、事业单位实行统一的工作时间，星期六和星期日为周休息日。

不能实行上述规定的统一工作时间的用人单位，可以根据实际情况灵活安排周休息日。

（二）计件工时制度

计件工时制也称为计件工作制，是指以劳动者完成一定数量的合格产品或一定的作业量来确定劳动报酬的一种劳动形式。计件工作的劳动者实行的是一种特殊类型的不定时工作制。《劳动法》第三十七条要求：对实行计件工作的劳动者，用人单位应当根据标准工时的规定，合理确定劳动定额和计件报酬标准。

（三）综合计算工时制度

综合计算工时工作制，是指因工作性质特殊，需连续作业或受季节及自然条件限制的企业或部分职工，实行的以周、月、季、年为周期综合计算工作时间的一种制度。综合计算的标准仍为每日不超过 8 小时，每周不超过 40 小时。

可以实行综合计算工时制的职工有以下三类：

1. 交通、铁路、邮电、水运、航空、渔业等行业中因工作性质特殊，需连续作业的职工；

2. 地质及资源勘探、建筑、制盐、制糖、旅游等受季节和自然条件限制行业的部分职工；

3. 其他适合实行综合计算工时工作制的职工。

由于实行综合计算工时工作制是从部分企业生产实际出发，允许实行相对集中工作、集中休息的工作制度，以保证生产的正常进行和劳动者的合法权益，所以在综合计算周期内，某一具体工作日或工作周的实际工作时间可以超过 8 小时或 40 小时，但综合计算周期内的总体工作时间不应超过总体法定标准工作时间，超过部分应视为延长工作时间并按《劳动法》及有关规定支付加班工资报酬，而且，延长工作时间的小时数平均每月不得超过 36 小时。

此外，用人单位还应做到以下两点：

1. 企业实行综合计算工时制以及在实行综合计算工时工作中采取何种工作方式，要与工会和劳动者协商。

2. 对于第三级以上（含第三级）体力劳动强度的工作岗位，劳动者每日连续工作时间不得超过 11 小时，而且每周至少休息一天。

（四）不定时工时制度

不定时工作制是针对因生产特点、工作特殊需要或职责范围的关系，无法按标准工作时间衡量或需要机动作业的职工所采用的一种工时制度。

企业对符合下列条件之一的职工，可以实行不定时工作制：

1. 企业中的高级管理人员、外勤人员、推销人员、部分值班人员和其他因工作无法按标准工作时间衡量的职工；

2. 企业中的长途运输人员、出租汽车司机和铁路、港口、仓库的部分装卸人员以及因工作性质特殊，需机动作业的职工；

3. 其他因生产特点、工作特殊需要或职责范围的关系，适合实行不定时工作制的职工。

（五）延长工时制度

1. 一般定义

延长工时制度又称加班加点制度，是指用人单位依法履行一定的程序，命令和要求劳动者在法定工作时间以外从事工作的一种制度。安排劳动者在休息日、节假日工作的，称为加班；安排劳动者工作日延长工作时间的，称为加点。加点每日一般不超过1小时，特殊情况下不超过3小时。每月加班加点时间不能超过36小时。

2. 用人单位实行加班加点制度时应遵循的原则

（1）用人单位要限制加班加点，保证劳动者休息、休假的权利；

（2）劳动者要在法定工作时间内完成劳动任务，因未完成定额和任务而延长工作时间的，不视为加班、加点；

（3）企业确因生产经营需要加班加点的，应与工会和劳动者协商。协商一致，按协商意见执行；协商不一致，用人单位有权在法定的延长工作时数内决定加班加点，但企业违反法律规定的加班加点决定，劳动者有权拒绝；

（4）遇有发生自然灾害等特殊情况，企业决定加班加点不受法律规定的限制。

3. 用人单位实行加班加点制度时的条件

（1）实行标准工时制的用人单位，可依法正常实行加班加点制度。

1）休息日安排劳动者加班工作的，应首先安排补休，补休时间应与加班时间相等。

2）不能安排补休的，则应支付劳动者不低于工资的200%的加班工资。

3）法定休假日安排劳动者加班工作的，不须安排补休，而应支付劳动者不低于工资的300%的加班工资。

（2）经批准实行不定时工作制的职工，由于其工作时间不确定，所以无法实行加班加点制度。

（3）实行综合计算工时制的职工，按特别规定实行加班加点制度，即当轮休、倒休尚弥补不了延长工作时间的部分时，职工工作日正好是周休息日的，属于正常工作，计发加班工资的标准按150%执行，工作日正好是法定节假日的，则按300%计发加班工资。

（4）实行计件工资的劳动者，只有在完成定额任务且实际工作时间达到标准日工作时间之后，根据用人单位的命令和要求从事劳动的，才视为加点；在休息日或节假日，根据用人单位的命令和要求从事劳动的，即视为加班。

4. 加班加点工资的计算

加班加点工资的计算方法，是将加班加点期间完成的产品件数乘以单位产品的工资金额，再按《劳动法》规定乘以150%、200%、300%。

劳动者在标准日工作时间内未完成定额任务而延长工作时间的，不视为加班加点；在标准日工作时间内超额完成定额任务而未延长工作时间的，也不是加班加点，而在标准日工作时间内超额完成的定额任务，由于不是加班加点时间所做的，所以不能按加班加点工资支付，可支付超额奖金。

另外，劳动者的加班加点工资，应在其正常工作日的工资以外计发，即劳动者的加班加点工资中，不包含正常工作日的工资。

用人单位由于生产经营需要，经与工会和劳动者协商后可以延长工作时间，一般每日不得超过1小时；因特殊原因需要延长工作时间的，在保障劳动者身体健康的条件下延长工作时间每日不得超过3小时，但是每月不得超过36小时。

5. 可以延长职工工作时间的情形

(1) 发生自然灾害、事故或者因其他原因，威胁劳动者生命健康和财产安全，需要紧急处理的；

(2) 生产设备、交通运输线路、公共设施发生故障，影响生产和公众利益，必须及时抢修的；

(3) 法律、行政法规规定的其他情形。

根据规定延长职工工作时间的，应给职工安排相应的补休。

三、公民放假的节日

根据2007年12月14日修订发布的《全国年节及纪念日放假办法》规定：

1. 全体公民放假的节日

(1) 新年，放假1天（1月1日）；

(2) 春节，放假3天（农历除夕、正月初一、初二）；

(3) 清明节，放假1天（农历清明当日）；

(4) 劳动节，放假1天（5月1日）；

(5) 端午节，放假1天（农历端午当日）；

(6) 中秋节，放假1天（农历中秋当日）；

(7) 国庆节，放假3天（10月1日、2日、3日）。

2. 部分公民放假的节日及纪念日

(1) 妇女节（3月8日），妇女放假半天；

(2) 青年节（5月4日），14周岁以上的青年放假半天；

(3) 儿童节（6月1日），不满14周岁的少年儿童放假1天；

(4) 中国人民解放军建军纪念日 (8 月 1 日), 现役军人放假半天。

3. 不放假的节日

二七纪念日、五卅纪念日、七七抗战纪念日、九三抗战胜利纪念日、九一八纪念日、教师节、护士节、记者节、植树节等其他节日、纪念日，均不放假。

全体公民放假的假日，如果适逢星期六、星期日，应当在工作日补假。部分公民放假的假日，如果适逢星期六、星期日，则不补假。

第五节　劳动合同的履行

一、劳动者享有的权利

（一）劳动者享有的基本权利

1. 享有平等就业和选择职业的权利；
2. 有取得劳动报酬的权利；
3. 有休息、休假的权利；
4. 有获得劳动安全卫生保护的权利；
5. 有接受职业技能培训的权利；
6. 有提请劳动争议处理的权利；
7. 有享受社会保险和福利的权利；
8. 有权拒绝用人单位强令冒险作业的权利等；

（二）九部委2007版《中华人民共和国标准施工招标文件》所规定的保障项目承包人雇佣人员的合法权益条款

1. 承包人应与其雇佣的人员签订劳动合同，并按时发放工资。

2. 承包人应按《劳动法》的规定安排工作时间，保证其雇佣人员享有休息和休假的权利。因工程施工的特殊需要占用休假日或延长工作时间的，应不超过法律规定的限度，并按法律规定给予补休或付酬。

3. 承包人应为其雇佣人员提供必要的食宿条件，以及符合环境保护和卫生要求的生活环境，在远离城镇的施工场地，还应配备必要的伤病防治和急救的医务人员与医疗设施。

4. 承包人应按国家有关劳动保护的规定，采取有效的防止粉尘、降低噪声、控制有害气体和保障高温、高寒、高空作业安全等劳动保护措施。其雇佣人员在施工中受到伤害的，承包人应立即采取有效措施进行抢救和治疗。

5. 承包人应按有关法律规定和合同约定，为其雇佣人员办理保险。

6. 承包人应负责处理其雇佣人员因工伤亡事故的善后事宜。

二、劳动者的几项重要权利

（一）劳动安全卫生权利

在劳动生产过程中，存在各种不安全、不卫生因素，如不采取措施对劳动者加以保护，就会危害劳动者的生命安全和身体健康，妨碍生产的正常进行。因此，我国严格保护劳动者在履行劳动合同、进行生产劳动过程中的劳动安全卫生权利。

我国《劳动法》第五十四条明确规定，用人单位必须为劳动者提供符合国家规定的劳动安全条件和必需的劳动防护用品，对从事有职业危害作业的劳动者应当定期进行健康检查。在建筑物、工作场所和通道的安全技术条件、机器设备的安全条件、电器设备的安全装置、建筑工程的安全技术条件等方面我国都制定了大量的法律、法规、规程和标准，对用人单位提出了严格的义务性要求，用人单位必须遵照执行，切实保护劳动者的安全卫生权利。

《劳动合同法》第三十二条第一款规定，劳动者拒绝用人单位管理人员违章指挥、强令冒险作业的。不视为违反劳动合同。

目前有些用人单位片面追求经济效益，忽视安全生产，甚至强令劳动者违章冒险作业，严重危及劳动者的生命安全和身体健康。用人单位强令劳动者违章冒险作业，指用人单位的管理人员明知违反国家安全卫生规程，对劳动者生命安全或者身体健康具有危险性，仍然违章指挥，强令劳动者违反有关操作规程冒险作业。

劳动者在劳动过程中劳动权仍属于劳动者自己，仍由劳动者自己支配，不是把劳动权完全交给用人单位，所以在用人单位管理人员违章指挥、强令冒险作业时，劳动者可以不服从其指挥或者命令，并有权拒绝执行。我国《劳动法》和《工会法》等有关法律明确规定了劳动者对用人单位管理人员违章指挥、强令冒险作业有权拒绝执行，在危及生命安全时，劳动者有权紧急撤离现场。

（二）对危害生命安全和身体健康的劳动条件有批评权、检举权和控告权

《劳动合同法》第三十二条第二款规定，劳动者对危害生命安全和身体健康的劳动条件，有权对用人单位提出批评、检举和控告。

用人单位必须建立、健全劳动安全卫生制度，严格执行国家的劳动安全卫生规程和标准，规范化、科学化地安排生产作业，对劳动者进行劳动安全卫生教育，积极采取切实有效的劳动安全卫生措施，防止劳动过程中的事故，减少职业危害。用人单位如果没有达到国家规定的安全卫生技术标准要求，职工有权提出异议，并要求用人单位改正、改进。对于危害生命安全和身体健康的劳动条件，劳动者有权对用人单位提出批评，并可以向有关行政主管部门检举和

控告。

需要注意的是，就用人单位和劳动者双方的市场主体地位而言，由于用人单位掌握着招收录用权、岗位分配权、生产经营的监督管理权、劳动报酬决定权等实际权力，劳动者处于相对弱势地位，因此一些用人单位随意侵害劳动者权益的现象时有发生。用人单位不得因为劳动者行使了上述权利，就对劳动者进行打击报复，否则将依法承担法律责任。

（三）施工劳动保护及职业病预防

施工现场应根据具体情况编制职业病预防的措施，特别是电气焊、油漆、水泥操作工等工种。要严格按照劳动保护用品的发放标准和范围为相关人员配备符合国家或行业标准要求的口罩、防护镜、绝缘手套、绝缘鞋等劳动保护用品，尤其是一线工人的特殊劳动保护用品和必要的劳动保护用品。

要加强施工现场的劳动保护用品的采购、保管、发放和报废管理，严格掌握标准和质量要求。所采购的劳动保护用品必须有相关证件和资料，必要时应对其安全性能进行抽样检测和试验，严禁不合格的劳保用品进入施工现场。对于二次使用的劳动保护用品应按照其相关标准进行检测试验，破损严重、失去防护功能、不能有效保证安全的劳动防护用品必须及时更换。

（四）享受社会保险的权利

为了规范社会保险关系，维护公民参加社会保险和享受社会保险待遇的合法权益，使公民共享发展成果，促进社会和谐稳定，2010年10月28日第十一届全国人民代表大会常务委员会第十七次会议通过、2010年10月28日中华人民共和国主席令第三十五号公布、自2011年7月1日起施行了《中华人民共和国社会保险法》。该法明确了社会保险包括基本养老保险、基本医疗保险、工伤保险、失业保险、生育保险等社会保险制度，保障公民在年老、疾病、工伤、失业、生育等情况下依法从国家和社会获得物质帮助的权利。《社会保险法》还对各项保险制度作了相应规定：

1. 职工应当参加基本养老保险，由用人单位和职工共同缴纳基本养老保险费。

2. 职工应当参加职工基本医疗保险，由用人单位和职工按照国家规定共同缴纳基本医疗保险费。

3. 职工应当参加工伤保险，由用人单位缴纳工伤保险费，职工不缴纳工伤保险费。

4. 职工应当参加失业保险，由用人单位和职工按照国家规定共同缴纳失业保险费。

5. 职工应当参加生育保险，由用人单位按照国家规定缴纳生育保险费，职工不缴纳生育保险费。

用人单位应当自用工之日起三十日内为其职工向社会保险经办机构申请办理社会保险登记。未办理社会保险登记的，由社会保险经办机构核定其应当缴纳的社会保险费。

（五）享受工伤保险的权利

为了保障因工作遭受事故伤害或者患职业病的职工获得医疗救治和经济补偿，促进工伤预防和职业康复，分散用人单位的工伤风险，2010 年 12 月 20 日中华人民共和国国务院令第 586 号修订公布了《工伤保险条例》，自 2011 年 1 月 1 日起施行。明确了我国境内的企业、事业单位、社会团体、民办非企业单位、基金会、律师事务所、会计师事务所等组织的职工和个体工商户的雇工，均有享受工伤保险待遇的权利。所有用人单位必须及时为员工办理参加工伤保险手续，并按时足额缴纳工伤保险费。

1. 工伤认定

职工有下列情形之一的，应当认定为工伤：

（1）在工作时间和工作场所内，因工作原因受到事故伤害的；

（2）工作时间前后在工作场所内，从事与工作有关的预备性或者收尾性工作受到事故伤害的；

（3）在工作时间和工作场所内，因履行工作职责受到暴力等意外伤害的；

（4）患职业病的；

（5）因工外出期间，由于工作原因受到伤害或者发生事故下落不明的；

（6）在上下班途中，受到非本人主要责任的交通事故或者城市轨道交通、客运轮渡、火车事故伤害的；

（7）法律、行政法规规定应当认定为工伤的其他情形。

职工有下列情形之一的，视同工伤：

（1）在工作时间和工作岗位，突发疾病死亡或者在 48 小时之内经抢救无效死亡的；

（2）在抢险救灾等维护国家利益、公共利益活动中受到伤害的；

（3）职工原在军队服役，因战、因公负伤致残，已取得革命伤残军人证，到用人单位后旧伤复发的。

2. 工伤认定申请

职工发生事故伤害或者按照《职业病防治法》规定被诊断、鉴定为职业病，所在单位应当自事故伤害发生之日或者被诊断、鉴定为职业病之日起 30 日内，向统筹地区社会保险行政部门提出工伤认定申请。遇有特殊情况，经报社会保险行政部门同意，申请时限可以适当延长。

用人单位未按上述规定提出工伤认定申请的，工伤职工或者其近亲属、工会组织在事故伤害发生之日或者被诊断、鉴定为职业病之日起一年内，可以直接向用人单位所在地统筹地区社会保险行政部门提出工伤认定申请。

按照上述规定应当由省级社会保险行政部门进行工伤认定的事项，根据属地原则由用人单位所在地的设区的市级社会保险行政部门办理。

用人单位未在上述规定的时限内提交工伤认定申请，在此期间发生符合条例规定的工伤待遇等有关费用由该用人单位负担。

3. 患工伤或职业病的劳动者应享受的待遇

（1）职工因工作遭受事故伤害或者患职业病需要暂停工作接受工伤医疗的，在停工留薪期内，原工资福利待遇不变，由所在单位按月支付。

停工留薪期一般不超过12个月。伤情严重或者情况特殊，经设区的市级劳动能力鉴定委员会确认，可以适当延长，但延长不得超过12个月。工伤职工评定伤残等级后，停发原待遇，按照有关规定享受伤残待遇。工伤职工在停工留薪期满后仍需治疗的，继续享受工伤医疗待遇。

（2）生活不能自理的工伤职工在停工留薪期需要护理的，由所在单位负责。

工伤职工已经评定伤残等级并经劳动能力鉴定委员会确认需要生活护理的，从工伤保险基金按月支付生活护理费。

生活护理费按照生活完全不能自理、生活大部分不能自理或者生活部分不能自理3个不同等级支付，其标准分别为统筹地区上年度职工月平均工资的50%、40%或者30%。

（3）职工因工致残被鉴定为一级至四级伤残的，保留劳动关系，退出工作岗位，享受以下待遇：

①从工伤保险基金按伤残等级支付一次性伤残补助金，标准为：一级伤残为27个月的本人工资，二级伤残为25个月的本人工资，三级伤残为23个月的本人工资，四级伤残为21个月的本人工资；

②从工伤保险基金按月支付伤残津贴，标准为：一级伤残为本人工资的90%，二级伤残为本人工资的85%，三级伤残为本人工资的80%，四级伤残为本人工资的75%。伤残津贴实际金额低于当地最低工资标准的，由工伤保险基金补足差额；

③工伤职工达到退休年龄并办理退休手续后，停发伤残津贴，按照国家有关规定享受基本养老保险待遇。基本养老保险待遇低于伤残津贴的，由工伤保险基金补足差额。

职工因工致残被鉴定为一级至四级伤残的，由用人单位和职工个人以伤残津贴为基数，缴纳基本医疗保险费。

（4）职工因工致残被鉴定为五级、六级伤残的，享受以下待遇：

①从工伤保险基金按伤残等级支付一次性伤残补助金，标准为：五级伤残

为18个月的本人工资，六级伤残为16个月的本人工资；

②保留与用人单位的劳动关系，由用人单位安排适当工作。难以安排工作的，由用人单位按月发给伤残津贴，标准为：五级伤残为本人工资的70%，六级伤残为本人工资的60%，并由用人单位按照规定为其缴纳应缴纳的各项社会保险费。伤残津贴实际金额低于当地最低工资标准的，由用人单位补足差额。

经工伤职工本人提出，该职工可以与用人单位解除或者终止劳动关系，由工伤保险基金支付一次性工伤医疗补助金，由用人单位支付一次性伤残就业补助金。一次性工伤医疗补助金和一次性伤残就业补助金的具体标准由省、自治区、直辖市人民政府规定。

（5）职工因工致残被鉴定为七级至十级伤残的，享受以下待遇：

①从工伤保险基金按伤残等级支付一次性伤残补助金，标准为：七级伤残为13个月的本人工资，八级伤残为11个月的本人工资，九级伤残为9个月的本人工资，十级伤残为7个月的本人工资；

②劳动、聘用合同期满终止，或者职工本人提出解除劳动、聘用合同的，由工伤保险基金支付一次性工伤医疗补助金，由用人单位支付一次性伤残就业补助金。一次性工伤医疗补助金和一次性伤残就业补助金的具体标准由省、自治区、直辖市人民政府规定。

（6）职工因工死亡，其近亲属按照下列规定从工伤保险基金领取丧葬补助金、供养亲属抚恤金和一次性工亡补助金：

①丧葬补助金为6个月的统筹地区上年度职工月平均工资；

②供养亲属抚恤金按照职工本人工资的一定比例发给由因工死亡职工生前提供主要生活来源、无劳动能力的亲属。标准为：配偶每月40%，其他亲属每人每月30%，孤寡老人或者孤儿每人每月在上述标准的基础上增加10%。核定的各供养亲属的抚恤金之和不应高于因工死亡职工生前的工资。供养亲属的具体范围由国务院社会保险行政部门规定；

③一次性工亡补助金标准为上一年度全国城镇居民人均可支配收入的20倍。

4. 停止享受工伤保险待遇的情形

工伤职工有下列情形之一的，停止享受工伤保险待遇：

（1）丧失享受待遇条件的；

（2）拒不接受劳动能力鉴定的；

（3）拒绝治疗的。

三、保密义务和竞业限制

（一）商业秘密

1. 商业秘密的含义

商业秘密，是指不为公众所知悉、能为权利人带来经济利益，具有实用性并经权利人采取保密措施的技术信息和经营信息。商业秘密关乎企业的竞争力，对企业的发展至关重要，有的甚至直接影响到企业的生存。

商业秘密包括两部分：非专利技术和经营信息。如管理方法，产销策略，客户名单、货源情报等经营信息；生产配方、工艺流程、技术诀窍、设计图纸等技术信息。

2. 商业秘密的特征

商业秘密和其他知识产权（专利权、商标权、著作权等）相比，有以下特点：

（1）商业秘密的前提是不为公众所知悉，而其他知识产权都是公开的，对专利权甚至有公开到相当程度的要求。

（2）商业秘密是一项相对的权利。商业秘密的专有性不是绝对的，不具有排他性。如果其他人以合法方式取得了同一内容的商业秘密，就和第一个人有着同样的地位。商业秘密的拥有者既不能阻止在他之前已经开发掌握该信息的人使用、转让该信息，也不能阻止在他之后开发掌握该信息的人使用、转让该信息。

（3）能使经营者获得利益，获得竞争优势，或具有潜在的商业利益。

（4）商业秘密的保护期不是法定的，取决于权利人的保密措施和其他人对此项秘密的公开。一项技术秘密可能由于权利人保密措施得力和技术本身的应用价值而延续很长时间，远远超过专利技术受保护的期限。

3. 获得商业秘密的合法手段

获得商业秘密的合法手段包括：独立开发获得；合法购买；从公开渠道观察获得；合法接受许可获得及通过反向工程获得等。

4. 劳动者的保密义务

用人单位与劳动者可以在劳动合同中约定保守用人单位的商业秘密和与知识产权相关的保密事项。

对负有保密义务的劳动者，用人单位可以在劳动合同或者保密协议中与劳动者约定竞业限制条款，并约定在解除或者终止劳动合同后，在竞业限制期限内按月给予劳动者经济补偿。劳动者违反竞业限制约定的，应当按照约定向用人单位支付违约金。

（二）竞业限制

1. 竞业限制的人员、期限

竞业限制的人员限于用人单位的高级管理人员、高级技术人员和其他负有保密义务的人员。竞业限制的范围、地域、期限由用人单位与劳动者约定，竞业限制的约定不得违反法律、法规的规定。

在解除或者终止劳动合同后，上述规定的人员到与本单位生产或者经营同类产品、从事同类业务的有竞争关系的其他用人单位，或者自己开业生产或者经营同类产品、从事同类业务的竞业限制期限，不得超过两年。

2. 劳动合同解除后的竞业限制

劳动关系具有特定的人身属性，由劳动者对用人单位忠诚义务演化出劳动合同的保密义务，并进而扩展为竞业限制或竞业禁止。法律规定，对负有保守用人单位商业秘密义务的劳动者，用人单位可以在劳动合同或者保密协议中与劳动者约定竞业限制条款。

在劳动合同解除后，不得使用或者披露信息的义务包含生产的秘密环节，以及足以构成商业秘密的其他信息。要确定究竟哪些信息在劳动合同解除后，劳动者仍然负有不得披露和使用商业秘密的义务，必须考虑以下因素：

（1）劳动性质。如果劳动过程中要经常性地处理秘密文件，劳动者显然要承担比一般劳动者更多的忠诚义务。也就是说，除了信息类型的限制之外，劳动者的身份和职位也会影响到竞业禁止条款的效力。如果劳动者在劳动过程中由于同客户的接触获知了客户相关的特别信息，用人单位自然可以合法地使用行业限制条款禁止该劳动者在劳动合同终止后拉拢客户。这一原则非常普遍地适用于各种行业。

（2）信息本身的性质，即用人单位是否使劳动者意识到信息的保密性。虽然用人单位只是单方面声称某些信息是保密信息本身并不充分，但是用人单位对待这些信息的态度可以帮助确定信息的性质。事实上，只有在披露和使用商业秘密的意义上，用人单位才有权得以禁止劳动者竞业，而商业秘密的判断也通过严格的判断规则被限制在特定的范围内。

3. 竞业限制经济补偿金

竞业禁止的目的是要保护用人单位的商业秘密。劳动者违反竞业限制约定的，应当按照约定向用人单位支付违约金，给用人单位造成损失的，还要依法支付损害赔偿金。但是，在用人单位存在商业秘密，劳动者亦知悉的情况下，因为劳动合同终止后，劳动者的保密义务仍旧延续，即便用人单位未与劳动者签订竞业禁止协议，劳动者也应当保守用人单位的商业秘密，否则，用人单位可因此追究劳动者的侵权责任。

以法律的形式规定劳动者离职后负有竞业禁止义务，主要考虑目前越来越多的保密协议、竞业限制条款，极大限制了劳动者离职后的就业范围。同时，用人单位往往在签订竞业限制协议书时说明日常工资中就已经包括了竞业限制的经济补偿，实际上不给劳动者经济补偿。法律规定，对负有保守用人单位商业秘密义务的劳动者，用人单位可以在劳动合同或者保密协议中与劳动者约定竞业限制条款，并约定在解除或者终止劳动合同后，在竞业限制期限内按月给予劳动者经济补偿。法律有关竞业限制补偿金及支付时间的规定，在保护用人单位的知识产权和商业秘密的同时，有利于劳动者在具备一定经济条件的基础上保护这些信息。

劳动合同到期后的竞业禁止，由用人单位和劳动者双方约定。其中最重要的内容是经济补偿，竞业限制补偿金是用人单位对劳动者履行竞业限制义务的补偿，用人单位与劳动者有竞业限制约定的，应当同时与劳动者约定在劳动合同终止或者解除时向劳动者支付的竞业限制经济补偿。竞业限制经济补偿金不能包含在工资中，只能在劳动关系终止后，在竞业限制期限内按月给予劳动者经济补偿。补偿金的数额由双方约定。用人单位未按照约定在劳动合同终止或者解除时向劳动者支付竞业限制经济补偿的，竞业限制条款失效。这是竞业限制条款生效的条件和劳动者遵守竞业限制义务的前提。

4. 竞业限制的范围

用人单位可以与知悉其商业秘密的劳动者在劳动合同中约定，在劳动合同终止或者解除后的一定期限内，劳动者不得到生产与本单位同类产品或者经营同类业务的有竞争关系的其他用人单位任职，也不得自己开业生产或者经营与用人单位有竞争关系的同类产品或者业务。

尽管有些信息在劳动合同期间未经允许，劳动者不得披露给第三方或者复制，但是如果劳动者在劳动过程中凭记忆而掌握这些信息，则其在解除劳动合同后可以利用。实践中，劳动者泄露用人单位商业秘密的事件时有发生，对用人单位造成了较大的损害。为了保护用人单位的商业秘密，用人单位可以与劳动者订立竞业限制条款。但是，如果劳动者复制或者故意记录或者以任何其他方式掌握客户名单，是为了将来解除劳动合同后使用，这种行为构成对诚信义务的违反，即便没有竞业限制协议，用人单位也可以依据有关法律规定保护自己的商业秘密。

5. 竞业限制的限制

竞业限制的实施客观上限制了劳动者的就业权，进而影响了劳动者的生存权，故其存在仅能以协议的方式确立。比如，竞业限制的范围、地域、期限由用人单位与劳动者约定。尽管用人单位因此支付一定的代价，但一般而言，该代价不能完全弥补劳动者因就业限制而遭受的损失。因此，为了保护劳动者的合法权益，在强调约定的同时对竞业限制进行了必要的限制：

（1）竞业限制的人员限于用人单位的高级管理人员、高级技术人员和其他负有保密义务的人员。实际上限于知悉用人单位商业秘密和核心技术的人员，不可能面对每个劳动者，企业也无力承受给每人一份经济补偿金。

（2）竞业限制的范围要界定清楚。由于竞业限制限制了劳动者的劳动权利，竞业限制一旦生效，劳动者要么改行，要么赋闲在家，因此不能任意扩大竞业限制的范围。鉴于商业秘密的范围可大可小，如果任由用人单位来认定，难免有被扩大之虞。原则上，竞业限制的范围、地域，应当以能够与用人单位形成实际竞争关系的地域为限。

（3）约定竞业限制必须是保护合法权益所必需。自由竞争和贸易自由是市场经济的基本原则，竞业限制本身是对自由竞争的一种限制。因此，竞业限制的实施必须以正当利益的存在为前提，必须是保护合法权益所必需。首先是存在竞争关系，最重要的是不能夸大商业秘密的范围，劳动者承担义务的范围被无限制地扩张会损害劳动者的合法权益。

（4）在解除或者终止劳动合同后，受竞业限制约束的劳动者到与本单位生产或者经营同类产品、业务的有竞争关系的其他用人单位，或者自己开业生产或者经营与本单位有竞争关系的同类产品、业务的期限不得超过两年。

第六节　劳动合同的变更

一、一般概述

劳动合同的变更是指劳动合同依法订立后，在合同尚未履行或者尚未履行完毕之前，经用人单位和劳动者双方当事人协商同意，对劳动合同内容做部分修改、补充或者删减的法律行为。

劳动合同的变更是在原合同的基础上对原劳动合同内容作部分修改、补充或者删减，而不是签订新的劳动合同。原劳动合同未变更的部分仍然有效，变更后的内容就取代了原合同的相关内容，新达成的变更协议条款与原合同中其他条款具有同等法律效力，对双方当事人都有约束力。

二、劳动合同变更的情形

1. 在一般情况下，只要用人单位与劳动者协商一致，即可变更劳动合同约定的内容。

（1）劳动合同是劳动关系双方协商达成的协议，可以协商变更；对于劳动合同约定的内容，只要是经双方当事人协商一致而达成的，经协商一致予以变更。

（2）对变更劳动合同，用人单位和劳动者之间应当采取自愿协商的方式，不允许合同的一方当事人未经协商单方变更劳动合同。一方当事人未经对方当事人同意任意改变合同内容的，在法律上是无效行为，变更后的内容对另一方没有约束力，而且擅自改变合同的做法也是一种违约行为。

（3）劳动合同的变更只是对原劳动合同的部分内容做修改、补充或者删减，而不是对合同内容的全部变更。对劳动合同所要变更的部分内容，当事人双方通过协商后，必须达成一致。如果在协商过程中，有任何一方当事人不同意所要变更的内容，则就该部分内容的合同变更就不能成立，原有的合同就依然具有法律效力。

（4）在变更过程中必须遵循与订立时相同的原则，即遵循合法、公平、平等自愿、协商一致、诚实信用的原则。

2. 劳动合同订立时所依据的客观情况发生重大变化，致使劳动合同无法履行，经用人单位与劳动者协商，未能就变更劳动合同内容达成协议的，用人单位在提前三十日以书面形式通知劳动者本人或者额外支付劳动者一个月工资后，可以解除劳动合同。

所谓“劳动合同订立时所依据的客观情况发生重大变化”，主要是指：

（1）订立劳动合同所依据的法律、法规已经修改或者废止。

劳动合同的签订和履行必须以不得违反法律、法规的规定为前提。如果合同签订时所依据的法律、法规发生修改或者废止，合同如果不变更，就可能出现与法律、法规不相符甚至违反法律、法规的情况，导致合同因违法而无效。因此，根据法律、法规的变化而变更劳动合同的相关内容是必要而且是必须的。

（2）用人单位方面的原因。

用人单位经上级主管部门批准或者根据市场变化决定转产、调整生产任务或者生产经营项目等。用人单位的生产经营不是一成不变的，而是根据上级主管部门批准或者根据市场变化可能会经常调整自己的经营策略和产品结构，这就不可避免地发生转产、调整生产任务或者生产经营项目的情况。在这些情况下，有些工种、产品生产岗位就可能因此而撤销，或者为其他新的工种、岗位所替代，原劳动合同就可能因签订条件的改变而发生变更。

（3）劳动者方面的原因。

如劳动者的身体健康状况发生变化、劳动能力部分丧失、所在岗位与其职业技能不相适应、职业技能提高了一定等级等，造成原劳动合同不能履行或者如果继续履行原合同规定的义务对劳动者明显不公平。

（4）客观方面的原因。

这种客观原因的出现使得当事人原来在劳动合同中约定的权利义务的履行成为不必要或者不可能。这时应当允许当事人对劳动合同有关内容进行变更。

主要有：

①由于不可抗力的发生，使得原来合同的履行成为不可能或者失去意义。不可抗力是指当事人所不能预见、不能避免并不能克服的客观情况，如自然灾害、意外事故、战争等。

②由于通货膨胀、物价大幅度上升等客观经济情况变化致使劳动合同的履行会花费太大代价而失去经济上的价值。这是合同法中的情势变更原则在劳动合同履行中的体现。

三、劳动合同变更时应注意的问题

1. 必须在劳动合同依法订立之后，在合同没有履行或者尚未履行完毕之前的有效时间内进行。

2. 必须坚持平等自愿、协商一致的原则，即劳动合同的变更必须经用人单位和劳动者双方当事人的同意。劳动合同允许变更，但不允许单方变更，任何单方变更劳动合同的行为都是无效的。

3. 必须合法，不得违反法律、法规的强制性规定。劳动合同变更也并非是任意的，用人单位和劳动者约定的变更内容必须符合国家法律、法规的相关规定。

4. 变更劳动合同必须采用书面形式。劳动合同双方当事人经协商后对劳动合同中的约定内容变更达成一致意见时，必须达成变更劳动合同的书面协议。劳动合同变更的书面协议应当指明对劳动合同的哪些条款做出变更，并应写明劳动合同变更协议生效日期，书面协议经用人单位和劳动者双方当事人签字盖章后生效。

5. 劳动合同的变更须及时进行。提出变更劳动合同的主体可以是用人单位，也可以是劳动者，无论是哪一方要求变更劳动合同，都应当及时向对方提出变更劳动合同的要求，说明变更劳动合同的理由、内容和条件等。如果应该变更的劳动合同内容没有及时变更，由于原订条款继续有效，往往使劳动合同不适应变化了的新情况，从而引起不必要的争议。当事人一方得知对方变更劳动合同的要求后，应在对方规定的合理期限内及时做出答复。因为根据《劳动法》第二十六条和《劳动合同法》第四十条的规定，劳动合同订立时所依据的客观情况发生重大变化，致使劳动合同无法履行，如果用人单位经与劳动者协商，未能就变更劳动合同内容达成协议的，用人单位可以单方解除劳动合同。

第七节　劳动合同的解除和终止

一、一般概述

目前劳动合同方面发生的大量争议，大多是由于解除合同而引起的。了解并切实执行有关劳动合同解除的规定和制度，有助于理顺劳动关系，规范劳动合同管理，维护劳动关系双方的正当权益。

劳动合同的解除，是指劳动合同在订立以后，尚未履行完毕或者未全部履行以前，由于合同双方或者单方的法律行为导致双方当事人提前消灭劳动关系的法律行为。

二、劳动合同解除的种类

劳动合同的解除可分为协商解除、法定解除和约定解除三种情况。

1. 协商解除是指用人单位与劳动者协商一致，可以解除劳动合同。

2. 法定解除是指在劳动合同的履行过程中，出现劳动法律法规规定的情况时，当事人一方或双方按照规定的条件、程序解除劳动合同的行为。在法定解除的情况下，一方当事人可以不与另一方当事人协商，也无须征得另一方同意就可以依规定程序解除劳动合同。

3. 约定解除是指在劳动合同履行过程中，当事人一方或者双方认为继续履行合同已无必要时，与另一方协商取得一致意见后解除合同的行为。约定解除不能由一方自主决定，而必须是双方的协商一致。

三、劳动合同的单方解除

（一）劳动者单方解除

有下列情形之一的，依照《劳动合同法》规定的条件、程序，劳动者可以与用人单位解除固定期限劳动合同、无固定期限劳动合同或者以完成一定工作任务为期限的劳动合同：

1. 劳动者与用人单位协商一致的；

2. 劳动者提前30日以书面形式通知用人单位的；

3. 劳动者在试用期内提前3日通知用人单位的；

4. 用人单位未按照劳动合同约定提供劳动保护或者劳动条件的；

5. 用人单位未及时足额支付劳动报酬的；

6. 用人单位未依法为劳动者缴纳社会保险费的；

7. 用人单位的规章制度违反法律、法规的规定，损害劳动者权益的；

8. 用人单位以欺诈、胁迫的手段或者乘人之危，使劳动者在违背真实意思的情况下订立或者变更劳动合同的；

9. 用人单位在劳动合同中免除自己的法定责任、排除劳动者权利的；

10. 用人单位违反法律、行政法规强制性规定的；

11. 用人单位以暴力、威胁或者非法限制人身自由的手段强迫劳动者劳动的；

12. 用人单位违章指挥、强令冒险作业危及劳动者人身安全的；

13. 法律、行政法规规定劳动者可以解除劳动合同的其他情形。

（二）用人单位单方解除

有下列情形之一的，依照《劳动合同法》规定的条件、程序，用人单位可以与劳动者解除固定期限劳动合同、无固定期限劳动合同或者以完成一定工作任务为期限的劳动合同：

1. 用人单位与劳动者协商一致的；

2. 劳动者在试用期间被证明不符合录用条件的；

3. 劳动者严重违反用人单位的规章制度的；

4. 劳动者严重失职，营私舞弊，给用人单位造成重大损害的；

5. 劳动者同时与其他用人单位建立劳动关系，对完成本单位的工作任务造成严重影响，或者经用人单位提出，拒不改正的；

6. 劳动者以欺诈、胁迫的手段或者乘人之危，使用人单位在违背真实意思的情况下订立或者变更劳动合同的；

7. 劳动者被依法追究刑事责任的；

8. 劳动者患病或者非因工负伤，在规定的医疗期满后不能从事原工作，也不能从事由用人单位另行安排的工作的；

9. 劳动者不能胜任工作，经过培训或者调整工作岗位，仍不能胜任工作的；

10. 劳动合同订立时所依据的客观情况发生重大变化，致使劳动合同无法履行，经用人单位与劳动者协商，未能就变更劳动合同内容达成协议的；

11. 用人单位依照企业破产法规定进行重整的；

12. 用人单位生产经营发生严重困难的；

13. 企业转产、重大技术革新或者经营方式调整，经变更劳动合同后，仍需裁减人员的；

14. 其他因劳动合同订立时所依据的客观经济情况发生重大变化，致使劳动合同无法履行的。

（三）用人单位不得解除劳动合同的情形

劳动者有下列情形之一的，用人单位不得解除劳动合同：

1. 从事接触职业病危害作业的劳动者未进行离岗前职业健康检查，或者疑似职业病病人在诊断或者医学观察期间的；

2. 在用人单位患职业病或者因工负伤并被确认丧失或者部分丧失劳动能力的；

3. 患病或者非因工负伤，在规定的医疗期内的；

4. 女职工在孕期、产期、哺乳期的；

5. 在用人单位连续工作满十五年，且距法定退休年龄不足五年的；

6. 法律、行政法规规定的其他情形。

四、劳动合同的终止

（一）劳动合同终止的情形

1. 劳动合同期满的；

2. 劳动者开始依法享受基本养老保险待遇的；

3. 劳动者死亡，或者被人民法院宣告死亡或者宣告失踪的；

4. 用人单位被依法宣告破产的；

5. 用人单位被吊销营业执照、责令关闭、撤销或者用人单位决定提前解散的；

6. 法律、行政法规规定的其他情形。

（二）劳动合同解除后双方的义务

用人单位应当在解除或者终止劳动合同时出具解除或者终止劳动合同的证明，并在十五日内为劳动者办理档案和社会保险关系转移手续。

劳动者应当按照双方约定，办理工作交接。用人单位依照有关规定应当向劳动者支付经济补偿的，在办结工作交接时支付。

用人单位对已经解除或者终止的劳动合同的文本，至少保存两年备查。

五、经济补偿

（一）经济补偿的目的

经济补偿是劳动合同制度中的一项重要内容，是一种引导用人单位的有效手段，是与劳动者密切相关的重大经济利益。

1. 经济补偿是企业承担社会责任的主要方式之一，在我国失业保险制度建立健全过程中，经济补偿可以有效缓减失业者的焦虑情绪和生活实际困难，维护社会稳定，形成社会互助的良好氛围。经济补偿不同于经济赔偿，不是一种惩罚手段。

2. 经济补偿是国家调节劳动关系的一种经济手段，引导用人单位长期使用劳动者，谨慎行使解除权利和终止权利。劳动法规定，用人单位单方解除劳动合同，依法支付经济补偿。用人单位为了减少成本，避免支付经济补偿，就不会随意解除劳动合同，从而达到稳定劳动关系的目的。

（二）经济补偿的范围

1. 有《劳动合同法》第三十八条情形的，用人单位支付经济补偿。

《劳动合同法》第三十八条规定，在用人单位有违约、违法行为时，劳动者可以解除劳动合同。用人单位的违约、违法行为有：

(1) 用人单位未依照劳动合同约定提供劳动保护或者劳动条件的;

(2) 用人单位未及时足额支付劳动报酬的;

(3) 用人单位未依法为劳动者缴纳社会保险费的;

(4) 用人单位的规章制度违反法律、法规的规定，损害劳动者权益的;

(5) 用人单位有欺诈、胁迫或者乘人之危等行为致使劳动合同无效或者部分无效的;

(6) 用人单位以暴力、威胁或者非法限制人身自由的手段强迫劳动者劳动的;

(7) 用人单位违章指挥、强令冒险作业危及劳动者人身安全的;

(8) 法律、行政法规规定的其他情形。

2. 双方协商一致解除劳动合同，但是由用人单位提出解除协议的，用人单位支付经济补偿。

用人单位与劳动者可以协商一致解除劳动合同，但由用人单位首先提出解除协议的，应当支付经济补偿。

3. 用人单位依照《劳动合同法》第四十条规定解除劳动合同的。

《劳动合同法》第四十条规定的是“无过失性辞退”，有下列情形之一的，用人单位提前三十日以书面形式通知劳动者本人或者额外支付劳动者一个月工资后，可以解除劳动合同:

(1) 劳动者患病或者非因工负伤，在规定的医疗期满后不能从事原工作也不能从事由用人单位另行安排的工作的;

(2) 劳动者不能胜任工作，经过培训或者调整工作岗位，仍不能胜任工作的;

(3) 劳动合同订立时所依据的客观情况发生重大变化，致使劳动合同无法履行，经用人单位与劳动者协商，未能就变更劳动合同内容达成协议的。

4. 用人单位依照《劳动合同法》第四十一条第一款规定解除劳动合同的。

《劳动合同法》第四十一条规定的是“经济性裁员”。经济性裁员中，劳动者没有任何过错，用人单位也是迫于无奈，为了企业的发展和大部分劳动者的权益，解除一部分劳动者的劳动合同。为平衡双方的权利义务，经济性裁员中，用人单位应当支付经济补偿。

《劳动合同法》第四十一条第一款规定：有下列情形之一，需要裁减人员二十人以上或者裁减不足二十人但占企业职工总数百分之十以上的，用人单位提前三十日向工会或者全体职工说明情况，听取工会或者职工的意见后，裁减人员方案经向劳动行政部门报告，可以裁减人员:

(1) 依照企业破产法规定进行重整的;

(2) 生产经营发生严重困难的;

（3）企业转产、重大技术革新或者经营方式调整，经变更劳动合同后，仍需裁减人员的；

（4）其他因劳动合同订立时所依据的客观经济情况发生重大变化，致使劳动合同无法履行的。

5. 除用人单位维持或者提高劳动合同约定条件续订劳动合同，劳动者不同意续订的情况外，依照《劳动合同法》第四十四条第一项规定（“劳动合同期满的”）终止固定期限劳动合同的。

（1）劳动合同期满时，用人单位同意续订劳动合同，且维持或者提高劳动合同约定条件，劳动者不同意续订的，劳动合同终止，用人单位不支付经济补偿；

（2）如果用人单位同意续订劳动合同，但降低劳动合同约定条件，劳动者不同意续订的，劳动合同终止，用人单位应当支付经济补偿；

（3）如果用人单位不同意续订，无论劳动者是否同意续订，劳动合同终止，用人单位应当支付经济补偿。

6. 依照《劳动合同法》第四十四条第四项、第五项规定终止劳动合同的。

《劳动合同法》第四十四条第四项规定，用人单位被依法宣告破产的，劳动合同终止。第四十四条第五项规定，用人单位被吊销营业执照、责令关闭、撤销或者用人单位决定提前解散的，劳动合同终止。

《企业破产法》第一百一十三条规定，破产清偿顺序中第一项为破产人所欠职工的工资和医疗、伤残补助、抚恤费用，所欠的应当划入职工个人账户的基本养老保险、基本医疗保险费用，以及法律、行政法规规定应当支付给职工的补偿金。用人单位因为有违法行为而被吊销营业执照、责令关闭撤销时，劳动者是无辜的，其权益应该受到保护。劳动合同终止时，用人单位应该支付经济补偿。

7. 法律、行政法规规定的其他情形。

（三）经济补偿的计算

经济补偿按劳动者在用人单位工作的年限，每满一年支付一个月工资的标准向劳动者支付。六个月以上不满一年的，按一年计算；不满六个月的，向劳动者支付半个月工资的经济补偿。劳动者月工资高于用人单位所在直辖市、设区的市级人民政府公布的本地区上年度职工月平均工资三倍的，向其支付经济补偿的标准按职工月平均工资三倍的数额支付，向其支付经济补偿的年限最高不超过十二年。这里的月工资是指劳动者在劳动合同解除或者终止前十二个月的平均工资。

1. 计算经济补偿中的工作年限

劳动者在单位工作的年限，应从劳动者向该用人单位提供劳动之日起计算。如果由于各种原因，用人单位与劳动者未及时签订劳动合同的，不影响工作年限的计算。如果劳动者连续为同一用人单位提供劳动，但先后签订了几份劳动合同的，工作年限应从劳动者提供劳动之日起连续计算。

2. 经济补偿计算标准

经济补偿的计算标准为：六个月以上不满一年的，按一年计算；不满六个月的，向劳动者支付半个月工资的经济补偿。例如劳动者工作一年零六个月，经济补偿为两个月的工资；如果劳动者工作一年零五个月的，经济补偿为一个半月的工资；如果劳动者工作五个月的，经济补偿为半个月的工资。

3. 经济补偿计算基数

计算经济补偿时，工作满一年支付一个月工资。月工资是指劳动者解除或者终止劳动合同前十二个月的平均工资。

确定经济补偿的计算基数，须讲究公平性，平衡劳动合同双方的权利义务，保护劳动者的合法权益。一方面有的劳动者在用人单位工作年限比较长，最初的工资可能比最后的工资要低得多，考虑到物价等因素；另一方面也考虑到用人单位的实际情况。劳动者的经济补偿应与劳动者本人的工资收入相适应。一般来说，受市场规律的调节，有的工作岗位的工资水平很高，有的工作岗位的工资水平较低。某一个地区，不同企业之间有着很大差别。

4. 经济补偿计算封顶

有些高端劳动者，工资收入较高，谈判能力较强，在劳动关系中并不总处于弱势地位，如果完全适用经济补偿的规定，用人单位负担太重，也体现不出经济补偿的性质和特点，因此对高端劳动者做了一定限制。即从工作年限和月工资基数两个方面做了限制，规定劳动者月工资高于用人单位所在直辖市、设区的市级人民政府公布的上年度职工月平均工资的三倍的，用人单位向其支付经济补偿的标准按职工月平均工资三倍的数额支付，向其支付经济补偿的年限最高不超过十二年。

5. 经济补偿逾期赔偿金

为督促用人单位及时支付经济补偿金，解除或者终止劳动合同未依照规定向劳动者支付经济补偿的，由劳动行政部门责令限期支付经济补偿，逾期不支付的，责令用人单位按应付金额50%以上100%以下的标准向劳动者加付赔偿金。

第八节 劳动合同的特别规定

一、集体合同

1. 集体合同的定义

集体合同制度，是当今国际上普遍采用的调整劳动关系的一项重要法律制度。集体合同是指工会或职工代表代表全体职工与用人单位之间根据法律、法规的规定，就劳动报酬、工作时间、休息休假、劳动安全卫生、保险福利等事项，在平等协商一致的基础上签订的书面协议。

2. 集体合同的特殊功能

集体合同盛行于现代各国，是因为在保护劳动者利益和协调劳动关系方面，集体合同具有劳动法规和劳动合同所无法取代的功能。

（1）集体合同可以弥补劳动立法的不足。

①劳动法规定的关于劳动者利益的标准属于最低标准，按此标准进行保护只是法律所要求的最低水平，通过集体合同，可以对劳动者利益做出高于法定最低标准的约定，从而使劳动者利益保护的水平能够实际高于法定最低标准。

②劳动法关于劳动者利益和劳动关系协调的规定可能比较原则，相对于复杂丰富的劳动关系而言难免有所疏漏。通过集体合同可以对这些共性问题做出约定，从而更具体地规范劳动关系，对劳动立法不完备起到补充作用。

（2）集体合同可以弥补劳动合同的不足。

①在签订劳动合同时，因单个劳动者是相对弱者，不足以与用人单位抗衡，难免被迫接受用人单位提出的不合理条款。而由工会代表全体劳动者签订集体合同，就可以与用人单位平等协商，避免劳动者被迫接受不合理条款。

②劳动者之间因各自实力不同，在与用人单位签订劳动合同时的实际地位有差别，仅以劳动合同来确定劳动者的权利义务，就难免使有的劳动者遭受歧视，不能平等地享有权利和承担义务；通过集体合同可以确保在一定范围内，全体劳动者的权利和义务实现平等。

③劳动关系的内容包括工时、定额、工资、保险、福利、安全卫生等多个方面，若都由劳动合同具体规定，每个劳动合同的篇幅必将冗长，集体合同对劳动关系的主要内容作出了具体规定后劳动合同只需要就单个劳动者的特殊情况做出约定即可。

3. 集体合同的内容

协商双方可以就下列多项或某项内容进行集体协商，签订集体合同：

（1）劳动报酬；

（2）工作时间；

（3）休息休假；

（4）劳动安全与卫生；

（5）补充保险和福利；

（6）女职工和未成年工特殊保护；
（7）职业技能培训；
（8）劳动合同管理；
（9）奖惩；
（10）裁员；
（11）集体合同期限；
（12）变更、解除集体合同的程序；
（13）履行集体合同发生争议时的协商处理办法；
（14）违反集体合同的责任；
（15）双方认为应当协商的其他内容。

二、非全日制工

1. 非全日制工的定义

非全日制用工，是指以小时计酬为主，劳动者在同一用人单位一般平均每日工作时间不超过 4 小时，每周工作时间累计不超过 24 小时的用工形式。

2. 实行非全日制工制度的意义

非全日制劳动是灵活就业的一种重要形式。近年来，我国非全日制劳动用工形式呈现迅速发展的趋势，特别是在餐饮、超市、社区服务等领域，用人单位使用的非全日制用工形式越来越多。在我国促进非全日制劳动的重要意义，主要表现在以下几个方面：

（1）它适应企业降低人工成本、推进灵活用工的客观需要。

在市场经济条件下，企业用工需求取决于生产经营的客观需要，同时，企业为追求利润的最大化，也要尽可能降低人工成本。实际上，非全日制用工的人工成本明显低于全日制用工。因此，越来越多的企业根据生产经营的需要，采用包括非全日制用工在内的一些灵活用工形式。

（2）促进下岗职工和失业人员再就业。

在劳动力市场供过于求的矛盾十分尖锐、下岗职工和失业人员的就业竞争压力较大的情况下，非全日制劳动在促进下岗职工和失业人员再就业方面发挥着越来越重要的作用。

（3）有利于缓解劳动力市场供求失衡的矛盾，减少失业现象。

在劳动力大量过剩、劳动力供求关系严重失衡、就业机会短缺的背景下，企业实行非全日制用工制度，可以使企业在对人力资源的客观需求总量不变的条件下，招用非全日制职工，可以给广大劳动者提供更多的就业机会。

非全日制用工的计酬方式也灵活多样，以小时计酬为主，但不局限于以小时计酬。除了以小时计酬的形式以外，常见的计酬方式还有以日、周为单位来计酬或按件计酬。

第九节　劳动监督管理

一、劳动保障监察职责

劳动和社会保障行政管理部门实施劳动保障监察，履行下列职责：

1. 宣传劳动保障法律、法规和规章，督促用人单位贯彻执行；
2. 检查用人单位遵守劳动保障法律、法规和规章的情况；
3. 受理对违反劳动保障法律、法规或者规章的行为的举报、投诉；
4. 依法纠正和查处违反劳动保障法律、法规或者规章的行为。

二、劳动保障监察的内容

劳动和社会保障行政管理部门对下列事项实施劳动保障监察：

1. 用人单位制定内部劳动保障规章制度的情况；
2. 用人单位与劳动者订立劳动合同的情况；
3. 用人单位遵守禁止使用童工规定的情况；
4. 用人单位遵守女职工和未成年工特殊劳动保护规定的情况；
5. 用人单位遵守工作时间和休息休假规定的情况；
6. 用人单位支付劳动者工资和执行最低工资标准的情况；
7. 用人单位参加各项社会保险和缴纳社会保险费的情况；
8. 职业介绍机构、职业技能培训机构和职业技能考核鉴定机构遵守国家有关职业介绍、职业技能培训和职业技能考核鉴定的规定的情况；
9. 法律、法规规定的其他劳动保障监察事项。

三、劳动保障监察的实施

对用人单位的劳动保障监察，由用人单位用工所在地的县级或者设区的市级劳动和社会保障行政管理部门管辖。劳动保障监察员进行调查、检查，不得少于两人，并应当佩戴劳动保障监察标志、出示劳动保障监察证件。劳动保障监察员办理的劳动保障监察事项与本人或者其近亲属有直接利害关系的，应当回避。

劳动和社会保障行政管理部门实施劳动保障监察，有权采取下列调查、检查措施：

1. 进入用人单位的劳动场所进行检查；
2. 就调查、检查事项询问有关人员；

3. 要求用人单位提供与调查、检查事项相关的文件资料，并作出解释和说明，必要时可以发出调查询问书；

4. 采取记录、录音、录像、照相或者复制等方式收集有关情况和资料；

5. 委托会计师事务所对用人单位工资支付、缴纳社会保险费的情况进行审计；

6. 法律、法规规定可以由劳动和社会保障行政管理部门采取的其他调查、检查措施。

劳动和社会保障行政管理部门对事实清楚、证据确凿、可以当场处理的违反劳动保障法律、法规或者规章的行为有权当场予以纠正。

第十节　法律责任

一、不订立书面劳动合同的法律责任

用人单位自用工之日起超过一个月不满一年未与劳动者订立书面劳动合同的，应当向劳动者每月支付二倍的工资。

用人单位违反规定不与劳动者订立无固定期限劳动合同的，自应当订立无固定期限劳动合同之日起向劳动者每月支付二倍的工资。

二、未依法支付劳动报酬、经济补偿等的法律责任

用人单位有下列情形之一的，由劳动和社会保障行政管理部门责令限期支付劳动报酬、加班费或者经济补偿；劳动报酬低于当地最低工资标准的，应当支付其差额部分；逾期不支付的，责令用人单位按应付金额50%以上100%以下的标准向劳动者加付赔偿金：

1. 未按照劳动合同的约定或者国家规定及时足额支付劳动者劳动报酬的；

2. 低于当地最低工资标准支付劳动者工资的；

3. 安排加班不支付加班费的；

4. 解除或者终止劳动合同，未依照本法规定向劳动者支付经济补偿的。

三、侵害劳动者人身权益的法律责任

用人单位有下列情形之一的，依法给予行政处罚；构成犯罪的，依法追究刑事责任；给劳动者造成损害的，应当承担赔偿责任：

1. 以暴力、威胁或者非法限制人身自由的手段强迫劳动的；

2. 违章指挥或者强令冒险作业危及劳动者人身安全的；

3. 侮辱、体罚、殴打、非法搜查或者拘禁劳动者的；

4. 劳动条件恶劣、环境污染严重，给劳动者身心健康造成严重损害的。

第十一节 劳动争议解决

一、劳动争议解决方式

劳动争议发生后，当事人应当协商解决；不愿协商或者协商不成的，可以向用人单位劳动争议调解委员会申请调解；调解不成的，可以向劳动争议仲裁委员会申请仲裁。当事人也可以直接向劳动争议仲裁委员会申请仲裁。对仲裁裁决不服的，可以向人民法院起诉。

劳动争议处理过程中，当事人不得有激化矛盾的行为。

向劳动争议仲裁委员会申请仲裁是作为诉讼的一个前置程序，发生劳动争议后，当事人双方不能直接向人民法院起诉，必须经过劳动仲裁，不服劳动仲裁裁决才能向人民法院起诉。

二、劳动争议调解

劳动争议调解是指在劳动争议调解委员会的主持下，在双方当事人自愿的基础上，通过宣传法律、法规、规章和政策，劝导当事人化解矛盾，自愿就争议事项达成协议，使劳动争议及时得到解决的一种活动。

发生劳动争议，当事人不愿协商、协商不成或者达成和解协议后不履行的，可以向劳动调解组织申请调解。劳动调解组织包括：一是企业劳动争议调解委员会；二是依法设立的基层人民调解组织；三是在乡镇、街道设立的具有劳动争议调解职能的组织。

调解程序也是一个自愿程序，当事人不愿调解的，可以直接向劳动争议仲裁委员会申请仲裁；如果自劳动争议调解组织收到调解申请之日起 15 日内没有达成调解协议，或者达成调解协议后在协议约定的期限内，一方当事人不履行的，另一方当事人可以向劳动争议仲裁委员会申请仲裁。

三、劳动争议仲裁

（一）劳动争议仲裁的定义

劳动争议仲裁是指劳动争议仲裁机构对劳动争议当事人争议的事项，根据劳动方面的法律、法规、规章和政策等的规定，依法作出裁决，从而解决劳动争议的一项劳动法律制度。

（二）劳动争议仲裁的特点

与诉讼相比，劳动仲裁法律制度具有一定的优越性：

1. 快捷。快捷是指用仲裁的方法解决争议，程序简便，时间比较短。劳动争议需要快速处理，当事人一般都不愿意在纠纷处理上花费很长时间和很多精力，仲裁正好适应了这一要求。

2. 专业性强。参加仲裁的仲裁员是来自劳动和法律方面的专家，具有处理劳动争议的丰富经验，有利于提高劳动争议仲裁办案质量。

（三）劳动争议仲裁管辖

劳动争议由劳动合同履行地或者用人单位所在地的劳动争议仲裁委员会管辖。双方当事人分别向劳动合同履行地和用人单位所在地的劳动争议仲裁委员会申请仲裁的，由劳动合同履行地的劳动争议仲裁委员会管辖。

（四）劳动争议仲裁时效

劳动争议申请仲裁的时效期间为一年。仲裁时效期间从当事人知道或者应当知道其权利被侵害之日起计算。

因当事人一方向对方当事人主张权利，或者向有关部门请求权利救济，或者对方当事人同意履行义务而中断。从中断时起，仲裁时效期间重新计算。

因不可抗力或者有其他正当理由，当事人不能在规定的仲裁时效期间申请仲裁的，仲裁时效中止。从中止时效的原因消除之日起，仲裁时效期间继续计算。

劳动关系存续期间因拖欠劳动报酬发生争议的，劳动者申请仲裁不受上述规定的仲裁时效期间的限制；但是，劳动关系终止的，应当自劳动关系终止之日起一年内提出。

（五）劳动争议仲裁申请

申请人申请仲裁应当提交书面仲裁申请，并按照被申请人人数提交副本。仲裁申请书应当载明下列事项：

1. 劳动者的姓名、性别、年龄、职业、工作单位和住所，用人单位的名称、住所和法定代表人或者主要负责人的姓名、职务；

2. 仲裁请求和所根据的事实、理由；

3. 证据和证据来源、证人姓名和住所。

书写仲裁申请确有困难的，可以口头申请，由劳动争议仲裁委员会记入笔录，并告知对方当事人。

（六）劳动争议仲裁程序

劳动争议仲裁委员会裁决劳动争议案件实行仲裁庭制。仲裁庭由三名仲裁员组成，设首席仲裁员。简单劳动争议案件可以由一名仲裁员独任仲裁。

仲裁庭应当在开庭5日前，将开庭日期、地点书面通知双方当事人。当事人有正当理由的，可以在开庭3日前请求延期开庭。是否延期，由劳动争议仲裁委员会决定。

当事人提供的证据经查证属实的，仲裁庭应当将其作为认定事实的根据。劳动者无法提供由用人单位掌握管理的与仲裁请求有关的证据，仲裁庭可以要求用人单位在指定期限内提供。用人单位在指定期限内不提供的，应当承担不利后果。

当事人申请劳动争议仲裁后，可以自行和解。达成和解协议的，可以撤回仲裁申请。仲裁庭在作出裁决前，应当先行调解。调解达成协议的，仲裁庭应当制作调解书。调解书应当写明仲裁请求和当事人协议的结果。调解书由仲裁员签名，加盖劳动争议仲裁委员会印章，送达双方当事人。调解书经双方当事人签收后，发生法律效力。调解不成或者调解书送达前，一方当事人反悔的，仲裁庭应当及时作出裁决。

（七）劳动争议仲裁审理时限及先行裁决

仲裁庭裁决劳动争议案件，应当自劳动争议仲裁委员会受理仲裁申请之日起45日内结束。案情复杂需要延期的，经劳动争议仲裁委员会主任批准，可以延期并书面通知当事人，但是延长期限不得超过15日。逾期未作出仲裁裁决的，当事人可以就该劳动争议事项向人民法院提起诉讼。

（八）劳动争议先予执行

仲裁庭对追索劳动报酬、工伤医疗费、经济补偿或者赔偿金的案件，根据当事人的申请，可以裁决先予执行，移送人民法院执行。

仲裁庭裁决先予执行的，应当符合下列条件：

1. 当事人之间权利义务关系明确；

2. 不先予执行将严重影响申请人的生活。

劳动者申请先予执行的，可以不提供担保。

（九）劳动争议终局裁决

下列劳动争议，除另有规定的外，仲裁裁决为终局裁决，裁决书自作出之日起发生法律效力：

1. 追索劳动报酬、工伤医疗费、经济补偿或者赔偿金，不超过当地月最低工资标准12个月金额的争议；

2. 因执行国家的劳动标准在工作时间、休息休假、社会保险等方面发生的争议。

（十）生效调解书、裁决书的执行

当事人对发生法律效力的调解书、裁决书，应当依照规定的期限履行。一方当事人逾期不履行的，另一方当事人可以依照《民事诉讼法》的有关规定向人民法院申请执行。受理申请的人民法院应当依法执行。

四、劳动争议诉讼

当事人对上述“劳动争议终局裁决”以外的其他劳动争议案件的仲裁裁决不服的，可以自收到仲裁裁决书之日起 15 日内向人民法院提起诉讼；期满不起诉的，裁决书发生法律效力。

对于劳动争议终局裁决劳动者不服的，可以直接向人民法院提起诉讼，但是用人单位一方不服的，需要先向法院申请撤销仲裁裁决，在人民法院作出撤销仲裁裁决的裁定后，用人单位可以就争议事项向人民法院提起诉讼。

第五章　建设工程项目职业健康安全管理

第一节　概　　述

建设工程项目职业健康安全的目的是在生产过程中，通过职业健康安全生产的安全管理活动，进行对影响生产安全的具体因素进行状态控制，使生产因素中的不安全行为和状态减少或消除，避免引发事故，以保证生产活动中人员的健康和安全。

一、建设工程项目职业健康安全管理的特点

（一）管理层面的广泛性

建设工程规模较大，生产工艺复杂、工序多，在建造过程中流动作业多、高处作业多、作业位置多变、遇到的不确定因素多，安全控制工作层面涉及范围广。

（二）管理工作的动态性

由建设工程项目的单件性和分散性所决定。由于项目实施的职业健康安全风险复杂多变，所以职业健康安全管理随着施工进度必须持续动态地实施。

（三）管理系统的交叉性

建设工程项目是一个开放的系统，受自然环境和社会环境影响很大，职业健康安全控制需要把工程系统及社会系统结合。

（四）管理的严谨性

职业健康安全状态具有触发性，其控制措施必须严谨，一旦失控就会造成严重损失和伤害。

（五）管理活动的敏捷性

职业健康安全风险因素较多，事故发生形态各异，必须及时发现风险苗头，防微杜渐，充分响应，以保持管理活动的敏捷性。

二、建设工程项目职业健康安全管理的作用

（一）提升劳动者职业健康安全的水平

职业健康安全管理水平是经济发展和社会文明程度的反映。

（二）增强系统化管理的力度

以系统安全的观点，项目职业健康安全管理是企业职业健康安全管理体系的运行过程，主要依赖于风险预防、持续改进，是一个动态的、自我调整和完善的管理系统。

（三）提高项目的职业健康安全绩效

人的健康安全是工程项目实施的基本条件，职业健康安全管理是强化员工安全健康的基本手段，因此，应通过职业健康安全管理改善安全生产规章制度不健全、管理方法不当、安全生产状况不佳的现状。

（四）构建以人为本价值观的具体体现

以人为本是文明企业的基本特征，人性化的项目管理体现了一个文明企业价值观和管理层次的高低。实施有效的项目职业健康安全管理可以构建人性化的管理模式，也是落实科学发展观的具体体现。

（五）提升企业的品牌和形象

市场中的竞争已不仅仅是资本和技术的竞争，企业品牌和综合素质的高低将是赢得市场的最重要条件。而项目职业健康安全则是反映企业品牌的重要指标，也是企业综合素质的重要标志。

（六）促进项目管理现代化

管理是项目运行的基础，全球经济一体化对现代项目管理提出了更高的要求，实施系统、开放、高效的项目职业健康安全管理可以促进项目系统的完善和整体管理水平的提高。

（七）增强对国家经济发展的贡献能力

加大对安全生产的投入有利于扩大社会内部需求，增加社会需求总量。一方面做好安全生产工作可以减少社会总损失，另一方面保护劳动者的安全与健康也是国家经济可持续发展不可忽视的环节。

三、建设工程项目职业健康安全管理的内容

（一）职业健康安全组织管理

为保证国家有关职业健康安全生产的政策、法规及建筑工程施工现场职业健康安全管理制度的落实，施工企业应建立健全职业健康安全管理机构，并对职业健康安全管理机构的构成、职责及工作模式作出规定。施工企业还应重视职业健康安全档案管理工作，及时整理、完善职业健康安全档案、职业健康安全资料，对预防、预测、预报职业健康安全事故提供依据。

（二）职业健康安全制度管理

项目确立以后，建筑工程施工单位就要根据国家及行业有关职业健康安全生产的政策、法规、规范和标准，建立一整套符合项目特点的职业健康安全管

理制度，包括职业健康安全生产责任制度、职业健康安全生产教育制度、职业健康安全生产检查制度等。用制度约束施工人员的行为，达到职业健康安全生产的目的。

（三）施工人员操作规范化管理

项目承包人要严格按照国家及行业的有关规定，按各工种操作规程及工作条例的要求规范施工人员的行为，坚决贯彻执行各项职业健康安全管理制度，杜绝由于违反操作规程而引发的工伤事故。

（四）职业健康施工安全技术管理

在施工生产过程中，为了防止和消除伤亡事故，保障职工职业健康安全，企业应根据国家及行业的有关规定，针对工程特点、施工现场环境、使用机械以及施工中可能使用的有毒有害材料，提出职业健康安全技术和防护措施。职业健康安全技术措施在开工前应根据施工图编制。施工前必须以书面形式对施工人员进行职业健康安全技术交底，对不同工程特点和可能造成的职业健康安全事故，从技术上采取措施，消除危险，保证施工职业健康安全。施工中对各项职业健康安全技术措施要认真组织实施，经常进行监督检查。对施工中出现的新问题，技术人员和职业健康安全管理人员要在调查分析的基础上，提出新的职业健康安全技术措施。

（五）施工现场职业健康安全设施管理

根据《建筑工程施工现场管理规定》，对施工现场的运输道路，附属加工设施，给排水、动力及照明、通信等管线，临时性建筑，材料、构件、设备及工器具的堆放点，施工机械的行进路线，安全防火设施等一切施工所必需的临时工程设施应当进行合理的设计、有序摆放和科学管理。

四、建设工程项目职业健康安全管理应遵循的程序

1. 识别并评价危险源及风险；
2. 确定职业健康安全目标；
3. 编制并实施项目职业健康安全技术措施计划；
4. 职业健康安全技术措施计划实施结果验证；
5. 持续改进相关措施和绩效。

第二节　职业健康安全管理法律法规体系和内容简介

我国职业健康安全管理法律法规体系主要由《中华人民共和国建筑法》、《中华人民共和国安全生产法》、《中华人民共和国劳动法》、《中华人民共和国消防法》、《建设工程安全生产管理条例》、《安全生产许可证条例》、《建筑施工企业安全生产许可证管理规定》、《建筑工程预防高处坠落事故若干规定》

等法律、行政法规和部门规章组成，目前已经形成较为完备的职业健康安全管理法律法规体系，在建设工程项目管理实践中发挥了巨大的作用。

一、《中华人民共和国建筑法》

1997 年 11 月 1 日第八届全国人民代表大会常务委员会第二十八次会议通过的《中华人民共和国建筑法》是我国第一部规范建筑活动的部门法律，它的颁布施行强化了建筑工程质量和安全的法律保障。根据 2011 年 4 月 22 日第十一届全国人民代表大会常务委员会修订，2011 年 4 月 22 日中华人民共和国主席令第四十六号公布，自 2011 年 7 月 1 日起施行。《中华人民共和国建筑法》共设八章，总计八十五条，通篇贯穿了质量和安全问题，具有很强的针对性，对影响建筑工程质量和安全的各个方面因素作了较为全面的规范。

（一）《建筑法》的立法宗旨

加强对建筑活动的监督管理，维护建筑市场秩序，保证建筑工程的质量和安全，促进建筑业健康发展；确保建筑工程质量和安全；国家扶持建筑业的发展，支持建筑科学技术研究，提高房屋建筑设计水平，鼓励节约能源和保护环境，提倡采用先进技术、先进设备、先进工艺、新型建筑材料和现代管理方式。

（二）《建筑法》的主要内容

《建筑法》作为我国建筑领域的基本法律，其对建筑工程施工许可、从业资格、建筑工程发包与承包、建筑工程监理、建筑安全生产管理、建筑工程质量管理及法律责任等方面的内容做出了规定，对加强建筑活动的监督管理，维护建筑市场秩序，保证建筑工程质量和安全，促进建筑业的健康发展，提供了法律保障，为加强建筑工程质量管理发挥了积极的作用。

与此同时，《建筑法》还实现了“三个规范”，即规范市场主体行为，规范市场主体的基本关系，规范市场竞争关系，为建筑市场规范运行提供了有力的保障。

（三）《建筑法》规定的主要建筑安全生产管理制度与措施

《建筑法》中针对安全生产制定的制度和措施有：

1. 建立健全安全生产的责任制度和群防群治制度。

2. 建筑工程设计应当符合按照国家规定制定的建筑安全规程和技术规范，保证工程的安全性能。

3. 建筑施工企业在编制施工组织设计时，应当根据建筑工程的特点制定相应的安全技术措施。

4. 施工现场对毗邻的建筑物、构筑物和特殊作业环境可能造成损害的，建筑施工企业应当采取安全防护措施。

5. 建筑施工企业的法定代表人对本企业的安全生产负责，施工现场安全由建筑施工企业负责。实行施工总承包的，由总承包单位负责。

6. 建筑施工企业应当依法为职工参加工伤保险缴纳工伤保险费。鼓励企业为从事危险作业的职工办理意外伤害保险，支付保险费。

7. 涉及建筑主体和承重结构变动的装修工程，项目发包人应当在施工前委托原设计单位或者具有相应资质条件的设计单位提出设计方案；没有设计方案的，不得施工。

8. 房屋拆除应当由具备保证安全条件的承包人承担，由项目承包人对安全负责。

（四）《建筑法》中涉及建筑业安全生产的主要规定

1. 建筑工程安全生产管理必须坚持安全第一、预防为主的方针，建立健全安全生产的责任制度和群防群治制度。

2. 建筑施工企业在编制施工组织设计时，应当根据建筑工程的特点制定相应的安全技术措施；对专业性较强的工程项目，应当编制专项安全施工组织设计，并采取安全技术措施。

3. 建筑施工企业应当在施工现场采取维护安全、防范危险、预防火灾等措施；有条件的，应当对施工现场实行封闭管理。

施工现场对毗邻的建筑物、构筑物和特殊作业环境可能造成损害的，建筑施工企业应当采取安全防护措施。

4. 建筑施工企业应当遵守有关环境保护和安全生产的法律、法规的规定，采取控制和处理施工现场的各种粉尘、废气、废水、固体废物以及噪声、振动对环境的污染和危害的措施。

5. 建设行政主管部门负责建筑安全生产的管理，并依法接受劳动行政主管部门对建筑安全生产的指导和监督。

建筑施工企业必须依法加强对建筑安全生产的管理，执行安全生产责任制度，采取有效措施，防止伤亡和其他安全生产事故的发生。

6. 建筑施工企业的法定代表人对本企业的安全生产负责。

施工现场安全由建筑施工企业负责。实行施工总承包的，由总承包单位负责。分包单位向总承包单位负责，服从总承包单位对施工现场的安全生产管理。

7. 建筑施工企业应当建立健全劳动安全生产教育培训制度，加强对职工安全生产的教育培训；未经安全生产教育培训的人员，不得上岗作业。

8. 建筑施工企业和作业人员在施工过程中，应当遵守有关安全生产的法律、法规和建筑行业安全规章、规程，不得违章指挥或者违章作业。作业人员有权对影响人身健康的作业程序和作业条件提出改进意见，有权获得安全生产所需的防护用品。作业人员对危及生命安全和人身健康的行为有权提出批评、检举和控告。

涉及建筑主体和承重结构变动的装修工程，项目发包人应当在施工前委托原设计单位或者具有相应资质条件的设计单位提出设计方案；没有设计方案的，不得施工。

房屋拆除应当由具备保证安全条件的承包人承担，由承包人对安全负责。

9. 施工中发生事故时，建筑施工企业应当采取紧急措施减少人员伤亡和事故损失，并按照国家有关规定及时向有关部门报告。

二、《中华人民共和国安全生产法》

2002 年 6 月 29 日中华人民共和国第九届全国人民代表大会常务委员会第二十八次会议通过，2002 年 6 月 29 日中华人民共和国主席令第 70 号公布，自 2002 年 11 月 1 日起施行。《中华人民共和国安全生产法》是有关安全生产工作的一项根本大法，对于全面加强我国安全生产法制建设，强化安全生产监督管理，规范生产经营单位的安全生产，遏制重大、特大事故，促进经济发展和保持社会稳定，具有重大意义。《安全生产法》的贯彻实施，有利于各级人民政府加强对安全生产工作的指导；有利于安全生产监管部门和有关部门加强监督管理，依法行政；有利于规范生产单位的安全生产工作；有利于提高生产作业人员的安全素质；有利于制裁各种安全生产违法行为。

（一）《安全生产法》的立法宗旨

以人为本，突出保障人的生命财产安全；预防为主，重点不在事后处理，而着眼事前防范；落实责任，包括企业的责任、政府的责任、中介机构的责任；依法加强监管，依法查处事故。

（二）《安全生产法》确立的基本原则

《安全生产法》强调预防为主，以人为本，加强监管，落实相关责任，并明确了以下基本原则：

1. 坚持“安全第一、预防为主”安全生产方针的原则；
2. 生产经营单位必须具备安全生产条件的原则；
3. 加强安全生产监督管理的原则；
4. 建立安全生产工作中奖罚机制的原则；
5. 鼓励开展和支持安全生产科学技术研究和推广应用的原则。

（三）《安全生产法》的主要内容

1. 安全生产监督管理制度

安全生产监督管理制度明确了企业是安全生产的责任主体，政府是安全生产的监管主体。安全生产监督管理制度主要包括：安全生产监督管理体制、各级人民政府和安全生产监督管理部门以及其他有关部门各自的安全监督管理职责、安全监督检查人员职责等。

2. 生产经营单位安全保障制度

生产经营单位安全保障制度要求企业建立各项安全保障制度，包括：生产经营单位的安全生产条件、安全管理机构及其人员配置、安全投入、从业人员安全资质、安全条件论证和安全评价、建筑工程“三同时”、安全设施的设计审查和竣工验收、安全技术装备管理、生产经营场所安全管理和社会工伤保险等。

3. 安全生产第一责任人制度

安全生产第一责任人制度明确了生产经营单位是安全生产的主体，对生产经营必须具备的安全生产条件、主要负责人的安全生产职责、安全管理机构和管理人员的配置、生产经营场所的安全管理和安全生产违法行为的法律责任都作了严格明确的规定。强调企业是安全生产责任主体，企业法定代表人是第一责任者。生产必须安全，安全才能生产，不安全就是违法，违法就要对法定代表人进行处理。

4. 从业人员安全生产权利义务制度

从业人员安全生产权利义务制度明确了从业人员在生产经营活动中的基本权利和义务，以及应当承担的法律责任。员工有知情权、举报权，有享受工伤保险的权利，有发生安全事故后求得赔偿的权利。同时，又有义务遵章守法。如果从业人员能够切实享有权利并履行法定义务，提高自身的安全素质和安全意识，将会极大地加强安全生产的基础工作，及时有效地避免和消除大量的安全事故隐患。

5. 安全中介服务制度

安全中介服务制度主要包括：从事安全评价、评估、检测、检验、咨询服务等工作的安全中介机构和安全专业技术人员的法律地位、任务和责任。中介机构依照法律、法规和职业准则，为企业安全生产提供技术服务。

6. 安全生产责任追究制度

安全生产责任追究制度主要包括：安全生产的责任主体，安全生产责任的确定和责任形式，追究安全责任的机关，依据和安全生产法律责任。

7. 事故应急救援和处理制度

事故应急救援和处理制度主要包括：事故应急预案的制定、事故应急体系的建立、事故报告和调查处理的原则和程序、对事故责任的追究、事故信息发布等规定。

（四）《安全生产法》实施的重要作用

1. 《安全生产法》的立法宗旨有三个，即保障人民生命安全，保护国家财产安全，促进社会经济发展。由此确立了安全生产所具有的保护生命安全的意义、保障财产安全的价值和促进经济发展的功能。

2.《安全生产法》明确了对我国安全生产负有责任的四方主体，包括：政府责任方、生产经营单位责任方、从业人员责任方和中介机构责任方。

3.《安全生产法》指明了实现我国安全生产的三大对策体系，首先是事前预防对策体系，加强政府监管，属于预防策略；其次是事中应急救援体系，要求生产经营单位进行危险源的预控，制定事故应急救援预案等；再次是建立事后处理对策系统，包括推行严密的事故处理及严格的事故报告制度，实施事故后的行政责任追究制度，强化了事故经济处罚，明确了事故刑事责任追究。

4.《安全生产法》的实施解决了我国安全生产面临的难题：

（1）现行的有关安全生产方面的法律、法规主要是针对国有企业和大型企业制定的，对非国有企业和中小型企业的安全生产条件和安全生产违法行为缺乏相应的法律规范和处罚依据。相当多的私营企业、集体企业、合伙企业和股份制企业不具备基本的安全生产条件，安全管理松弛，导致安全事故多。《安全生产法》对所有企业的安全管理具有广泛适用性和指导性，从法律层面上约束了安全管理不规范的行为。

（2）企业安全生产管理缺乏明确的法律规范，企业负责人的安全生产责任不明确，事故隐患大量存在。

（3）安全生产投入严重不足，企业安全技术装备老化、落后，抗灾能力差，不能及时有效地预防和抵抗事故灾害。

（4）现行立法对安全责任制度没有明确规定。《安全生产法》明确了安全违法行为的责任，对违规违法者制裁是安全生产的保证，对违反法律法规的行为做出了明确的处罚规定，具有很强的针对性和可操作性，加大了法律责任追究的力度。

（五）《安全生产法》涉及建筑业安全生产的主要规定

1. 国家实行生产安全事故责任追究制度，依照本法和有关法律、法规的规定，追究生产安全事故责任人员的法律责任。

2. 生产经营单位应当具备本法和有关法律、行政法规和国家标准或者行业标准规定的安全生产条件；不具备安全生产条件的，不得从事生产经营活动。

3. 生产经营单位的主要负责人对本单位安全生产工作负有下列职责：建立、健全本单位安全生产责任制；组织制定本单位安全生产规章制度和操作规程；保证本单位安全生产投入的有效实施；督促、检查本单位的安全生产工作，及时消除生产安全事故隐患；组织制定并实施本单位的生产安全事故应急救援预案；及时、如实报告生产安全事故。

4. 矿山、建设项目承包人和危险物品的生产、经营、储存单位，应当设置安全生产管理机构或者配备专职安全生产管理人员。

上述规定以外的其他生产经营单位，从业人员超过三百人的，应当设置安全生产管理机构或者配备专职安全生产管理人员；从业人员在三百人以下的，应当配备专职或者兼职的安全生产管理人员，或者委托具有国家规定的相关专业技术资格的工程技术人员提供安全生产管理服务。

生产经营单位依照上述规定委托工程技术人员提供安全生产管理服务的，保证安全生产的责任仍由本单位负责。

5. 生产经营单位应当对从业人员进行安全生产教育和培训，保证从业人员具备必要的安全生产知识，熟悉有关的安全生产规章制度和安全操作规程，掌握本岗位的安全操作技能。未经安全生产教育和培训合格的从业人员，不得上岗作业。

生产经营单位的特种作业人员必须按照国家有关规定经专门的安全作业培训，取得特种作业操作资格证书，方可上岗作业。

特种作业人员的范围由国务院负责安全生产监督管理的部门会同国务院有关部门确定。

6. 生产经营单位进行爆破、吊装等危险作业，应当安排专门人员进行现场安全管理，确保操作规程的遵守和安全措施的落实。

7. 生产经营单位应当教育和督促从业人员严格执行本单位的安全生产规章制度和安全操作规程；并向从业人员如实告知作业场所和工作岗位存在的危险因素、防范措施以及事故应急措施。

8. 生产经营单位发生重大生产安全事故时，单位的主要负责人应当立即组织抢救，并不得在事故调查处理期间擅离职守。

从业人员发现事故隐患或者其他不安全因素，应当立即向现场安全生产管理人员或者本单位负责人报告；接到报告的人员应当及时予以处理。

生产经营单位发生生产安全事故后，事故现场有关人员应当立即报告本单位负责人。

单位负责人接到事故报告后，应当迅速采取有效措施，组织抢救，防止事故扩大，减少人员伤亡和财产损失，并按照国家有关规定立即如实报告当地负有安全生产监督管理职责的部门，不得隐瞒不报、谎报或者拖延不报，不得故意破坏事故现场、毁灭有关证据。

9. 生产经营单位的主要负责人未履行本法规定的安全生产管理职责的，责令限期改正；逾期未改正的，责令生产经营单位停产停业整顿。

生产经营单位的主要负责人有上述违法行为，导致发生生产安全事故，构成犯罪的，依照刑法有关规定追究刑事责任；尚不够刑事处罚的，给予撤职处分或者处二万元以上二十万元以下的罚款。

10. 生产经营单位的主要负责人依照上述规定受刑事处罚或者撤职处分的，自刑罚执行完毕或者受处分之日起，五年内不得担任任何生产经营单位的主要负责人。

生产经营单位主要负责人在本单位发生重大生产安全事故时，不立即组织抢救或者在事故调查处理期间擅离职守或者逃匿的，给予降职、撤职的处分，对逃匿的处十五日以下拘留；构成犯罪的，依照刑法有关规定追究刑事责任。

三、《建设工程安全生产管理条例》

2003 年 11 月 12 日国务院第 28 次常务会议通过，2003 年 11 月 24 日中华人民共和国国务院令第 393 号公布，自 2004 年 2 月 1 日起施行的《建设工程安全生产管理条例》是工程建设领域贯彻落实《建筑法》、《安全生产法》的具体表现，标志着我国建设工程安全生产管理进入法制化、规范化发展的新时期。对于规范和增强建设工程各方主体的安全行为和安全责任意识，强化和提高政府安全监管水平和依法行政能力，保障从业人员和广大人民群众的生命财产安全具有十分重要意义。

（一）《建设工程安全生产管理条例》的立法宗旨

解决建设工程安全生产实践中存在的突出问题，加强对建设工程安全的监督管理，保障人民群众生命和财产安全。

（二）《建设工程安全生产管理条例》的主要内容

主要内容包括：建设活动各方主体，项目发包人、勘察、设计、工程监理及其他有关单位、项目承包人的安全责任；政府监督管理；生产安全事故的应急救援、调查处理以及相应的法律责任等。

（三）《建设工程安全生产管理条例》实施的意义

《安全生产管理条例》全面总结了我国建设工程安全管理的实践经验，借鉴了国外发达国家建设工程安全管理的成熟做法，对建设活动各方主体的安全责任、政府监督管理、生产安全事故的应急救援和调查处理以及相应的法律责任作了明确规定，确立了一系列符合中国国情以及适应社会主义市场经济要求的建设工程安全管理制度。《安全生产管理条例》的颁布实施，对于规范和增强建设工程各方主体的安全行为和安全责任意识，强化和提高政府安全监管水平和依法行政能力，保障从业人员和广大人民群众的生命财产安全具有十分重要的意义。

（四）《建设工程安全生产管理条例》涉及建筑业安全生产的主要规定

1. 项目发包人的安全责任

（1）项目发包人应当向项目承包人提供施工现场及毗邻区域内供水、排水、供电、供气、供热、通信、广播电视等地下管线资料，气象和水文观测资料，相邻建筑物和构筑物、地下工程的有关资料，并保证资料的真实、准确、完整。

项目发包人因建设工程需要，向有关部门或者单位查询上述规定的资料时，有关部门或者单位应当及时提供。

（2）项目发包人不得对勘察、设计、施工、工程监理等单位提出不符合建设工程安全生产法律、法规和强制性标准规定的要求，不得压缩合同约定的工期。

（3）项目发包人在编制工程概算时，应当确定建设工程安全作业环境及安全施工措施所需费用。

（4）项目发包人不得明示或者暗示项目承包人购买、租赁、使用不符合安全施工要求的安全防护用具、机械设备、施工机具及配件、消防设施和器材。

（5）项目发包人在申请领取施工许可证时，应当提供建设工程有关安全施工措施的资料。

依法批准开工报告的建设工程，项目发包人应当自开工报告批准之日起15日内，将保证安全施工的措施报送建设工程所在地的县级以上地方人民政府建设行政主管部门或者其他有关部门备案。

（6）项目发包人应当将拆除工程发包给具有相应资质等级的项目承包人。

项目发包人应当在拆除工程施工15日前，将下列资料报送建设工程所在地的县级以上地方人民政府建设行政主管部门或者其他有关部门备案：项目承包人资质等级证明；拟拆除建筑物、构筑物及可能危及毗邻建筑的说明；拆除施工组织方案；堆放、清除废弃物的措施。实施爆破作业的，应当遵守国家有关民用爆炸物品管理的规定。

2. 勘察、设计、工程监理及其他有关单位的安全责任

（1）勘察单位应当按照法律、法规和工程建设强制性标准进行勘察，提供的勘察文件应当真实、准确，满足建设工程安全生产的需要。

勘察单位在勘察作业时，应当严格执行操作规程，采取措施保证各类管线、设施和周边建筑物、构筑物的安全。

（2）设计单位应当按照法律、法规和工程建设强制性标准进行设计，防止因设计不合理导致生产安全事故的发生。

设计单位应当考虑施工安全操作和防护的需要，对涉及施工安全的重点部位和环节在设计文件中注明，并对防范生产安全事故提出指导意见。采用新结构、新材料、新工艺的建设工程和特殊结构的建设工程，设计单位应当在设计中提出保障施工作业人员安全和预防生产安全事故的措施建议。设计单位和注

册建筑师等注册执业人员应当对其设计负责。

(3) 工程监理单位应当审查施工组织设计中的安全技术措施或者专项施工方案是否符合工程建设强制性标准。

工程监理单位在实施监理过程中，发现存在安全事故隐患的，应当要求项目承包人整改；情况严重的，应当要求项目承包人暂时停止施工，并及时报告项目发包人。项目承包人拒不整改或者不停止施工的，工程监理单位应当及时向有关主管部门报告。

工程监理单位和监理工程师应当按照法律、法规和工程建设强制性标准实施监理，并对建设工程安全生产承担监理责任。

(4) 为建设工程提供机械设备和配件的单位，应当按照安全施工的要求配备齐全有效的保险、限位等安全设施和装置。

(5) 出租的机械设备和施工机具及配件，应当具有生产（制造）许可证、产品合格证。出租单位应当对出租的机械设备和施工机具及配件的安全性能进行检测，在签订租赁协议时，应当出具检测合格证明。禁止出租检测不合格的机械设备和施工机具及配件。

(6) 在施工现场安装、拆卸施工起重机械和整体提升脚手架、模板等自升式架设设施，必须由具有相应资质的单位承担。安装、拆卸施工起重机械和整体提升脚手架、模板等自升式架设设施，应当编制拆装方案、制定安全施工措施，并由专业技术人员现场监督。

(7) 施工起重机械和整体提升脚手架、模板等自升式架设设施安装完毕后，安装单位应当自检，出具自检合格证明，并向项目承包人进行安全使用说明，办理验收手续并签字。施工起重机械和整体提升脚手架、模板等自升式架设设施的使用达到国家规定的检验检测期限的，必须经具有专业资质的检验检测机构检测。经检测不合格的，不得继续使用。

(8) 检验检测机构对检测合格的施工起重机械和整体提升脚手架、模板等自升式架设设施，应当出具安全合格证明文件，并对检测结果负责。

3. 项目承包人的安全责任

(1) 项目承包人从事建设工程的新建、扩建、改建和拆除等活动，应当具备国家规定的注册资本、专业技术人员、技术装备和安全生产等条件，依法取得相应等级的资质证书，并在其资质等级许可的范围内承揽工程。

(2) 项目承包人的主要负责人依法对本单位的安全生产工作全面负责。项目承包人应当建立健全安全生产责任制度和安全生产教育培训制度，制定安全生产规章制度和操作规程，保证本单位安全生产条件所需资金的投入，对所承担的建设工程进行定期和专项安全检查，并做好安全检查记录。

项目承包人的项目负责人应当由取得相应执业资格的人员担任，对建设工程项目的安全施工负责，落实安全生产责任制度、安全生产规章制度和操作规程，确保安全生产费用的有效使用，并根据工程的特点组织制订安全施工措施，消除安全事故隐患，及时、如实报告生产安全事故。

（3）项目承包人对列入建设工程概算的安全作业环境及安全施工措施所需费用，应当用于施工安全防护用具及设施的采购和更新、安全施工措施的落实、安全生产条件的改善，不得挪作他用。

（4）项目承包人应当设立安全生产管理机构，配备专职安全生产管理人员。

专职安全生产管理人员负责对安全生产进行现场监督检查。发现安全事故隐患，应当及时向项目负责人和安全生产管理机构报告；对违章指挥、违章操作的，应当立即制止。专职安全生产管理人员的配备办法由国务院建设行政主管部门会同国务院其他有关部门制定。

（5）建设工程实行施工总承包的，由总承包单位对施工现场的安全生产负总责。

总承包单位应当自行完成建设工程主体结构的施工。总承包单位依法将建设工程分包给其他单位的，分包合同中应当明确各自的安全生产方面的权利、义务。总承包单位和分包单位对分包工程的安全生产承担连带责任。

分包单位应当服从总承包单位的安全生产管理，分包单位不服从管理导致生产安全事故的，由分包单位承担主要责任。

（6）垂直运输机械作业人员、安装拆卸工、爆破作业人员、起重信号工、登高架设作业人员等特种作业人员，必须按照国家有关规定经过专门的安全作业培训，并取得特种作业操作资格证书后，方可上岗作业。

（7）项目承包人应当在施工组织设计中编制安全技术措施和施工现场临时用电方案，对下列达到一定规模的危险性较大的分部分项工程编制专项施工方案，并附具安全验算结果，经项目承包人技术负责人、总监理工程师签字后实施，由专职安全生产管理人员进行现场监督：基坑支护与降水工程；土方开挖工程；模板工程；起重吊装工程；脚手架工程；拆除、爆破工程；国务院建设行政主管部门或者其他有关部门规定的其他危险性较大的工程。

对上述所列工程中涉及深基坑、地下暗挖工程、高大模板工程的专项施工方案，项目承包人还应当组织专家进行论证、审查。

上述规定的“达到一定规模的危险性较大工程”的标准，由国务院建设行政主管部门会同国务院其他有关部门制定。

（8）建设工程施工前，项目承包人负责项目管理的技术人员应当对有关安全施工的技术要求向施工作业班组、作业人员作出详细说明，并由双方签字确认。

项目承包人应当在施工现场入口处、施工起重机械、临时用电设施、脚手架、出入通道口、楼梯口、电梯井口、孔洞口、桥梁口、隧道口、基坑边沿、爆破物及有害危险气体和液体存放处等危险部位，设置明显的安全警示标志。安全警示标志必须符合国家标准。

项目承包人应当根据不同施工阶段和周围环境及季节、气候的变化，在施工现场采取相应的安全施工措施。施工现场暂时停止施工的，项目承包人应当做好现场防护，所需费用由责任方承担，或者按照合同约定执行。

(9) 项目承包人应当将施工现场的办公、生活区与作业区分开设置，并保持安全距离；办公、生活区的选址应当符合安全性要求。职工的膳食、饮水、休息场所等应当符合卫生标准。项目承包人不得在尚未竣工的建筑物内设置员工集体宿舍。施工现场临时搭建的建筑物应当符合安全使用要求。施工现场使用的装配式活动房屋应当具有产品合格证。

(10) 项目承包人对因建设工程施工可能造成损害的毗邻建筑物、构筑物和地下管线等，应当采取专项防护措施。项目承包人应当遵守有关环境保护法律、法规的规定，在施工现场应采取措施，防止或者减少粉尘、废气、废水、固体废物、噪声、振动和施工照明对人和环境的危害和污染。在城市市区内建设工程，项目承包人应对施工现场实行封闭围挡。

(11) 项目承包人应当在施工现场建立消防安全责任制度，确定消防安全责任人，制定用火、用电、使用易燃易爆材料等各项消防安全管理制度和操作规程，设置消防通道、消防水源，配备消防设施和灭火器材，并在施工现场入口处设置明显标志。

(12) 项目承包人应当向作业人员提供安全防护用具和安全防护服装，并书面告知危险岗位的操作规程和违章操作的危害。

作业人员有权对施工现场的作业条件、作业程序和作业方式中存在的安全问题提出批评、检举和控告，有权拒绝违章指挥和强令冒险作业。在施工中发生危及人身安全的紧急情况时，作业人员有权立即停止作业或者在采取必要的应急措施后撤离危险区域。

(13) 作业人员应当遵守安全施工的强制性标准、规章制度和操作规程，正确使用安全防护用具、机械设备等。

(14) 项目承包人在使用施工起重机械和整体提升脚手架、模板等自升式架设设施前，应当组织有关单位进行验收，也可以委托具有相应资质的检验检测机构进行验收；使用承租的机械设备和施工机具及配件的，由施工总承包单位、分包单位、出租单位和安装单位共同进行验收。验收合格的方可使用。

《特种设备安全监察条例》规定的施工起重机械，在验收前应当经有相应资质的检验检测机构监督检验合格。

项目承包人应当自施工起重机械和整体提升脚手架、模板等自升式架设设施验收合格之日起30日内，向建设行政主管部门或者其他有关部门登记。登记标志应当置于或者附着于该设备的显著位置。

（15）项目承包人的主要负责人、项目负责人、专职安全生产管理人员应当经建设行政主管部门或者其他有关部门考核合格后方可任职。项目承包人应当对管理人员和作业人员每年至少进行一次安全生产教育培训，其教育培训情况记入个人工作档案。安全生产教育培训考核不合格的人员，不得上岗。

（16）作业人员进入新的岗位或者新的施工现场前，应当接受安全生产教育培训。未经教育培训或者教育培训考核不合格的人员，不得上岗作业。项目承包人在采用新技术、新工艺、新设备、新材料时，应当对作业人员进行相应的安全生产教育培训。

四、《安全生产许可证条例》

2004年1月7日国务院第34次常务会议通过，2004年1月13日中华人民共和国国务院令第397号公布的《安全生产许可证条例》，标志着我国依法建立起了安全生产许可制度。实施安全许可制度，有利于夯实企业安全生产基础，促使企业落实各项安全生产法定标准，保证企业可持续健康发展。通过对安全生产许可证的动态管理，能促使企业不断保持和提高安全生产水平，完善安全生产自我约束和保障机制。《安全生产许可证条例》涉及建筑业安全生产的主要规定有：

1. 国家对矿山企业、建筑施工企业和危险化学品、烟花爆竹、民用爆破器材生产企业（以下简称“企业”）实行安全生产许可制度。企业未取得安全生产许可证的，不得从事生产活动。

2. 国务院建设主管部门负责中央管理的建筑施工企业安全生产许可证的颁发和管理。省、自治区、直辖市人民政府建设主管部门负责上述规定以外的建筑施工企业安全生产许可证的颁发和管理，并接受国务院建设主管部门的指导和监督。

3. 企业不得转让、冒用安全生产许可证或者使用伪造的安全生产许可证。

4. 企业取得安全生产许可证后，不得降低安全生产条件，并应当加强日常安全生产管理，接受安全生产许可证颁发管理机关的监督检查。安全生产许可证颁发管理机关应当加强对取得安全生产许可证的企业的监督检查，发现其不再具备条例规定的安全生产条件的，应当暂扣或者吊销安全生产许可证。

5. 违反条例规定，未取得安全生产许可证擅自进行生产的，责令停止生产，没收违法所得，并处10万元以上50万元以下的罚款；造成重大事故或者其他严重后果，构成犯罪的，依法追究刑事责任。

6. 违反条例规定，安全生产许可证有效期满未办理延期手续，继续进行生产的，责令停止生产，限期补办延期手续，没收违法所得，并处5万元以上10万元以下的罚款；逾期仍不办理延期手续，继续进行生产的，依照条例的规定进行处罚。

7. 违反条例规定，转让安全生产许可证的，没收违法所得，处10万元以上50万元以下的罚款，并吊销其安全生产许可证；构成犯罪的，依法追究刑事责任；接受转让的，依照条例的规定进行处罚。

8. 冒用安全生产许可证或者使用伪造的安全生产许可证的，依照条例的规定进行处罚。

五、《建筑施工企业安全生产许可证管理规定》

《建筑施工企业安全生产许可证管理规定》（建设部令第128号）于2004年6月29日经建设部（现住房和城乡建设部）发布。《建筑施工企业安全生产许可证管理规定》涉及建筑业安全生产的主要规定有：

1. 国家对建筑施工企业实行安全生产许可制度。

建筑施工企业未取得安全生产许可证的，不得从事建筑施工活动。

建筑施工企业，是指从事土木工程、建筑工程、线路管道和设备安装工程及装修工程的新建、扩建、改建和拆除等有关活动的企业。

2. 建筑施工企业取得安全生产许可证，应当具备下列安全生产条件：

（1）建立、健全安全生产责任制，制定完备的安全生产规章制度和操作规程；

（2）保证本单位安全生产条件所需资金的投入；

（3）设置安全生产管理机构，按照国家有关规定配备专职安全生产管理人员；

（4）主要负责人、项目负责人、专职安全生产管理人员经建设主管部门或者其他有关部门考核合格；

（5）特种作业人员经有关业务主管部门考核合格，取得特种作业操作资格证书；

（6）管理人员和作业人员每年至少进行一次安全生产教育培训并考核合格；

（7）依法参加工伤保险，依法为施工现场从事危险作业的人员办理意外伤害保险，为从业人员交纳保险费；

（8）施工现场的办公、生活区及作业场所和安全防护用具、机械设备、施工机具及配件符合有关安全生产法律、法规、标准和规程的要求；

（9）有职业危害防治措施，并为作业人员配备符合国家标准或者行业标准的安全防护用具和安全防护服装；

（10）有对危险性较大的分部分项工程及施工现场易发生重大事故的部位、环节的预防、监控措施和应急预案；

（11）有生产安全事故应急救援预案、应急救援组织或者应急救援人员，配备必要的应急救援器材、设备；

（12）法律、法规规定的其他条件。

3. 建筑施工企业从事建筑施工活动前，应当依照规定向省级以上建设主管部门申请领取安全生产许可证。

中央管理的建筑施工企业（集团公司、总公司）应当向国务院建设主管部门申请领取安全生产许可证。

上述规定以外的其他建筑施工企业，包括中央管理的建筑施工企业（集团公司、总公司）下属的建筑施工企业，应当向企业注册所在地省、自治区、直辖市人民政府建设主管部门申请领取安全生产许可证。

4. 安全生产许可证的有效期为 3 年。安全生产许可证有效期满需要延期的，企业应当于期满前三个月向原安全生产许可证颁发管理机关申请办理延期手续。

企业在安全生产许可证有效期内，严格遵守有关安全生产的法律法规，未发生死亡事故的，安全生产许可证有效期届满时，经原安全生产许可证颁发管理机关同意，不再审查，安全生产许可证有效期延期三年。

5. 建筑施工企业取得安全生产许可证后，不得降低安全生产条件，并应当加强日常安全生产管理，接受建设主管部门的监督检查。安全生产许可证颁发管理机关发现企业不再具备安全生产条件的，应当暂扣或者吊销安全生产许可证。

6. 取得安全生产许可证的建筑施工企业，发生重大安全事故的，暂扣安全生产许可证并限期整改。

7. 建筑施工企业不再具备安全生产条件的，暂扣安全生产许可证并限期整改；情节严重的，吊销安全生产许可证。

8. 违反上述规定，建筑施工企业未取得安全生产许可证擅自从事建筑施工活动的，责令其在建项目停止施工，没收违法所得，并处 10 万元以上 50 万元以下的罚款；造成重大安全事故或者其他严重后果，构成犯罪的，依法追究刑事责任。

9. 违反上述规定，安全生产许可证有效期满未办理延期手续，继续从事建筑施工活动的，责令其在建项目停止施工，限期补办延期手续，没收违法所得，并处 5 万元以上 10 万元以下的罚款；逾期仍不办理延期手续，继续从事建筑施工活动的，依照规定进行处罚。

10. 违反上述规定，建筑施工企业转让安全生产许可证的，没收违法所得，处10万元以上50万元以下的罚款，并吊销安全生产许可证；构成犯罪的，依法追究刑事责任；接受转让的，依照规定进行处罚。

11. 冒用安全生产许可证或者使用伪造的安全生产许可证的，依照规定进行处罚。

12. 违反上述规定，建筑施工企业隐瞒有关情况或者提供虚假材料申请安全生产许可证的，不予受理或者不予颁发安全生产许可证，并给予警告，1年内不得申请安全生产许可证。

13. 建筑施工企业以欺骗、贿赂等不正当手段取得安全生产许可证的，撤销安全生产许可证，3年内不得再次申请安全生产许可证；构成犯罪的，依法追究刑事责任。

六、《建设工程质量管理条例》

为了加强对建设工程质量的管理，保证建设工程质量，保护人民生命和财产安全，经2000年1月10日国务院第25次常务会议通过，《建设工程质量管理条例》于2000年1月30日发布起施行。凡在中华人民共和国境内从事建设工程的新建、扩建、改建等有关活动及实施对建设工程质量监督管理的，必须遵守本条例。全文共九章八十二条。《建设工程质量管理条例》涉及建筑业安全生产的主要规定有：

1. 凡在中华人民共和国境内从事建设工程的新建、扩建、改建等有关活动及实施对建设工程质量监督管理的，必须遵守本条例。建设工程，是指土木工程、建筑工程、线路管道和设备安装工程及装修工程。

2. 从事建设工程活动，必须严格执行基本建设程序，坚持先勘察、后设计、再施工的原则。

3. 县级以上人民政府及其有关部门不得超越权限审批建设项目或者擅自简化基本建设程序。

4. 项目发包人应当将工程发包给具有相应资质等级的单位。项目发包人不得将建设工程肢解发包。

5. 项目发包人应当依法对工程建设项目的勘察、设计、施工、监理以及与工程建设有关的重要设备、材料等的采购进行招标。

建设工程发包单位不得迫使承包方以低于成本的价格竞标，不得任意压缩合理工期。项目发包人不得明示或者暗示设计单位或者项目承包人违反工程建设强制性标准，降低建设工程质量。

6. 实行监理的建设工程，项目发包人应当委托具有相应资质等级的工程监理单位进行监理，也可以委托具有工程监理相应资质等级并与被监理工程的施工承包单位没有隶属关系或者其他利害关系的该工程的设计单位进行监理。

下列建设工程必须实行监理：

（1）国家重点建设工程；

（2）大中型公用事业工程；

（3）成片开发建设的住宅小区工程；

（4）利用外国政府或者国际组织贷款、援助资金的工程；

（5）国家规定必须实行监理的其他工程。

7. 项目发包人在领取施工许可证或者开工报告前，应当按照国家有关规定办理工程质量监督手续。

8. 按照合同约定，由项目发包人采购建筑材料、建筑构配件和设备的，项目发包人应当保证建筑材料、建筑构配件和设备符合设计文件和合同要求。

项目发包人不得明示或者暗示项目承包人使用不合格的建筑材料、建筑构配件和设备。

9. 涉及建筑主体和承重结构变动的装修工程，项目发包人应当在施工前委托原设计单位或者具有相应资质等级的设计单位提出设计方案；没有设计方案的，不得施工。房屋建筑使用者在装修过程中，不得擅自变动房屋建筑主体和承重结构。

10. 从事建设工程勘察、设计的单位应当依法取得相应等级的资质证书，并在其资质等级许可的范围内承揽工程。禁止勘察、设计单位超越其资质等级许可的范围或者以其他勘察、设计单位的名义承揽工程。禁止勘察、设计单位允许其他单位或者个人以本单位的名义承揽工程。勘察、设计单位不得转包或者违法分包所承揽的工程。

11. 项目承包人应当依法取得相应等级的资质证书，并在其资质等级许可的范围内承揽工程。禁止项目承包人超越本单位资质等级许可的业务范围或者以其他项目承包人的名义承揽工程。禁止项目承包人允许其他单位或者个人以本单位的名义承揽工程。项目承包人不得转包或者违法分包工程。

12. 项目承包人对建设工程的施工质量负责。项目承包人应当建立质量责任制，确定工程项目的项目经理、技术负责人和施工管理负责人。

13. 建设工程实行总承包的，总承包单位应当对全部建设工程质量负责；建设工程勘察、设计、施工、设备采购的一项或者多项实行总承包的，总承包单位应当对其承包的建设工程或者采购设备的质量负责。

14. 施工人员对涉及结构安全的试块、试件以及有关材料，应当在项目发包人或者工程监理单位监督下现场取样，并送具有相应资质等级的质量检测单位进行检测。

15. 项目承包人应当建立、健全教育培训制度，加强对职工的教育培训；未经教育培训或者考核不合格的人员，不得上岗作业。

16. 建设工程实行质量保修制度。

建设工程承包单位在向项目发包人提交工程竣工验收报告时，应当向项目发包人出具质量保修书。质量保修书中应当明确建设工程的保修范围、保修期限和保修责任等。

在正常使用条件下，建设工程的最低保修期限为：

（1）基础设施工程、房屋建筑的地基基础工程和主体结构工程，为设计文件规定的该工程的合理使用年限；

（2）屋面防水工程、有防水要求的卫生间、房间和外墙面的防渗漏，为五年；

（3）供热与供冷系统，为两个采暖期、供冷期；

（4）电气管线、给排水管道、设备安装和装修工程，为两年。

其他项目的保修期限由发包方与承包方约定。

建设工程的保修期，自竣工验收合格之日起计算。

七、《中华人民共和国消防法》

为了预防火灾和减少火灾危害，加强应急救援工作，保护人身、财产安全，维护公共安全，1998 年 4 月 29 日第九届全国人民代表大会常务委员会第二次会议通过了《中华人民共和国消防法》，2008 年 10 月 28 日，第十一届全国人民代表大会常务委员会第五次会议对该法进行了修订。《消防法》涉及建筑业安全生产的主要规定有：

1. 消防工作贯彻“预防为主、防消结合”的方针，按照政府统一领导、部门依法监管、单位全面负责、公民积极参与的原则，实行消防安全责任制，建立健全社会化的消防工作网络。

2. 国务院领导全国的消防工作。地方各级人民政府负责本行政区域内的消防工作。各级人民政府应当将消防工作纳入国民经济和社会发展计划，保障消防工作与经济社会发展相适应。

3. 国务院公安部门对全国的消防工作实施监督管理。县级以上地方人民政府公安机关对本行政区域内的消防工作实施监督管理，并由本级人民政府公安机关消防机构负责实施。军事设施的消防工作，由其主管单位监督管理，公安机关消防机构协助；矿井地下部分、核电厂、海上石油天然气设施的消防工作，由其主管单位监督管理。

县级以上人民政府其他有关部门在各自的职责范围内，依照本法和其他相关法律、法规的规定做好消防工作。

4. 依法应当经公安机关消防机构进行消防设计审核的建设工程，未经依法审核或者审核不合格的，负责审批该工程施工许可的部门不得给予施工许可，项目发包人、项目承包人不得施工；其他建设工程取得施工许可后经依法抽查不合格的，应当停止施工。

5. 机关、团体、企业、事业等单位应当履行下列消防安全职责：

（1）落实消防安全责任制，制定本单位的消防安全制度、消防安全操作规程，制订灭火和应急疏散预案；

（2）按照国家标准、行业标准配置消防设施、器材，设置消防安全标志，并定期组织检验、维修，确保完好有效；

（3）对建筑消防设施每年至少进行一次全面检测，确保完好有效，检测记录应当完整准确，存档备查；

（4）保障疏散通道、安全出口、消防车通道畅通，保证防火防烟分区、防火间距符合消防技术标准；

（5）组织防火检查，及时消除火灾隐患；

（6）组织进行有针对性的消防演练；

（7）法律、法规规定的其他消防安全职责。

单位的主要负责人是本单位的消防安全责任人。

6. 禁止在具有火灾、爆炸危险的场所吸烟、使用明火。因施工等特殊情况需要使用明火作业的，应当按照规定事先办理审批手续，采取相应的消防安全措施；作业人员应当遵守消防安全规定。进行电焊、气焊等具有火灾危险作业的人员和自动消防系统的操作人员，必须持证上岗，并遵守消防安全操作规程。

7. 建筑构件、建筑材料和室内装修、装饰材料的防火性能必须符合国家标准；没有国家标准的，必须符合行业标准。人员密集场所室内装修、装饰，应当按照消防技术标准的要求，使用不燃、难燃材料。

八、《建筑工程预防高处坠落事故若干规定》

为预防高处坠落事故发生，保证施工安全，2003 年 4 月 17 日，建设部（现住房和城乡建设部）印发了《建筑工程预防高处坠落事故若干规定》（建质［2003］82 号）。《建筑工程预防高处坠落事故若干规定》涉及建筑业安全生产的主要规定有：

1. 项目承包人的法定代表人对本单位的安全生产全面负责。项目承包人在编制施工组织设计时，应制定预防高处坠落事故的安全技术措施。

项目经理对本项目的安全生产全面负责。项目经理部应结合施工组织设计，根据建筑工程特点编制预防高处坠落事故的专项施工方案，并组织实施。

2. 项目承包人应做好高处作业人员的安全教育及相关的安全预防工作：

（1）所有高处作业人员应接受高处作业安全知识的教育；特种高处作业人员应持证上岗，上岗前应依据有关规定进行专门的安全技术签字交底。采用新工艺、新技术、新材料和新设备的，应按规定对作业人员进行相关安全技术签字交底。

（2）高处作业人员应经过体检，合格后方可上岗。项目承包人应为作业人员提供合格的安全帽、安全带等必备的安全防护用具，作业人员应按规定正确佩戴和使用。

（3）脚手架应按相关规定编制施工方案，项目承包人分管负责人审批签字，项目分管负责人组织有关部门验收，经验收合格签字后，方可作业。作业层脚手架的脚手板应铺设严密，下部应用安全平网兜底。脚手架外侧应采用密目式安全网做全封闭，不得留有空隙。密目式安全网应可靠固定在架体上。作业层脚手板与建筑物之间的空隙大于 15cm 时应作全封闭，防止人员和物料坠落。作业人员上下应有专用通道，不得攀爬架体。

（4）模板工程应按相关规定编制施工方案，项目承包人分管负责人审批签字；项目分管负责人组织有关部门验收，经验收合格签字后，方可作业。模板工程在绑扎钢筋、粉刷模板、支拆模板时应保证作业人员有可靠立足点，作业面应按规定设置安全防护设施。模板及其支撑体系的施工荷载应均匀堆置，并不得超过设计计算要求。

九、《建筑工程预防坍塌事故若干规定》

为预防坍塌事故发生，保证施工安全，2003 年 4 月 17 日，建设部（现住房和城乡建设部）印发了《建筑工程预防坍塌事故若干规定》（建质［2003］82 号）。《建筑工程预防坍塌事故若干规定》涉及建筑安全生产的规定主要有：

1. 基坑（槽）、边坡、基础桩、模板和临时建筑作业前，项目承包人应按设计单位要求，根据地质情况、施工工艺、作业条件及周边环境编制施工方案，单位分管负责人审批签字，项目分管负责人组织有关部门验收，经验收合格签字后，方可作业。

2. 项目承包人应编制深基坑（槽）、高切坡、桩基和超高、超重、大跨度模板支撑系统等专项施工方案，并组织专家审查。

3. 楼面、屋面堆放建筑材料、模板、施工机具或其他物料时，项目承包人应严格控制数量、重量，防止超载。堆放数量较多时，应进行荷载计算，并对楼面、屋面进行加固。

4. 冬季解冻期施工时，项目承包人应对基坑（槽）和基础桩支护进行检查，无异常情况后，方可施工。

十、《中华人民共和国劳动法》

为了保护劳动者的合法权益，调整劳动关系，建立和维护适应社会主义市场经济的劳动制度，促进经济发展和社会进步，中华人民共和国第八届全国人民代表大会常务委员会第八次会议于 1994 年 7 月 5 日通过了《中华人民共和国劳动法》。《中华人民共和国劳动法》涉及建筑安全生产的规定主要有：

1. 劳动者享有平等就业和选择职业的权利、取得劳动报酬的权利、休息休假的权利、获得劳动安全卫生保护的权利、接受职业技能培训的权利、享受社会保险和福利的权利、提请劳动争议处理的权利以及法律规定的其他劳动权利。

劳动者应当完成劳动任务，提高职业技能，执行劳动安全卫生规程，遵守劳动纪律和职业道德。

2. 用人单位必须建立、健全劳动安全卫生制度，严格执行国家劳动安全卫生规程和标准，对劳动者进行劳动安全卫生教育，防止劳动过程中的事故，减少职业危害。

3. 劳动安全卫生设施必须符合国家规定的标准。

新建、改建、扩建工程的劳动安全卫生设施必须与主体工程同时设计、同时施工、同时投入生产和使用。

用人单位必须为劳动者提供符合国家规定的劳动安全卫生条件和必要的劳动防护用品，对从事有职业危害作业的劳动者应当定期进行健康检查。

从事特种作业的劳动者必须经过专门培训并取得特种作业资格。

4. 劳动者在劳动过程中必须严格遵守安全操作规程。

劳动者对用人单位管理人员违章指挥、强令冒险作业，有权拒绝执行；对危害生命安全和身体健康的行为，有权提出批评、检举和控告。

5. 国家建立伤亡事故和职业病统计报告和处理制度。县级以上各级人民政府劳动行政部门、有关部门和用人单位应当依法对劳动者在劳动过程中发生的伤亡事故和劳动者的职业病状况，进行统计、报告和处理。

6. 用人单位应当建立职业培训制度，按照国家规定提取和使用职业培训经费，根据本单位实际，有计划地对劳动者进行职业培训。从事技术工种的劳动者，上岗前必须经过培训。

第三节　职业健康安全管理制度

一、职业健康安全管理体系

建设工程项目职业健康安全管理必须建立管理体系，职业健康安全管理体系是企业的总体管理体系中的一部分。目前各个企业建立职业健康安全管理体系，一般采用我国作为推荐性标准的职业健康安全管理体系标准（GB/T 28000）。

我国的职业健康安全体系主要由《职业健康安全管理体系　规范》（GB/T 28001—2001）和《职业健康安全管理体系　指南》（GB/T 28002—2002）构成。

我国的职业健康的安全方针是“安全第一，预防为主”。安全生产工作以预防为主的方针是以人为本的思想表现，也是建设工程生产的复杂性导致的结果。只有在施工前详细进行危险源的识别和评定，采取充分的预防措施，并进行提前控制，才有可能实现事前确定的目标。强调在生产中做好职业健康安全管理工作，尽可能地把事故消灭在萌芽状态中。

（一）建立职业健康安全管理体系

组织应建立职业健康安全体系，并遵循《建设工程安全生产管理条例》和《职业健康安全管理体系》GB/T 28000 等标准体系，建立职业健康安全方针、策划实施和运行、检查和纠正措施、管理评审以及持续改进等模式。项目经理是现场职业健康安全的管理负责人。由于安全工作的专业性，各级安全管理人员应通过相应的资格考试，持证上岗。

（二）建立职业健康安全管理体系的作用

1. 职业健康安全状况是经济发展和社会文明程度的反映。使所有的劳动者获得安全与健康，是社会公正、安全、文明、健康发展的基本标志，也是保持社会安定团结和经济可持续发展的重要条件；

2. 职业健康安全管理体系是对企业环境的职业健康安全状态规定了具体的要求和限定，通过科学管理使工作环境符合职业健康安全标准的要求；

3. 职业健康安全管理体系的运行主要依赖于逐步提高，持续改进，是一个动态的、自我调整和完善的管理系统。同时，也是职业健康安全管理体系的基本思想；

4. 职业健康安全管理体系是项目管理体系中的一个子系统，其循环也是整个管理系统循环的一个子系统。

（三）建立职业健康安全管理体系的原则

为贯彻“安全第一、预防为主”的方针，建立健全职业健康安全管理体系，应结合工程的特点，其主要的原则有：

1. 要适用于建筑工程项目全过程的职业健康安全管理和控制；

2. 依据《建筑法》、《职业安全卫生管理体系标准》等以及国家有关职业健康安全生产的法律、行政法规和规程进行编制；

3. 建立职业健康安全管理系统必须包含的基本要求和内容。项目经理部应结合各自实际加以充实，建立职业健康安全生产管理体系，确保项目施工的职业健康安全；

4. 建筑业施工企业应加强对施工项目的健康安全管理，指导、帮助项目经理部建立、实施并保持职业健康安全管理体系。

二、职业健康安全组织管理制度

职业健康安全管理组织主要包括安全负责人、技术负责人、施工管理负责人、消防管理负责人、劳务管理负责人和其他有关部门等。

（一）职业健康安全管理组织的职责

1. 安全负责人主要负责职业健康安全技术措施实施中检查和实施效果监察；纠正实施过程中的违规；配合有关部门排除施工过程中的不安全因素；项目全员安全活动和教育；监督劳保用品的质量和使用。

2. 技术负责人主要负责制定项目职业安全技术措施和分项安全方案；督促职业安全措施的落实；解决施工过程中的不安全技术问题；负责组织制订潜在事件和紧急情况的应急预案。

3. 施工管理负责人主要负责组织职业安全技术措施的实施；整改施工过程中的不安全因素，负责不符合的整改，实施纠正措施。

4. 机械管理负责人主要负责保证项目使用的各种机械设备的安全运行；监督机械操作人员持证上岗，遵章作业；改善人机环境，创造健康安全的作业条件。

5. 消防管理负责人主要负责进行消防规划，保证防火设备设施齐全有效；核查并督促责任单位和人员消除火灾隐患；组织现场消防等。

6. 劳务管理负责人主要负责保证进场施工人员安全技术素质、组织进场培训；控制加班加点、保证劳逸结合；提供必要的劳动用品用具，保证质量。

7. 其他有关部门主要是财务部门保证职业健康安全措施项目的经费；卫生、行政部门保证工人生活基本条件，确保施工人员的健康。

（二）职业健康安全管理组织的任务

1. 施工前的准备

（1）施工组织设计中应有职业健康安全技术措施；

（2）机具设备状况、施工环境符合职业健康安全要求；

（3）施工人员经过职业健康安全技术与自我保护教育；

（4）建立各种职业健康安全责任制度；

（5）制定安全防护措施和预防措施；

（6）不安全因素的预测及制定应急预案。

2. 施工中检查

（1）职业健康安全技术交底；

（2）施工中各种不健康、不安全因素的控制；

（3）坚持和检查安全措施；

（4）纠正不健康、不安全的隐患；

（5）定期召开安全会议，不断改进施工条件和环境，实施职业健康安全过程控制。

3. 竣工时总结

（1）总经施工安全经验；

（2）找出施工生产中职业健康安全的薄弱环节，并提出改造措施；

（3）做好施工生产中职业健康安全的评比和奖罚工作。

4. 职业健康安全责任制

（1）建立项目部、施工团队、生产班级三级职业健康安全责任制，各级领导为主要责任人；

（2）各职能部门制定职业健康安全规章制度，落实安全措施；

（3）施工中出现安全事故，按“三不放过”原则处理。

5. 奖罚制度

（1）职业健康、安全生产奖励基金制度；

（2）职业健康、安全责任金“归零”制度；

（3）死亡、严重职业健康安全事故处罚和处分制度；

（4）表彰安全生产单位和个人制度。

（三）职业健康安全管理组织的安全责任

1. 发包人的施工安全责任

（1）发包人应按合同约定履行安全职责，授权监理人按合同约定的安全工作内容监督、检查承包人安全工作的实施，组织承包人和有关单位进行安全检查。

（2）发包人应对其现场机构雇佣的全部人员的工伤事故承担责任，但由于承包人原因造成发包人人员工伤的，应由承包人承担责任。

（3）发包人应负责赔偿以下各种情况造成的第三者人身伤亡和财产损失：

①工程或工程的任何部分对土地的占用所造成的第三者财产损失；

②由于发包人原因在施工场地及其毗邻地带造成的第三者人身伤亡和财产损失。

2. 承包人的施工安全责任

(1) 承包人应按合同约定履行安全职责，执行监理人有关安全工作的指示，并在专用合同条款约定的期限内，按合同约定的安全工作内容，编制施工安全措施计划报送监理人审批。

(2) 承包人应加强施工作业安全管理，特别应加强易燃、易爆材料、火工器材、有毒与腐蚀性材料和其他危险品的管理，以及对爆破作业和地下工程施工等危险作业的管理。

(3) 承包人应严格按照国家安全标准制定施工安全操作规程，配备必要的安全生产和劳动保护设施，加强对承包人人员的安全教育，并发放安全工作手册和劳动保护用具。

(4) 承包人应按监理人的指示制定应对灾害的紧急预案，报送监理人审批。承包人还应按预案做好安全检查，配置必要的救助物资和器材，切实保护好有关人员的人身和财产安全。

(5) 合同约定的安全作业环境及安全施工措施所需费用应遵守有关规定，并包括在相关工作的合同价格中。因采取合同未约定的安全作业环境及安全施工措施增加的费用由监理人商定或确定。

(6) 承包人应对其履行合同所雇佣的全部人员，包括分包商人员的工伤事故承担责任，但由于发包人原因造成承包人人员工伤事故的，应由发包人承担责任。

(7) 由于承包人原因在施工场地内及其毗邻地带造成的第三者人员伤亡和财产损失，由承包人负责赔偿。

3. 施工现场安全管理岗位责任

(1) 项目经理

项目经理是项目安全生产的第一责任人，对项目的安全生产负全面领导责任。要认真贯彻落实安全生产方针、政策、法规和各项规章制度，结合项目工程特点及施工全过程的情况，制定项目工程各项安全生产管理办法，并监督实施。建立健全项目部组织结构，确保配备必要的资源（人力、基础设施、环境），根据项目的实际情况确定项目的安全生产目标、指标，将管理目标分解、落实，责任到人，制定各级职能人员的管理职责，确保目标的实现。

对工程项目进行施工组织策划，确保安全生产投入。组织对现场职工进行安全技术和安全知识教育。组织落实施工组织设计中安全技术措施，组织并监督项目工程施工中安全技术交底制度和设备、设施验收制度的实施。定期组织安全生产检查，消除事故隐患，不违章指挥，制止违章作业。对监督部门提出的安全生产方面的问题，要及时采取措施予以解决。

对劳动保护用品的正确使用和“三违”现象进行监督。组织编制项目部应急救援预案，事故发生后，事故现场有关人员应当立即向单位负责人报告；情况紧急时，事故现场有关人员可以直接向事故发生地县级以上人民政府安全生产监督管理部门和负有安全生产监督管理职责的有关部门报告。

（2）项目安全负责人

具体负责项目施工管理过程中对安全生产的组织、管理、指挥、协调等工作，是项目安全生产的直接责任人。要认真贯彻落实安全生产方针、政策、法规和各项规章制度，树立“安全第一”的思想，当进度与质量、安全生产发生矛盾时，首先保证安全。监督各项技术、安全措施的落实情况，抓好安全生产、搞好文明施工。每周组织安全生产检查和安全工作会议或安全专项检查，对职工进行安全教育，并保存会议记录或纪要。每月组织两次以上各专业联合检查，检查要有记录或纪要等文件。参加事故事件的调查、分析、处理，向上级主管部门和领导及时反馈信息。

（3）项目技术负责人

对项目安全技术负直接责任。认真贯彻落实安全生产方针、政策，严格执行安全技术规程、规范、标准。结合项目工程特点，编制项目分部分项安全技术方案和专项方案，负责向专业技术负责人进行特殊或关键部位的安全技术交底，并监督实施。主持制定技术措施计划和季节性施工方案的同时，制定相应的安全技术措施并监督执行。及时解决施工中出现的安全技术问题。

组织职工学习安全技术操作规程，对从事特殊过程施工的人员组织培训。主持安全防护设施和设备的验收，严格控制不符合标准要求的防护设备、设施投入使用。参加安全生产检查，对施工中存在的不安全因素，从技术方面提出整改意见和办法予以消除。参加、配合因工伤亡及重大未遂事故的调查，从技术上分析事故原因，提出防范措施、意见。

（4）专职安全员

认真贯彻执行国家有关安全生产的方针、政策、法律、法规及行业主管部门和公司有关安全生产的规章制度。协助项目经理搞好职工的安全教育、培训工作。负责日常安全检查工作，有权制止违章指挥和违章作业，每周召开安全例会，并做好检查记录，对上级检查提出的问题负责复查。监督施工现场各种人员正确佩戴和使用安全防护用品。负责安全生产管理资料的收集、分类、归档。安全员上岗期间，佩戴统一的红底黄字“安全监督员”袖标。

（5）群众监督员

负责监督施工现场落实建筑安全生产法规、安全生产管理制度和劳动保护制度情况，对企业违反安全生产法律法规和标准、阻挠或打击报复群众监督员履行安全职责的行为，有权向上级工会或政府有关部门举报和投诉。有权对班组农民工进行安全管理，对施工现场安全生产情况和工人劳动保护情况提出改进意见；对事故隐患提出整改意见；及时发现并劝止施工现场各种违章指挥、违规作业、违反劳动纪律等不安全行为；劝止无效，应及时向现场专职安全员反映。发现施工场所内有不符合安全标准或主要生产安全设施及环境异常，应及时向现场管理人员汇报；发现重大事故隐患并可能危及工人生命安全时，有权命令所有人员停止作业、撤离现场，并应协助做好疏导工作。

群众监督员上岗期间，佩戴统一的黄底红字“安全群众监督员”袖标。实行班组安全生产台账制度，认真做好班组安全情况记录。

（四）项目承包人安全生产基本保障措施

1. 安全生产费用应当专款专用

项目承包人对列入建设工程概算的安全作业环境及安全施工措施所需费用，应当用于施工安全防护用具及设施的采购和更新、安全施工措施的落实、安全生产条件的改善，不得挪作他用。

2. 安全生产管理机构及人员的设置

项目承包人应当设立安全生产管理机构，配备专职安全生产管理人员。

专职安全生产管理人员负责对安全生产进行现场监督检查。发现安全事故隐患，应当及时向项目负责人和安全生产管理机构报告；对违章指挥、违章操作的，应当立即制止。

3. 编制安全技术措施及专项施工方案的规定

项目承包人应当在施工组织设计中编制安全技术措施和施工现场临时用电方案，对下列达到一定规模的危险性较大的分部分项工程编制专项施工方案，并附安全验算结果，经项目承包人技术负责人、总监理工程师签字后实施，由专职安全生产管理人员进行现场监督：

（1）基坑支护与降水工程；

（2）土方开挖工程；

（3）模板工程；

（4）起重吊装工程；

（5）脚手架工程；

（6）拆除、爆破工程；

（7）国务院建设行政主管部门或者其他有关部门规定的其他危险性较大的工程。

对上述工程中涉及深基坑、地下暗挖工程、高大模板工程的专项施工方案，项目承包人还应当组织专家进行论证、审查。

项目承包人还应当根据施工阶段和周围环境及季节、气候的变化，在施工现场采取相应的安全施工措施。施工现场暂时停止施工的，项目承包人应当做好现场防护，所需费用由责任方承担，或按照合同约定执行。

4. 对安全施工技术要求的交底

建设工程施工前，项目承包人负责项目管理的技术人员应当对有关安全施工的技术要求向施工作业班组、作业人员做出详细说明，并由双方签字确认。

5. 危险部位安全警示标志的设置

项目承包人应当在施工现场人口处、施工起重机械、临时用电设施、脚手架、出入通道口、楼梯口、电梯井口、孔洞口、桥梁口、隧道口、基坑边沿、爆破物及有害危险气体和液体存放处等危险部位，设置明显的安全警示标志。安全警示标志必须符合国家标准。

6. 对施工现场生活区、作业环境的要求

项目承包人应当将施工现场的办公、生活区与作业区分开设置，并保持安全距离；办公、生活区的选址应当符合安全性要求。职工的膳食、饮水、休息场所等应当符合卫生标准。项目承包人不得在尚未竣工的建筑物内设置员工集体宿舍。

7. 环境污染防护措施

项目承包人因建设工程施工可能造成损害的毗邻建筑物、构筑物和地下管线等，应当采取专项保护措施。

项目承包人应当遵守有关环境保护法律、法规的规定，在施工现场采取措施，防止或减少粉尘、废气、废水、固体废物、噪声、振动和施工照明对人和环境的危害和污染。

8. 消防安全保障措施

消防安全是建设工程安全生产管理的重要组成部分，是项目承包人现场安全生产管理的工作重点之一。《建设工程安全生产管理条例》第三十一条规定，项目承包人应当在施工现场建立消防安全责任制度，确定消防安全责任人，制定用火、用电、使用易燃易爆材料等各项消防安全管理制度和操作规程，设置消防通道、消防水源，配备消防设施和灭火器材，并在施工现场入口处设置明显标志。

9. 劳动安全管理规定

项目承包人应当向作业人员提供安全防护用具和安全防护服装，并书面告知危险岗位的操作规程和违章操作的危害。

作业人员有权对施工现场的作业条件、作业程序和作业方式中存在的安全问题提出批评、检举和控告，有权拒绝违章指挥和强令冒险作业。在施工中发生危及人身安全的紧急情况时，作业人员有权立即停止作业或者在采取必要的应急措施后撤离危险区域。作业人员应当遵守安全施工的强制性标准、规章制度和操作规程，正确使用安全防护用具、机械设备等。

（五）施工现场重大危险源管理

1. 施工现场危险源

由于建筑施工活动，可能导致施工现场及周围社区人员伤亡、财产损失、环境破坏等意外的潜在不安全因素。

2. 危险源辨识

项目部应成立由项目经理任组长的危险源辨识评价小组，在工程开工前由危险源辨识评价小组对施工现场的主要和关键工序中的危险因素进行辨识。

3. 危险源分类

建筑施工企业的危险源大概可分为以下几类：高处坠落、物体打击、触电、坍塌、机械伤害、起重伤害、中毒和窒息、火灾和爆炸、车辆伤害、粉尘、噪声、灼烫、其他等。

施工现场内的危险源主要与施工部位、分部分项（工序）工程、施工装置（设施、机械）及物质有关。

（1）脚手架（包括落地架，悬挑架、爬架等）、模板支撑体系、起重吊装、物料提升机、施工电梯安装与运行，基坑（槽）施工，局部结构工程或临时建筑（工棚、围墙等）失稳，造成坍塌、倒塌意外；

（2）高度大于2米的作业面（包括高空、洞口、临边作业），因安全防护设施不符合或无防护设施、人员未配备劳动保护用品造成人员踏空、滑倒、失稳等意外；

（3）焊接、金属切割、冲击钻孔（凿岩）等施工及各种施工电器设备的安全保护（如：漏电、绝缘、接地保护等）不符合，造成人员触电、局部火灾等意外；

（4）工程材料、构件及设备的堆放与搬（吊）运等发生高空坠落、堆放散落、撞击人员等意外；

（5）人工挖孔桩（井）、室内涂料（油漆）及粘贴等因通风排气不畅造成人员窒息或气体中毒重大危险源；

（6）施工用易燃易爆化学物品临时存放或使用不符合、防护不到位，造成火灾或人员中毒意外；

（7）工地饮食因卫生不符合，造成集体中毒或疾病。

4. 危险源识别

在对危险源进行识别时应充分考虑正常、异常、紧急三种状态以及过去、现在、将来三种时态。主要从以下作业活动进行辨识：施工准备、施工阶段、关键工序、工地地址、工地内平面布局、建筑物构造、所使用的机械设备装置、有害作业部位（粉尘、毒物、噪声、振动、高低温）、各项制度（女工劳动保护、体力劳动强度等）、生活设施和应急、外出工作人员和外来工作人员。

重点放在工程施工的基础、主体、装饰、装修阶段及危险品的控制及影响上，并考虑国家法律、法规的要求，特种作业人员、危险设施、经常接触有毒、有害物质的作业活动和情况；具有易燃、易爆特性的作业活动和情况；具有职业性健康伤害、损害的作业活动和情况；曾经发生或行业内经常发生事故的作业活动和情况。

5. 风险评价

风险评价是评估危险源所带来的风险大小及确定风险是否可容许的全过程，根据评价的结果对风险进行分级，按不同级别的风险有针对性地采取风险控制措施。安全风险的大小可采用事故后果的严重程度与事故发生的可能性的乘积来衡量。

6. 风险控制

极高：应作为重点的控制对象，制订方案实施控制。

高：直至风险降低后才能开始工作。为降低风险有时必须配备大量资源。当风险涉及正在进行中的工作时，应采取应急措施。在方案和规章制度中制订控制办法，并对其实施控制。

中：应努力降低风险，但应仔细测定并限定预防成本，在规章制度内进行预防和控制。

低：是指风险减低到合理可行的，最低水平不需要另外的控制措施，应考虑投资效果更佳的解决方案或不增加额外成本的改进措施，需要监测来确保控制措施得以维持。

（六）现场安全防护

1. 脚手架

（1）脚手架支搭、拆除及所用构件必须符合《建筑施工扣件式钢管脚手架安全技术规范》，项目承包人必须编制落地式与悬挑式脚手架及模板支架专项施工方案，包括搭设要求、基础处理、杆件间距、连墙杆设置、拆除程序等内容，并附有设计计算书，施工详图及大样图。其方案经监理单位确认后，由项目承包人组织实施。

（2）使用工具式脚手架必须经过设计和编制施工方案，经技术部门负责人审批。附着升降脚手架的供应单位必须提供设计、制造该脚手架的法定资质证书及出厂合格证，所用各种材料、工具和设备的质量合格证、材质单等质量文件。附着升降脚手架的安装单位必须提供法定的安装资质证书。作业人员必须经过专业培训并取得上岗证书。

（3）严禁使用木、竹脚手架和钢木、钢竹混搭脚手架。整体高度超过24米时，严禁使用单排脚手架。

（4）脚手架基础必须平整坚实，有排水措施；架体必须支搭在底座（托）

或通长脚手板上；脚手架施工操作面必须满铺脚手板，离墙面不得大于20厘米，不得有空隙和探头板、飞跳板；操作面外侧应设一道护身栏杆和一道18厘米高的挡脚板；内立杆与建筑物距离大于15厘米时必须进行封闭；脚手架施工层操作面下方净空距离超过3米时，必须设置一道水平安全网，双排架里口与结构外墙间水平网无法防护时可铺设脚手板；架体必须用密目安全网沿外架内侧进行封闭，安全网之间必须连接牢固，封闭严密，并与架体固定。

（5）脚手架必须按楼层与结构拉接牢固，拉接点垂直距离不得超过4米，水平距离不得超过6米，拉接必须使用钢性材料；脚手架必须设置连续剪刀撑（十字盖），宽度不得超过7根立杆，斜杆与水平面夹角应为45°~60°；人行马道宽度不小于1米，斜道的坡度不大于1∶3；运料马道宽度不小于1.5米，斜道的坡度不大于1∶6；拐弯处应设平台，按临边防护要求设置防护栏杆及挡脚板，防滑条间距不大于30厘米。

2. 基坑及模板工程

（1）施工现场基坑及模板工程应严格按照《深基坑支护技术规程》等规范要求施工。

（2）在基础施工前及开挖槽、坑、沟土方前，项目发包人必须以书面形式向施工企业提供详细的与施工现场相关的供水、排水、供电、供气、供热、通信、广播电视等地上、地下管线资料，气象和水文观测资料，并保证资料的真实、准确、完整；施工企业应编制地上、地下管线保护措施。

（3）危险处和通道处及行人过路处开挖的槽、坑、沟，必须采取有效的防护措施，防止人员坠落，夜间应设红色标志灯；雨季施工期间基坑周边必须要有良好的排水系统和设施；槽、坑、沟边1米以内不得堆土、堆料、停置机具。基础施工时的降排水（井点）工程的井口，必须设牢固防护盖板或围栏和警示标志，完工后，必须将井回填实。

（4）开挖槽、坑、沟深度超过1.5米，应根据土质和深度情况按规定放坡或加可靠支撑，并设置人员上下坡道或爬梯，爬梯两侧应用密目网封闭。开挖深度超过2米的，必须在边沿处设立两道防护栏杆，用密目网封闭。基坑深度超过5米的，必须编制专项施工安全技术方案，并组织专家论证。

（5）人工挖大孔径桩的施工企业必须具备总承包一级以上资质或地基与基础工程专业承包一级资质；挖大孔径桩必须采用混凝土护壁，混凝土强度达到规定的强度和养护时间后，方可进行下层土方开挖；下孔作业前应进行有毒、有害气体检测，确认安全后方可下孔作业；孔下作业人员连续作业不得超过2小时，并设专人监护。

（6）模板工程施工前应编制施工方案（包括模板及支撑的设计、制作、安装和拆除的施工工序以及运输、存放的要求），并严格按照方案执行。

（7）吊运大模板必须采用卡环，大模板在每次吊运前必须逐一检查吊索具及每块模板上的吊环是否完整有效；吊运墙体大模板时应一板一吊，严禁同时吊运两块以上的大模板；大模板单位重量不得大于起重机的荷载；吊运两块柱模、角模时，吊点必须在同一水平面上；大模板吊运时应加导引绳（即在吊环或模板上加两条大绳，通过拉大绳调节模板位置），严禁施工人员直接推拉大模板；吊运大模板时应设专人指挥，模板起吊应平稳，不得偏斜和大幅度摆动；操作人员必须站在安全可靠处，严禁人员和物料随同大模板一同起吊；穿墙螺栓等其他零星部件的垂直运输应采用有边框的吊盘进行，禁止用编织袋直接吊运；当风力超过6级或大雨、大雪、大雾时不得进行吊装作业。

（8）大模板安装前应按配模设计平面图规定位置将斜撑、挑架、跳板、护栏及爬梯等安装齐全并连接牢固；大模板安装时应按模板编号顺序遵循先内侧、后外侧，先横墙、后纵墙的原则安装就位；根部和顶部要有固定措施；大模板支撑必须牢固、稳定，支撑点应设在坚固可靠处，不得与脚手架拉结；大模板就位后紧固好穿墙螺栓方可解除吊车吊环，对空间狭窄，无法安装支腿的模板和就位后的模板不能及时安装穿墙螺栓时，应用索具将同一墙体正反两块模板相互拉接，严禁使用铅丝临时固定；组装平模时，应及时用卡具或花篮螺丝将相邻模板连接好，防止倾倒。

（9）大模板的拆除顺序应遵循先支后拆、后支先拆，先非承重部位、后承重部位以及自上而下顺序的原则；拆除有支撑架的大模板时，应先拆除模板与混凝土结构之间的穿墙螺栓及其他连接件，松动地脚螺栓，使模板后倾与墙体脱离开；拆除无固定支撑架的大模板时，应用索具与墙体主筋拉接牢固，严禁使用铅丝临时固定；任何情况下，严禁操作人员站在模板上口采用晃动、撬动或用大锤砸模板的方法拆除模板；拆除的穿墙螺栓、连接件及拆模用工具必须妥善保管和放置，不得随意散放在操作平台上；起吊大模板前应先检查模板与混凝土结构之间所有穿墙螺栓、连接件是否全部拆除，必须在确认模板和混凝土结构之间无任何连接后方可起吊大模板，移动模板时不得碰撞墙体；吊运时应垂直起吊。

（10）施工现场应确定模板存放区域，大模板现场堆放区应在起重机的有效工作范围之内，严禁将模板放置在存放区以外；存放区应设围栏，地面必须平整夯实，有排水措施，不得堆放在松土、冻土或凹凸不平的场地上；大模板堆放时，有支撑架的大模板必须满足自稳角70°~80°要求；没有支撑架的大模板应存放在专用的插放支架内，不得倚靠在其他物体上；大模板在存放时，应采取两块大模板板面对板面相对放置的方法，且应在模板中间留置不小于600毫米的操作间距；遇有大风等恶劣天气，应对存放的模板采取临时连接的固定措施，同时暂停清理模板和涂刷脱模剂等作业。

3.“三宝”、“四口”及临边防护

（1）“三宝”、“四口”和临电防护设施应严格按《建筑施工安全检查标准》支搭。

（2）所有人员进入施工现场必须正确佩戴符合标准的安全帽。在建工程建筑物的外侧，必须采用规格、材质符合标准的密目式安全网按相关规定进行封闭，经验收合格方能投入使用。高处作业必须系好安全带，并按相关规定进行验收、使用，安全带必须符合相关标准的规定。

（3）楼梯口必须设置防护栏杆；电梯井口必须设置防护门并宜采用定型、标准、工具化产品；通道口必须搭设防护棚；预留洞口根据具体情况必须采取设防护栏杆、加盖件、张挡安全网、装栅门等措施。临边作业必须设置防护措施。以上措施必须符合《建筑施工高处作业安全技术规范》的规定。

（4）因作业必须临时拆除或变动安全防护设施时，必须经施工负责人同意并采取相应可靠措施，作业后应立即恢复原安全防护设施。

（5）总、分包单位（包括建设方直接分包单位）之间应根据工序、进度的实际情况作好对防护设施的检查、验收、移交、管理等工作，以明确义务、划分责任、加强管理。

4. 施工用电

（1）项目承包人应按《施工现场临时用电安全技术规范》规定编写施工现场临时用电组织设计。施工现场临时用电中，对涉及外电线路及电气设备防护、电动施工机具和手持电动工具的用电安全，应做专项方案，制定相应的防护措施、操作规程。

（2）施工现场临时用电必须采用TN-S系统，符合“三级配电逐级保护”，达到“一机、一箱、一闸、一漏”的要求。电箱设置、线路敷设、接零保护、接地装置、电气联接、漏电保护等各种配电装置应符合《施工现场临时用电安全技术规范》的要求。

（3）配电箱、开关箱及其电器配件必须使用合格产品，完好可靠。配电箱、开关箱应标明编号、分路标记、用途。配电箱的各控制回路应标明所控制的设备名称。保护接零和工作接零的端子应分隔设置，并作明显标识。箱门应完好并配有门锁，由专人负责管理。防雷接地点、保护接零的接地点及重复接地点应作明显标识。

（4）架空线路敷设必须采用绝缘导线，敷设应符合要求。室内配线必须采用绝缘导线或电缆，敷设应符合要求。架空线路和室内配线必须有短路保护和过载保护。

（5）对电工、电动机具的操作工和焊工应按规定配置防护用品，对操作工人应进行用电安全教育。使用电焊机应单独设开关，电焊机外壳应做接零或接地保护；电焊机一次线长度应小于5米，二次线长度应小于30米；电焊把线应双线到位，不得借用金属管道、金属脚手架、轨道及结构钢筋做回路地线；电焊机装设应采取防埋、防浸、防雨、防砸措施。

（6）应制定电器线路及设备用电的安装、巡检、维修、定期测试的制度，落实责任人。检修各类配电箱、开关箱，电器设备和电力施工机具时，必须切断电源，拆除电气连接并悬挂警示标牌；试车和调试时应确定操作程序和设立专人监护。

5. 机械设备及起重吊装

（1）起重机械租赁、使用、安装、拆卸、检测和人员培训考核等应严格按照《建筑起重机械安全监督管理规定》进行。

（2）机械设备操作应保证专机专人，持证上岗；施工现场的起重吊装必须由专业队伍进行，信号指挥人员必须持证上岗；起重吊装作业前应划定施工作业区域，设置醒目的警示标志和专职的监护人员；起重回转半径与高压电线必须保持安全距离。

（3）塔式起重机的安全装置（四限位、两保险）必须齐全、灵敏、可靠；群塔作业方案中，应保证处于低位的塔式起重机臂架端部与相邻塔式起重机塔身之间至少有2米的距离；塔式起重机吊装作业时，吊物严禁超出施工现场的范围。

（4）塔式起重机吊装作业时，应严格执行“十不吊”的原则：被吊物重量超过机械性能允许范围不准吊；信号不清不准吊；吊物下方有人站立不准吊；吊物上站人不准吊；埋在地下物不准吊；斜拉斜牵物不准吊；散物捆扎不牢不准吊；零散物主（特别是小钢横板）不装容器不准吊；吊物重量不明，吊、索具不符合规定，立式构件、大模板不用卡环不准吊；六级以上强风、大雾天影响视力和大雨时不准吊。

（5）外用电梯的安装与拆除必须由具有相应资质的企业进行；外用电梯的制动装置、上下极限限位、门联锁装置必须齐全灵敏有效，安装完成后进行吊笼的防坠落试验；外用电梯司机必须持证上岗；设备接通电源后，司机不得离开操作岗位。

（6）施工现场的木工、钢筋、混凝土、卷扬机械、空气压缩机必须搭设防砸、防雨的操作棚；各种机械设备要有安装验收手续，并在明显部位悬挂安全操作规程及设备负责人的标牌。

（7）施工现场机械严禁超载和带病运行，运行中禁止维护保养；操作人员离机或作业中停电时，必须切断电源；凡钢丝绳表面磨损、腐蚀、断丝超过标准的，或打死弯、断股、油芯外露的不得使用。

6. 施工机具

（1）使用施工机具应遵守《建筑机械使用安全技术规程》的规定。

（2）项目承包人必须采购、使用具有生产许可证、产品合格证的施工机具，并建立机械设备的采购、使用、检查、维修、保养的责任制。

（3）施工机具使用前应进行维修保养，在配件齐全、性能良好、安全装置牢固可靠、接线端子绝缘密封良好、牢固的前提下，依据《施工现场临时用电安全技术规范》的规定，编制安全使用方案，制定具体的用电保护实施办法和配置适宜的防护用品后方可使用。施工机具安装的地基应平整夯实，基座牢实可靠，排水良好。安装完毕后，应由设备管理员组织验收。

（4）施工机具的操作人员应相对固定，上岗前应进行操作培训和安全技术交底。实行持证操作管理的设备，操作人员必须持证上岗。操作人员上班前应先检查、试机。设备发生故障，必须立即排除，不得带病运行。

（5）氧气瓶应与其他易燃气瓶、油脂等易燃、易爆物品分别存放，且不得同车运输。氧气瓶、乙炔瓶应有防震圈和安全帽，不得倒置，不得在强烈日光下暴晒。不得用吊车吊运氧气瓶。乙炔瓶不得平放。施焊点10米范围内或施焊点的下方不得堆放油类、木材、氧气瓶、乙炔瓶等易燃、易爆物品。

（七）现场应急救援

1. 应急领导机构

项目部应成立应急领导小组。由安全、保卫、工程技术、材料设备、后勤等部门组成，有调整时应及时进行修订。

2. 应急计划（预案）及演练

工程项目应制定应急准备和响应计划。其内容包括：潜在事态发生的物质，场所、原因及预防措施；应急对策、应急设施和装备；职责和信息传递，应急准备和响应计划（预案）应及时让所有相关岗位、人员掌握，并对应急计划（预案）的有效性适时进行演练，并做好记录。

工程开工或阶段性施工开始前，项目经理部根据活动、项目特点、管理水平、资源配置、技术装备能力、外部条件等识别潜在事故和应急情况，控制潜在事故和可能引起人员、材料、装备、设施破坏的紧急情况。如：火灾、坍塌、高处坠落、物体打击、起重伤害、机械伤害、自然灾害等。

3. 应急响应

（1）发生事故或紧急情况时，现场负责人立即按应急计划（预案）处理，保护现场，迅速逐级上报企业有关部门，企业有关部门报同级应急领导小组。应急小组和企业有关部门接到事态信息后，须马上了解情况判断后果，决定处理方案。必要时，应采取避让、疏散、报警、救护、封闭、洗消、切断和隔离危险源等措施，防止损害扩大。

（2）发生事故后，在最短时间内寻求第三方（如消防队、抢险队、119、120急救）援助和救护，并按法定程序报政府主管部门进行事故处理。应急小组负责在紧急情况发生时，协调处理紧急事态，组织事故善后工作。小组负责人负责召集应急和事故处理工作会议，确定对策，统一对外联络，调配所须各项资源，确保应急工作有序高效。

（3）企业有关部门对应急准备和响应计划（预案）每年至少进行一次有效性评价，提出修改意见。当活动、产品、服务或外部条件变化时，应及时修订应急计划（预案）。

4. 善后处置

应急领导小组应安排专人会同相关部门负责组织事故的善后处置工作，包括人员安置、补偿，征用物资补偿等事项。尽快消除事故影响，妥善安置和慰问受害及受影响人员，维护社会稳定，尽快恢复正常施工。

5. 保障措施

应急领导小组应做好保障工作：通信与信息保障，现场救援和工程抢险设备保障，后勤保障，资金保障等保障工作。

（八）施工现场必备的安全资料

施工现场应保存施工企业的安全生产许可证，项目部专职安全员等安全管理人员的考核合格证，建设工程施工许可证等复印件，及施工现场安全监督备案登记表，地上、地下管线及建（构）筑物资料移交单，安全防护、文明施工措施费用支付统计，工程概况表，项目重大危险源控制措施，项目重大危险源识别汇总表，危险性较大的分部分项工程专家论证表和危险性较大的分部分项工程汇总表，施工现场检查表，安全技术交底汇总表，作业人员安全教育记录表，安全资金投入记录，特种作业人员登记表，生产安全事故应急预案，违章处理记录等相关资料。

建设、施工、监理等单位应将施工现场安全资料的形成和积累纳入工程建设管理的各个环节，逐级建立健全工程施工现场安全资料岗位责任制，对施工现场安全资料的真实性、完整性和有效性负责。施工现场安全资料应随工程进度同步收集、整理，并保存到工程竣工。施工现场安全工作的负责人应负责本单位施工现场安全资料的全过程管理工作。施工过程中施工现场安全资料的收集、整理工作应有专人负责。

三、职业健康安全管理制度

（一）安全生产责任制度

所谓安全生产责任制度，是指将各项保障生产安全的责任具体落实到各有关管理人员和不同岗位人员身上的制度。这一制度是“安全第一、预防为主”

方针的具体体现，是施工人员在长期生产实践中总结的行之有效、必须坚持的制度。在建筑活动中，只有明确安全责任，分工负责，才能形成完整有效的安全管理体系，激发每个人保证生产安全的责任感，严格执行保证建筑生产安全的法律、法规和安全规程、技术规范，防患于未然，减少和杜绝建筑生产活动中的安全事故，为建筑生产活动创造一个良好的环境。

1. 安全生产责任体系

就建筑施工企业而言，企业的安全生产责任制度，是由企业内部各个不同层次的安全生产责任制度所构成的保障生产安全的责任体系，主要包括：

（1）建筑施工企业主要负责人的安全生产责任制。

企业的法定代表人应对本企业的生产安全负全面责任。

（2）企业各职能机构的负责人及其工作人员的安全生产责任制。

企业中的生产、技术、材料供应、设备管理、财务、教育、劳资、卫生等各职能机构，都应在各自业务范围内，对实现安全生产的要求负责。

①生产部门要合理组织生产，贯彻安全规章制度，加强现场平面管理，建立安全生产、文明生产秩序；

②技术部门要严格按照国家有关安全标准、技术规程编制设计、施工、工艺等技术文件，提出相应的保证生产安全的技术措施，负责安全设备、仪表等的技术鉴定和安全技术科研项目的研究工作；

③设备管理部门应当对有关机电设备配齐安全防护保险装置，加强机电设备、锅炉和压力容器的经常检查、维修、保养，确保安全运转；

④材料供应部门对实现安全技术措施所需材料应当保证供应，对绳杆架木、安全帽、安全带、安全网等要定期检验，不合格的要报废更新；

⑤财务部门要按照规定提供实现安全技术措施的经费，并监督其合理使用；

⑥教育部门负责将安全教育纳入全员培训计划，组织职工的安全技术训练；

⑦劳动工资部门要配合安全部门做好新工人、调换岗位工人、特殊工种工人的培训、考核、发证工作，贯彻劳逸结合，严格控制加班加点，对因工伤残和患职业病职工及时安排适合的工作；

⑧卫生部门负责对职工的定期健康检查和现场劳动卫生工作，监测有毒有害作业场所的尘毒浓度，提出职业病预防和改善卫生条件的措施。

（3）岗位人员的安全生产责任制。

岗位人员必须对安全负责，从事特种作业的人员必须经过安全培训，考试合格后方能上岗作业。就建筑施工企业来讲：

①企业技术负责人对本企业劳动保护和安全生产的技术工作负总的责任。

在组织编制和审批施工组织设计（施工方案）和采用新技术、新工艺、新设备时，必须制定相应的安全技术措施；负责提出改善劳动条件的项目和实施措施，并付诸实践；对职工进行安全技术教育；及时解决施工中的安全技术问题；参加重大伤亡事故的调查分析，提出技术鉴定意见和改进措施。

②工区（工程处、厂、站）主任、施工队长应对本单位劳动保护和安全生产工作负具体领导责任。

认真执行安全生产规章制度，不违章指挥；制定和实施安全技术措施；经常进行安全检查，消除事故隐患，制止违章作业；对职工进行安全技术和安全纪律教育；发生伤亡事故要及时上报，并认真分析事故原因。提出和实现改进措施。

③工长、施工员、车间主任对所管工程的安全生产负直接责任。

组织实施安全技术措施，进行技术安全交底；对施工现场搭设的架子和安装的电气、机械设备等安全防护装置，都要组织验收，合格后方能使用；不违章指挥；组织工人学习安全操作规程，教育工人不违章作业；认真消除事故隐患，发生工伤事故要立即上报，保护现场，参加调查处理。

④班组长要模范遵守安全生产规章制度，领导本组安全作业；认真执行安全交底，有权拒绝违章指挥。

班前要对所使用的机具、设备、防护用具及作业环境进行安全检查，发现问题立即采取改进措施；组织班组安全活动日，开好班前安全生产会；发生工伤事故要立即向工长报告。

2. 安全生产责任的负责

建筑施工企业的法定代表人对本企业的生产安全负责。

建筑施工企业的法定代表人是指依据法律或者法人组织章程规定，代表建筑施工企业行使职权的负责人。

建筑施工企业的法定代表人是企业的行政领导，在对本企业的生产经营活动负责的同时，也应对本企业的安全生产负责。这是企业贯彻执行“安全第一、预防为主”方针的基本要求，也是被实践证明的行之有效的“管生产同时必须管安全”原则的具体体现。不少安全生产事故血的教训表明，如果企业主要负责人忽视安全生产，缺乏有保证生产安全的有效措施，将会给企业职工的生命安全和身体健康带来威胁，给国家和人民的财产带来损失，企业的经济效益也没有保障。建筑施工企业的法定代表人要摆正安全与生产的关系，做到不安全不生产，生产必须安全，把安全与生产真正统一起来，切实克服生产、安全“两张皮”，重生产、轻安全的现象。

建筑施工企业的法定代表人对本企业的安全生产负责，主要应做到以下几点：

（1）要认真贯彻执行有关保证安全生产的法律、法规、规章和规程规定，努力改善劳动条件，不断提高建筑施工企业的安全生产水平。

（2）要根据实际工作需要，设置本企业的管理安全的机构，配备适当的人员，保证安全工作的正常进行。

（3）组织制定本企业以安全生产责任制为核心的各项安全规章制度，明确企业各级干部的保证安全生产的具体责任，并负责督促各级领导干部和各职能单位的管理人员做好本职范围内的安全管理工作。

（4）经常研究解决安全生产中的问题，针对本企业存在的隐患组织编制本企业的安全技术措施计划。

（5）定期或不定期地组织安全检查，依靠工会组织开展职工安全竞赛等活动，总结与推广安全生产先进经验。

（6）按照国家有关规定对职工进行安全教育和技术培训。

（7）对本企业发生的伤亡事故，按照国家有关规定及时统计上报，并认真进行调查分析，提出处理意见和改进措施，并督促实施。

（8）定期向企业职工代表大会报告企业安全生产情况和措施，接受本企业工会和职工的民主监督。

（二）群防群治制度

所谓“群防群治”制度，是指由全体职工共同参与的预防安全事故的发生、治理各种安全事故隐患的制度。

从实践中看，建立建筑安全生产管理的群防群治制度应当做到：

1. 企业制定的有关安全生产管理的重要制度和制定的有关重大技术组织措施计划应提交职工代表大会讨论，在充分听取职工代表大会意见的基础上作出决策，发挥职工群众在安全生产方面的民主管理作用。

2. 要把专业管理同群众管理结合起来，充分发挥职工安全员网络的作用。

3. 发挥工会在安全生产管理中的作用。

4. 对新职工要加强安全教育，对特种作业岗位的工人要进行专业安全教育，不经训练，不能上岗操作。

5. 发动群众开展技术革新、技术改造，采用有利于保证生产安全的新技术、新工艺，积极改善劳动条件，努力将不安全的、有害健康的作业变为无害作业。

6. 组织开展遵章守纪和预防事故的群众性监督检查，职工对于违反有关安全生产的法律、法规和建筑行业安全规章、规程的行为有权提出批评、检举和控告。

（三）安全生产教育培训制度

安全生产教育培训工作是建筑施工企业实现安全生产的一项基础性工作。

安全生产教育培训制度是安全管理的一项重要内容，是保证安全生产的重要手段。通过安全教育培训，不仅能提高各级领导和广大职工对“安全第一，预防为主”方针的认识，提高安全责任感，提高自觉遵守各项安全生产和规章制度的自觉性，而且能使企业各级管理人员和工人掌握安全生产的科学知识，提高安全生产的操作技能，为确保安全生产创造条件。

1. 安全生产教育培训的依据

《中华人民共和国建筑法》第四十六条规定：建筑施工企业应当建立健全劳动安全生产教育培训制度，加强对职工安全生产的教育培训；未经安全生产教育培训的人员，不得上岗作业。

《中华人民共和国安全生产法》第二十一条规定：生产经营单位应当对从业人员进行安全生产教育和培训，保证从业人员具备必要的安全生产知识，熟悉有关的安全生产规章制度和安全操作规程，掌握本岗位的安全操作技能。未经安全生产教育和培训合格的从业人员，不得上岗作业。

《中华人民共和国安全生产法》第五十条规定：从业人员应当接受安全生产教育和培训，掌握本职工作所需的安全生产知识，提高安全生产技能，增强事故预防和应急处理能力。

2. 安全生产教育培训的时间要求

根据《建筑业企业职工安全培训教育暂行规定》，建筑业企业职工每年必须接受一次专门的安全培训。其中：

（1）企业法定代表人、项目经理每年接受安全培训的时间，不得少于30学时；

（2）企业专职安全管理人员除应取得岗位合格证书并持证上岗外，每年还必须接受安全专业技术业务培训，时间不得少于40学时；

（3）企业其他管理人员和技术人员每年接受安全培训的时间，不得少于20学时；

（4）企业特殊工种（包括电工、焊工、架子工、司炉工、爆破工、机械操作工、起重工、塔吊司机及指挥人员、人货两用电梯司机等）在通过专业技术培训并取得岗位操作证后，每年仍须接受有针对性的安全培训，时间不得少于20学时；

（5）企业其他职工每年接受安全培训的时间，不得少于15学时；

（6）企业待岗、转岗、换岗的职工，在重新上岗前，必须接受一次安全培训，时间不得少于20学时。

建筑业企业新进场的工人，必须接受公司、项目部（或工区、工程处、施工队，下同）、班组的三级安全培训教育，经考核合格后，方能上岗。

（1）公司安全培训教育的主要内容是：国家和地方有关安全生产的方针、

政策、法规、标准、规范、规程和企业的安全规章制度等。培训教育的时间不得少于15学时。

（2）项目安全培训教育的主要内容是：工地安全制度、施工现场环境、工程施工特点及可能存在的不安全因素等。培训教育的时间不得少于15学时。

（3）班组安全培训教育的主要内容是：本工种的安全操作规程、事故安全案例、劳动纪律和岗位讲评等。培训教育的时间不得少于20学时。

3. 安全生产教育培训的对象

（1）企业和项目负责人的安全教育培训

做好对企业和项目负责人的安全教育培训，促使他们成为安全生产管理及技术的带头人，对避免发生违章指挥，杜绝冒险作业的现象和行为，搞好施工现场的安全生产工作有着巨大的现实意义。主要是对建筑企业负责人的安全教育培训和对项目经理的安全教育培训。建筑业的特点决定了企业负责人必须具备决策能力，企业负责人是安全生产的第一责任者，对本企业的安全生产全面负责。项目经理必须具备较强的管理能力，明确自己是施工现场安全的第一责任人，是工程项目管理的全权委托代理人，对项目的工程安全要负责。

（2）安全管理人员的安全教育培训

建筑施工企业的安全员是建筑业施工关键岗位的管理人员，是施工企业项目基层的技术管理者。施工现场的安全管理人员是安全教育培训的重点。为提高安全管理人员的安全生产意识和安全管理水平，培训的内容是建筑施工企业所涉及的法规规定、强制性条文、验收标准、安全生产、安全管理等专业知识。通过培训使安全管理人员精通业务，有效地监督并指导工程项目的安全工作，进行全面监控管理安全的能力。

（3）建筑业从业人员的安全教育培训

建筑业从业人员的安全教育培训主要是以农民工的培训和对特种作业人员安全技术培训和考核认证。

对一线从业人员应重点进行安全生产应知应会最基本、最普遍的安全文化知识教育。通过培训，使他们了解施工生产中的安全注意事项、劳动保护要求，掌握一些安全基础知识，从而使他们能比较熟悉有关政策、法规，基本掌握施工操作技能，提高生产技能和劳动素质，树立安全意识，以减少施工安全事故。

特种作业人员在安全生产中具有关键性的作用，对他们需要由专门机构进行安全技术培训。特种作业人员的岗位有较大危险性，容易发生生产事故，作业时对自身、他人及周围设施的安全有一定的危害。特种作业人员必须经专门的安全技术培训并考核合格，取得《中华人民共和国特种作业操作证》后，方可上岗作业。

4. 安全生产教育培训的内容

(1) 新员工三级安全教育培训的内容

三级安全教育是每个刚进企业的新员工必须接受的首次安全生产方面的基本教育。包括企业进行的一级安全教育培训、项目经理部进行的二级安全教育培训和班组进行的三级安全教育培训。

企业一级的教育培训内容：

①劳动保护的意义和任务的一般性教育；

②安全生产方针、政策、法规、标准、规范、规程和安全知识；

③企业安全规章制度等。

项目经理部二级的教育培训内容：

①建筑施工人员安全生产技术和操作的一般规定；

②施工现场安全管理规章制度；

③安全生产纪律和文明生产要求；

④施工过程基本情况，包括现场环境、施工特点，可能存在不安全因素的危险作业部位及必须遵守的事项等。

班组三级的教育培训内容：

①本人从事工作的性质，必要的安全知识，机具设备及安全防护设施的性能；

②本工种安全操作规程；

③班组安全生产、文明施工基本要求及劳动纪律；

④本工种事故安全剖析、易发事故部位及劳防用品的使用要求等。

(2) 转场及变换工种安全教育培训的内容

施工人员转入另一个工程项目或在一个工程项目内变更不同工种、调换不同岗位时必须进行安全教育培训。

转场安全教育培训的内容：

①本工程项目安全生产状况及施工条件；

②施工现场危险部位的防护措施及典型事故案例；

③本工程项目的安全管理体系、规定及制度等。

变换工种安全教育培训的内容：

①新工作岗位或生产班组安全生产概况、工作性质和职责；

②新工作岗位必要的安全知识，各种机具设备及安全防护设施的性能和使用；

③新工作岗位、新工种的安全技术操作规程；

④新工作岗位容易发生事故及有毒有害的地方；

⑤新工作岗位个人防护用品的使用和保管。

（3）特种作业人员安全教育培训的内容

根据2010年5月24日国家安全生产监督管理总局令（第30号）公布的《特种作业人员安全技术培训考核管理规定》，特种作业包括以下11种：电工作业、焊接与热切割作业、高处作业、制冷与空调作业、煤矿安全作业、金属非金属矿山安全作业、石油天然气安全作业、冶金（有色）生产安全作业、危险化学品安全作业、烟花爆竹安全作业、安全监管总局认定的其他作业。

特种作业，是指容易发生事故，对操作者本人、他人的安全健康及设备、设施的安全可能造成重大危害的作业。

特种作业人员应当符合下列条件：

①年满18周岁，且不超过国家法定退休年龄；

②经社区或者县级以上医疗机构体检健康合格，并无妨碍从事相应特种作业的器质性心脏病、癫痫病、美尼尔氏症、眩晕症、癔病、震颤麻痹症、精神病、痴呆症以及其他疾病和生理缺陷；

③具有初中及以上文化程度；

④具备必要的安全技术知识与技能；

⑤相应特种作业规定的其他条件。

特种作业人员应当接受与其所从事的特种作业相应的安全技术理论培训和实际操作培训。

从事特种作业人员安全技术培训的机构，必须按照有关规定取得安全生产培训资质证书后，方可从事特种作业人员的安全技术培训。培训机构开展特种作业人员的安全技术培训，应当制定相应的培训计划、教学安排，并报有关考核发证机关审查、备案。培训机构应当按照安全监管总局、煤矿安监局制定的特种作业人员培训大纲和煤矿特种作业人员培训大纲进行特种作业人员的安全技术培训。

（4）三类人员安全教育培训的内容

三类人员包括建筑施工企业主要负责人、项目负责人和专职安全生产管理人员。

建筑施工企业主要负责人，是指对本企业日常生产经营活动和安全生产工作全面负责、有生产经营决策权的人员，包括企业法定代表人、经理、企业分管安全生产工作的副经理等。建筑施工企业项目负责人，是指由企业法定代表人授权，负责建设工程项目管理的负责人等。建筑施工企业专职安全生产管理人员，是指在企业专职从事安全生产管理工作的人员，包括企业安全生产管理机构的负责人及其工作人员和施工现场专职安全生产管理人员。

教育培训的内容主要包括：

①国家有关安全生产的方针政策、法律法规、部门规章、标准及有关规范

性文件，本地区有关安全生产的法规、规章、标准及规范性文件；

②建筑施工企业安全生产管理的基本知识和相关专业知识；

③重、特大事故防范、应急救援措施，报告制度及调查处理方法；

④企业安全生产责任制和安全生产规章制度的内容、制定方法等。

（四）安全生产检查制度

安全生产检查制度是指上级管理部门或建筑业企业自身对安全生产状况进行定期或不定期检查的制度。通过检查可以发现问题，查出隐患，从而采取有效措施，堵塞漏洞，把事故消灭在发生之前，做到防患于未然，是“预防为主”的具体体现。通过检查，还可总结好的经验加以推广，为进一步搞好安全工作打下基础。安全生产检查制度是安全生产的保障。

1. 安全生产检查的类型

（1）日常性和定期制度性检查，针对主要问题进行检查，要求检查具有针对性、调查性和批评性；

（2）专业性检查，组织有关人员对某项专业性安全问题进行单项检查，这类检查的专业性较强；

（3）季节性检查和节假日前后的检查，针对季节性特点可能带来的危害和节假日前后员工纪律松懈进行的检查；

（4）不定期的经常性检查，在生产过程中的经常性预防检查，对所存在的安全隐患及时发现、及时纠正和消除。

2. 安全生产检查的主要内容

（1）查思想，检查企业各级领导及员工对安全生产工作的认识程度；

（2）查管理，检查工程安全生产管理的制度和措施是否有效。主要内容包括：安全生产责任制、安全技术措施计划、安全组织机构、安全保证措施、安全技术交底、安全教育、持证上岗、安全设施、安全标志、操作规程、违规行为、安全记录等；

（3）查隐患，检查作业现场是否符合安全生产、文明生产的要求，是否存在安全隐患，安全检查的重点是违章指挥和违章作业；

（4）查整改，检查对已发现的安全问题和隐患的整改执行措施和效果；

（5）查事故处理，对安全事故的处理应达到查明事故原因，明确责任并对责任者做出处理，明确和落实整改措施等要求。同时还应检查对伤亡事故是否及时报告、认真调查、严肃处理。安全检查的重点仍是违章指挥和违章作业。

3. 安全生产检查的主要方法

（1）一般检查方法，常采用看、听、问、测、验等方法。看现场环境和作业条件，看实物和实际操作，看记录和资料等；听汇报、听介绍、听反映、听意见或批评；对影响安全的问题进行详细询问，查明问题，查对数据，查清原因，追查责任；测量、测试、监测；进行必要的试验或化验；分析安全事故的隐患及原因等。

（2）安全检查表法，通过事先拟定的安全检查明细表或清单，对安全生产进行初步的诊断和控制。安全检查表通常包括检查项目、内容、回答问题、存在问题、改进措施、检查措施、检查人等内容。

4. 安全生产检查的处理

（1）检查中发现安全隐患必须进行登记，作为整改备查依据，为安全检查提供安全动态分析信息；

（2）安全检查中查出的安全隐患除进行登记外，还应发出安全隐患整改通知单；

（3）对于违章指挥、违章作业行为，检查人员可以当场指出，进行纠正；

（4）对查出的安全隐患要做到定“五定”，即定整改责任人、定整改措施、定整改完成时间、定整改完成人、定整改验收人；

（5）必须把好安全生产“六关”，即措施关、交底关、教育关、防护关、检查关、改进关。整改完成后要及时报告有关部门。

5.《建筑施工安全检查标准》的主要内容

为了科学地评价建筑施工安全生产情况，提高安全生产工作和文明施工的管理水平，预防伤亡事故的发生，确保职工的安全和健康，实现检查评价工作的标准化、规范化，建设部（现住房和城乡建设部）于1999年制定了《建筑施工安全检查标准》（JGJ 59—99）。

该标准是强制性标准，主要采用安全系统工程原理，结合建筑施工中伤亡事故规律，依据国家有关法律法规、标准和规程而编制。该标准适用于建筑施工企业及其主管部门对建筑施工安全工作的检查和评价。在对建筑施工安全工作的检查和评价中，根据得分等具体情况，主要分为优良、合格、不合格三种情况。

对建筑施工中易发生伤亡事故的主要环节、部位和工艺等的完成情况做安全检查评价时，采用检查评分表的形式，分为安全管理、文明工地、脚手架、基坑支护与模板工程、“三宝”“四口”防护、施工用电、物料提升机与外用电梯、塔吊、起重吊装和施工机具共十项分项检查评分表和一张检查评分汇总表。

“三宝”系指安全帽、安全带和安全网。

“四口”系指通道口、预留洞口、楼梯口、电梯井口。

在安全管理、文明施工、脚手架、基坑支护与模板工程、施工用电、物料提升机与外用电梯、塔吊和起重吊装八项检查评分表中，设立了保证项目和一般项目，保证项目应是安全检查的重点和关键。

标准的每个分项的评分均采用百分制，满分为100分。各检查项目得分应为按规定检查内容所得分数之和。凡是有保证项目的分项，其保证项目满分为60分，其余项目满分为40分。为保证施工安全，当保证项目中有一项不得分或保证项目小计得分不足40分时，此检查评分表不应得分。

汇总表也采用百分制，满分为100分。各分项检查表在汇总表中所占的满分分值应分别为：安全管理10分、文明施工20分、脚手架10分、基坑支护与模板工程10分、“三宝”、“四口”防护10分、施工用电10分、物料提升机与外用电梯10分、塔吊10分、起重吊装5分和施工机具5分。

（五）伤亡事故处理报告制度

伤亡事故处理报告制度是指在施工过程中发生事故时，建筑业企业应当采取紧急措施减少人员伤亡和事故损失，并按照国家有关规定及时向有关部门报告的制度。

1. 安全事故处理的原则

安全事故处理必须遵循一定程序，做到“四不放过”：

（1）事故原因未查清不放过；

（2）职工和事故责任人不受教育不放过；

（3）事故隐患不整改不放过；

（4）事故责任人未处理不放过。

通过对事故的严格处理，可以总结经验教训，为制定规程、规章提供第一手素材，指导今后的施工。

2. 安全事故处理的程序

（1）报告安全事故；

（2）处理安全事故，抢救伤员，排除险情，防止事故扩大，做好标识，保护好现场等；

（3）安全事故调查；

（4）对事故责任者进行处理；

（5）编写调查报告并上报。

3. 安全事故的统计规定

（1）企业职工伤亡事故统计实行以地区考核为主的制度。各级隶属关系的企业和企业主管单位要按当地安全生产行政主管部门规定的时间报送报表；

（2）安全生产行政主管部门对各部门的企业职工伤亡事故情况实行分级考核。企业报送主管部门的数字要与报送当地安全生产行政主管部门的数字一致，各级主管部门应如实向同级安全生产行政主管部门报送；

（3）省级安全行政主管部门和国务院各有关部门及计划单列的企业集团

的职工伤亡事故统计月报表、年报表应按时报到国家安全生产行政主管部门。

4. 事故等级

2007 年 4 月 9 日中华人民共和国国务院令第 493 号公布的《生产安全事故报告和调查处理条例》规定，根据生产安全事故（以下简称“事故”）造成的人员伤亡或者直接经济损失，事故一般分为以下四个等级：

（1）特别重大事故，是指造成 30 人以上死亡，或者 100 人以上重伤（包括急性工业中毒，下同），或者 1 亿元以上直接经济损失的事故；

（2）重大事故，是指造成 10 人以上 30 人以下死亡，或者 50 人以上 100 人以下重伤，或者 5000 万元以上 1 亿元以下直接经济损失的事故；

（3）较大事故，是指造成 3 人以上 10 人以下死亡，或者 10 人以上 50 人以下重伤，或者 1000 万元以上 5000 万元以下直接经济损失的事故；

（4）一般事故，是指造成 3 人以下死亡，或者 10 人以下重伤，或者 1000 万元以下直接经济损失的事故。

5. 事故报告程序

（1）事故发生后，事故现场有关人员应当立即向本单位负责人报告；单位负责人接到报告后，应当于 1 小时内向事故发生地县级以上人民政府安全生产监督管理部门和负有安全生产监督管理职责的有关部门报告。

情况紧急时，事故现场有关人员可以直接向事故发生地县级以上人民政府安全生产监督管理部门和负有安全生产监督管理职责的有关部门报告。

（2）安全生产监督管理部门和负有安全生产监督管理职责的有关部门接到事故报告后，应当依照下列规定上报事故情况，并通知公安机关、劳动和社会保障行政管理部门、工会和人民检察院：

①特别重大事故、重大事故逐级上报至国务院安全生产监督管理部门和负有安全生产监督管理职责的有关部门；

②较大事故逐级上报至省、自治区、直辖市人民政府安全生产监督管理部门和负有安全生产监督管理职责的有关部门；

③一般事故上报至设区的市级人民政府安全生产监督管理部门和负有安全生产监督管理职责的有关部门。

安全生产监督管理部门和负有安全生产监督管理职责的有关部门依照上述规定上报事故情况，应当同时报告本级人民政府。国务院安全生产监督管理部门和负有安全生产监督管理职责的有关部门以及省级人民政府接到发生特别重大事故、重大事故的报告后，应当立即报告国务院。

必要时，安全生产监督管理部门和负有安全生产监督管理职责的有关部门可以越级上报事故情况。

（3）安全生产监督管理部门和负有安全生产监督管理职责的有关部门逐

级上报事故情况，每级上报的时间不得超过两小时。

6. 事故调查

（1）特别重大事故由国务院或者国务院授权有关部门组织事故调查组进行调查。

重大事故、较大事故、一般事故分别由事故发生地省级人民政府、设区的市级人民政府、县级人民政府负责调查。省级人民政府、设区的市级人民政府、县级人民政府可以直接组织事故调查组进行调查，也可以授权或者委托有关部门组织事故调查组进行调查。

未造成人员伤亡的一般事故，县级人民政府也可以委托事故发生单位组织事故调查组进行调查。

（2）上级人民政府认为必要时，可以调查由下级人民政府负责调查的事故。

自事故发生之日起 30 日内（道路交通事故、火灾事故自发生之日起 7 日内），因事故伤亡人数变化导致事故等级发生变化，依照本条例规定应当由上级人民政府负责调查的，上级人民政府可以另行组织事故调查组进行调查。

（3）特别重大事故以下等级事故，事故发生地与事故发生单位不在同一个县级以上行政区域的，由事故发生地人民政府负责调查，事故发生单位所在地人民政府应当派人参加。

7. 事故处理

（1）重大事故、较大事故、一般事故，负责事故调查的人民政府应当自收到事故调查报告之日起 15 日内做出批复；特别重大事故，30 日内做出批复，特殊情况下，批复时间可以适当延长，但延长的时间最长不超过 30 日。

（2）事故发生单位应当认真吸取事故教训，落实防范和整改措施，防止事故再次发生。防范和整改措施的落实情况应当接受工会和职工的监督。

安全生产监督管理部门和负有安全生产监督管理职责的有关部门应当对事故发生单位落实防范和整改措施的情况进行监督检查。

（3）事故处理的情况由负责事故调查的人民政府或者其授权的有关部门、机构向社会公布，依法应当保密的除外。

（六）安全责任追究制度

《中华人民共和国建筑法》规定了安全责任追究制度。规定项目发包人、设计单位、项目承包人、监理单位，由于没有履行职责造成人员伤亡和事故损失的，视情节责令改正，可以处以罚款；情节严重的，责令停业整顿，降低资质等级或者吊销资质证书；构成犯罪的，依法追究刑事责任。相关规定如下：

1. 项目发包人违反规定，要求建筑设计单位或者建筑施工企业违反建筑工程质量、安全标准，降低工程质量的，责令改正，可以处以罚款；构成犯罪的，依法追究刑事责任。

2. 建筑设计单位不按照建筑工程质量、安全标准进行设计的，责令改正，处以罚款；造成工程质量事故的，责令停业整顿，降低资质等级或者吊销资质证书，没收违法所得，并处罚款；造成损失的，承担赔偿责任；构成犯罪的，依法追究刑事责任。

3. 建筑施工企业违反规定，对建筑安全事故隐患不采取措施予以消除的，责令改正，可以处以罚款；情节严重的，责令停业整顿，降低资质等级或者吊销资质证书；构成犯罪的，依法追究刑事责任。

建筑施工企业的管理人员违章指挥、强令职工冒险作业，因而发生重大伤亡事故或者造成其他严重后果的，依法追究刑事责任。

4. 工程监理单位与项目发包人或者建筑施工企业串通，弄虚作假、降低工程质量的，责令改正，处以罚款，降低资质等级或者吊销资质证书；有违法所得的，予以没收；造成损失的，承担连带赔偿责任；构成犯罪的，依法追究刑事责任。

四、职业健康安全操作规范化管理制度

建筑施工企业应当针对建筑施工活动的特点，采取有效的管理和技术方面的具体措施，保证生产安全，防止伤亡和其他安全生产事故的发生。这些具体措施主要包括：

（一）施工现场方面的安全管理措施

1. 保证施工现场一切材料的存放整齐和稳固、工地内应有适当的排水沟、通过运输道路的沟渠应搭设安全桥板；

2. 工地临时存放的少量的炸药、雷管、引线等，应以有盖的木箱分别存放于安全处所，并派有专职或者兼职人员负责保管和设置禁止烟火的标志；

3. 雷管、引线和炸药应当分库存放，不能混淆，各库之间应保持安全距离；

4. 在存有爆炸物的仓库内，不得进行火药加工和装插雷管引线等工作；

5. 存放爆炸物的仓库内，应采用防爆型照明设备；

6. 危害工人健康的颜料和其他有害物质应存放在通风良好的专用房舍内，沥青应存放在不受阳光直接照射或者不易熔化的场所等。

（二）脚手架方面的安全管理措施

1. 木杆应以剥皮杉木和其他各种坚韧的硬木为标准，杨木、柳木、禅木、根木、油松和其他腐朽、折裂、枯节等易折木杆，一律不得使用；

2. 使用木杆做脚手架的，立杆有效部分的小头直径不能小于 7 厘米，大横杆、小横杆排木）有效部分的小头直径不能小于 8 厘米，架子设斜拉杆和支

杆，高度在7米以上的工程无法顶支杆时，架子同建筑物应当连结牢固，立杆和支杆的底端应埋入地下，深度视土壤性质决定；

3. 在埋入杆子的时候，应先将土坑夯实，如果是竹竿，应在基坑内垫以砖石，以防下沉，遇松土或者无法挖坑的时候，必须绑扫地杆子；

4. 搭架子根据具体情况采用坚韧的麻绳、棕绳、草绳、铁丝或者蔑条切实扎绑，并应当经常检查；

5. 安装管式金属脚手架，不得使用弯曲、压扁或者有裂缝的管子，各个管子的联接部分完整无损，以防倾倒或者移动；

6. 金属脚手架的立杆，应垂直地稳放在垫木上，在安置垫木前应将地面夯实、整平；

7. 脚手架要经施工负责人员检查验收后，才能使用，使用期间经常检查；等等。

（三）土石方工程方面的安全管理措施

1. 进行土方工程前应已作了必要的调查和勘察工作；

2. 在靠近建筑物旁挖掘基坑的时候，应视挖掘深度，作好必要的安全措施；

3. 挖掘土方应该从上而下施工，不得采用挖空底脚的操作方法，并应做好排水措施；

4. 挖掘基坑、井坑的时候，应视土壤性质、湿度和挖掘深度，设置安全边坡或者固壁支架；

5. 对于土质疏松或者较宽、较深的沟坑，不得使用一般的支撑方法，应按照特定的设计进行支撑；

6. 拆除固壁支架的时候，应按照回填顺序，从下而上逐步拆除；

7. 更换支撑时，应该先装上新的，再拆下旧的，拆除固壁支架和支撑的时候，应由工程技术人员在场指导；

8. 使用机械挖土前，应先发出信号；挖土的时候，在挖土机挺杆旋动范围内，不得进行其他工作；

9. 装土的时候，任何人不得停留在装土车上；

10. 一切爆炸物的运输，应指定专人负责；

11. 雷管和炸药不得放在同一舟车或者同一容器内运输，运送时应妥为包装捆扎，不能散装、改装，也不能震动、冲击、转倒、坠落和摩擦等；

12. 运输时不得抽烟等。

（四）机电设备和安装方面的安全管理措施

1. 电气设备和装置的金属部分，可能由于绝缘损坏而带电的，应根据技术条件采取保护性接地或者接零的措施；

2. 电线和电源相接的时候，应设开关或者插销，不得随便搭挂；

3. 露天的开关应装在特制的箱匣内；

4. 电焊工作物和金属工作台同大地相隔的时候，应有保护性接地；

5. 电动机械和电气照明设备拆除后，不得留有可能带电的电线。电线必须保留的，应将电源切断，并且将线头绝缘；

6. 氧气瓶应有瓶盖，氧气瓶的减压器上应有安全阀，不得沾染油脂，不得和可燃气瓶同放一处；

7. 传动带、明齿轮、砂轮、电锯、接近于地面的联轴节、转轴、皮带轮和飞轮等危险部分，都应安有防护装置；

8. 起重机械、牵引机械和辅助起重工具，都应标明最大负荷量；

9. 起重和牵引机械标明安全速度；各式起重机应根据需要安设过卷扬限制器、起重量控制器、联锁开关等安全装置；

10. 悬臂起重机应有起重量指示器，轨道臂式起重机安有夹轨钳；机器设备和工具应定期检修；

11. 各种机电设备都应由经过训练和考试合格的专职人员操纵、装拆或者检修等。

（五）防护用品方面的安全管理措施

如上岗的架子工应供给套袖、裹腿、垫肩、风镜等。

五、职业健康施工安全技术管理制度

（一）项目职业健康安全技术措施计划

1. 项目职业健康安全技术措施计划应在项目管理实施规划中编制。职业健康安全技术措施计划的输出形式应符合组织的实际情况。

2. 编制项目职业健康安全技术措施计划应遵循下列步骤：

（1）工作分类；

（2）识别危险源；

（3）确定风险；

（4）评价风险；

（5）制定风险对策；

（6）评审风险对策的充分性。

进行工作分类是为了确定职业健康安全管理体系的实施范围，组织不宜把总体运行所需的或可能影响员工和其他相关方的职业健康安全的某一运行活动遗漏或排除在外。

应建立有关程序并保持其持续运行，根据工作范围和特点进行危险源辨识、风险评价和实施必要的控制措施。

3. 项目职业健康安全技术措施计划应包括的内容：工程概况、控制目标、控制程序、组织结构、职责权限、规章制度、资源配置、安全措施，检查评价和奖惩制度以及对分包的安全管理等内容。策划过程应充分考虑有关措施与项目人员能力相适宜的要求。

项目职业健康安全措施计划的内容可根据项目运行实际情况增减，本条款所列仅是基本的要求。职业健康安全措施计划的策划应考虑与项目人员能力相适宜的要求，包括人体功效学的要求，以便从根本上降低安全风险。

4. 对结构复杂、实施难度大、专业性强的项目，应制定项目总体，单位工程或分部、分项工程的安全措施。

5. 对高空作业等非常规性的作业，应制定单项职业健康安全技术措施和与预防措施，并对管理人员、操作人员的安全作业资格和身体状况进行合格审查。对危险性较大的工程作业，应编制专项施工方案，并进行安全验证。

6. 临街脚手架、临近高压电缆以及起重机臂杆的回转半径达到项目现场范围以外时，均应按要求设置安全隔离设施。

7. 项目职业健康安全技术措施计划应由项目经理主持编写，经有关部门批准后，由专职安全管理人员进行现场监督实施。

（二）项目职业健康安全技术措施的实施要求

1. 工程开工前，应将工程概况、施工方法和安全技术措施，向参加施工的工地负责人、工班长进行安全技术措施交底，每个单项工程开工前，应重复进行单项工程的安全技术交底工作。使执行者了解其要求，为落实安全技术措施打下基础，安全交底应有书面材料，双方签字并保存记录；

2. 安全技术措施中的各种安全设施的实施应列入施工任务计划单，责任落实到班组或个人，并实行验收制度；

3. 加强安全技术措施实施情况的检查，技术负责人、安全技术人员、应经常深入工地检查安全技术措施的实施情况，及时纠正违反安全技术措施的行为，各级安全管理部门应以施工安全技术措施为依据，以安全法规和各项安全规章制度为准则，经常性地对工地实施情况进行检查，并监督各项安全措施的落实；

4. 对安全技术措施的执行情况，除认真监督检查外，还应建立起与经济挂钩的奖罚制度。

（三）项目职业健康安全技术措施计划的实施

1. 组织应建立分级职业健康安全生产教育制度，实施公司、项目经理部和作业队三级教育，未经教育的人员不得上岗作业。

三级教育的内容应有分工。公司主要针对国家和地方有关安全生产的方针、政策、法规、标准、规范、规程和组织的安全规章制度等进行教育；项目经理部主要针对现场的安全制度、现场环境、工程的施工特点及可能存在的不安全因素等进行教育；施工作业队主要针对本工种的安全操作规程、岗位工作特点、事故案例剖析、劳动纪律和岗位讲评等进行教育。教育应考核效果，要求达到提高员工职业健康安全意识、增强自我保护能力的作用。

2. 项目经理部应建立职业健康安全生产责任制，并把责任目标分解落实到人。

3. 职业健康安全技术交底应符合下列规定：

（1）工程开工前，项目经理部的技术负责人应向有关人员进行安全技术交底。

（2）结构复杂的分部分项工程实施前，项目经理部的技术负责人应进行安全技术交底。

（3）项目经理部应保存安全技术交底记录。

职业健康安全技术交底应包括项目的施工特点和危险点、针对性预防措施、应注意的安全事项、相应的操作规程和作业标准以及发生事故采取的避难和应急措施等。

4. 组织应定期对项目进行职业健康安全管理检查，分析影响职业健康或不安全行为与隐患存在的部位和危险程度。

组织管理层和项目经理部都应有计划、有组织地对项目进行定期的职业健康安全检查。安全检查应包括安全生产责任制、安全组织机构、安全保证措施、安全技术交底、安全教育、持证上岗、安全设施、安全标识、操作行为、应急准备和响应、违章管理和安全记录等内容。检查的目的是根据现场情况分析不安全行为与隐患存在的部位和危险程度，验证计划的实施效果。

5. 职业健康的安全检查应采取随机抽样、现场观察、实地检测相结合的方法，记录检测结果，及时纠正发现的违章指挥和作业行为。检查人员应在每次检查结束后及时提交安全检查报告。

职业健康安全检查采用的各种方法其目的是为了达到全面、详尽的检查，防止死角。职业健康安全检查的结果应作为组织管理评审的依据。

6. 组织应及时识别和评价其他承包人或供应单位的危险源，与其进行交流和协商，并制定控制措施，以降低相关的风险。

组织应根据现场风险情况，识别有关其他承包人或供应人的危险源，制定控制措施并及时通告有关的相关方。

（四）项目职业健康安全隐患和事故处理

1. 职业健康安全隐患处理应符合下列规定：

（1）区别不同的职业健康安全隐患类型，指定相应整改措施并在实施前进行风险评价。

（2）对检查出的隐患及时发出职业健康安全隐患整改通知单，限期纠正违章指挥和作业行为。

（3）跟踪检查纠正预防措施的实施过程和实施效果，保存验证记录。

检查中所发现的违章指挥和作业行为以及隐患均应及时处理，对于所有拟定的纠正预防措施，在实施前必须先通过风险评价进行评审。并要确认所采取的纠正和预防措施的有效性。

2. 项目经理部进行职业健康安全事故处理应坚持事故原因不清楚不放过，事故责任者和人员没有受到教育不放过，事故责任者没有处理不放过，没有制定纠正和预防措施不放过的原则。

职业健康安全事故的处理应符合国家和地方的有关法律法规以及有关规章制度的要求。在调查职业健康安全事故时，应充分分析各种原因及其影响。要注意安排员工代表参加，充分了解员工及其他相关方的意见。应根据调查的结果确定措施，使其与问题的严重性和风险性相一致。

3. 处理职业健康安全事故应遵循下列程序：

（1）报告安全事故

（2）事故处理。

（3）事故调查。

（4）事故责任者的处理。

（5）提交调查报告。

在处理职业健康安全事故时，应及时抢救伤员，详细排查险情，有效地防止事故蔓延扩大，防止二次事故，并做好现场的标识和保护工作。

（五）建设工程项目消防管理

1. 建立消防保安制度

（1）组织应建立消防保安管理体系、制定消防保安管理制度。

建立消防保安管理体系是现场的重要工作，消防保安管理制度应当根据国家和当地法律法规以及项目的实际情况制定。施工现场必须有适合现场情况的应急准备和响应程序，主要包括处理紧急情况的最适当方法、对实施应急相应人员的培训和应急组织及外部联系方法等。

（2）项目现场应设有消防车出入口和行驶通道。消防保安设施应保持完好的备用状态。存储、使用易燃、易爆和保安器材时，应采取特殊的消防保安措施。

各种消防设施的配备和应急准备措施应符合国家和当地执法部门的规定。

（3）项目现场的通道、消防出入口、紧急疏散通道等应符合消防要求，设置明显标志。有通行高度限制的地点应设置限高标志。

（4）项目现场应有用火管理制度，使用明火时应配备监管人员和相应的安全设施，并制定安全防火措施。

（5）需要进行爆破作业的，应向所在地有关部门办理批准手续，由具备爆破资质的专业机构进行实施。

（6）项目现场应设立门卫，根据需要设置警卫，负责项目现场安全保卫工作。主要管理人员应在施工现场佩戴证明其身份的标识。严格现场人员的进出管理。

可采用磁卡严格现场人员的进出管理。要求现场人员以磁卡记录姓名、单位等数据，人员进退场时通过计算机刷卡能准确掌握现场的人员，对于安全管理有较大的作用。

2. 施工现场的消防要求

（1）现场要有明显的防火警示标志，每月对职工进行一次防火教育，定期组织防火检查，建立防火工作档案；

（2）电工、焊工从事电气设备安装和电气焊切作业，要有操作证和用火证。动火前，要清除附近易燃物，并配备看火人员和灭火用具。用火证当日有效，动火地点变换要重新办理用火证手续；

（3）使用电气设备和易燃、易爆物品，必须有严格的防火措施，指定防火负责人，配备灭火器材，以确保施工安全；

（4）因施工需要搭设临时建筑，应符合防盗、防火要求，不得使用易燃材料搭设。城区内的工地一般不准支搭木板房，必须支搭时，需经消防监督机关批准；

（5）施工材料的存放、保管应符合防火安全要求，库房应用非燃材料支搭。易燃易爆物品应专库储存，分类单独存放，保持通风，用火必须符合防火规定。此外，不准在工程现场、库房内调配油漆与稀释料；

（6）工程现场不准作为仓库使用，不准存放易燃、可燃材料，因施工需要进入工程现场的可燃材料，要根据工程计划限量进入并应采用可靠的防火措施；

（7）施工现场严禁吸烟，必要时，设有防火措施的吸烟室；

（8）施工现场和生活区，未经保卫部门批准不得使用电热器具；

（9）氧气瓶、乙炔瓶（罐）工作间距不小于5米，两瓶如同时明火作业，距离不能小于10米，并且禁止在工程现场使用罐装的液化石油气，禁止使用乙炔发生器作业；

（10）在施工过程中要坚持防火安全交底制度，特别在进行电焊、气焊、油漆粉刷或从事防水等危险作业时，要有具体的防火要求；

（11）冬季施工保温材料的存放与使用，必须采取防火措施。凡经有关部门确定的重点工程和高层建筑，不得采用可燃的保温材料；

(12) 在架空输电线路下工作应停电，不能停电时，应有隔离防护措施；

(13) 现场应划分用火作业区、易燃易爆材料区、生活区，并按规定保持防火间距；

(14) 现场应有车辆循环通道，通道宽度不小于3.5米，并且严禁占用场内通道堆放材料；

(15) 现场应设专用消防用水管网，配备消防栓，较大工程要分区设消防栓，较高工程要设消防竖管，而且要随施工进度继续接高，以保证水枪射程遍及高大建筑的各部位；

(16) 现场临时建筑设施、仓库、易燃料场和用火处要有足够的灭火工具和设备，对消防器材要有专人管理并定期检查。

六、职业健康安全设施管理

(一) 职业健康与安全设施要求

1. 场地布置及临时设施建设

(1) 施工现场办公区、生活区应与施工区分开设置，并保持安全距离；办公、生活区的选址应当符合安全要求。

(2) 施工现场应设置办公室、宿舍、食堂、厕所、淋浴间、开水房、文体活动室（或农民工夜校培训室）、吸烟室、密闭式垃圾站（或容器）及盥洗设施等临时设施。

(3) 施工现场临时搭建的建筑物应当符合安全使用要求，施工现场使用的装配式活动房屋应当具有产品合格证书。

建设工程竣工一个月内，临建设施应全部拆除。

(4) 严禁在尚未竣工的建筑物内设置员工集体宿舍。

2. 作业条件及环境安全

(1) 施工现场必须采用封闭式硬质围挡，高度不得低于1.8米。

(2) 施工现场应设置标志牌和企业标识，按规定应有现场平面布置图和安全生产、消防保卫、环境保护、文明施工制度板，公示突发事件应急处置流程图。

(3) 项目承包人应采取保护措施，确保与建设工程毗邻的建筑物、构筑物安全和地下管线安全。

(4) 施工现场高大脚手架、塔式起重机等大型机械设备应与架空输电导线保持安全距离，高压线路应采用绝缘材料进行安全防护。

(5) 施工期间应对建设工程周边临街人行道路、车辆出入口采取硬质安全防护措施，夜间应设置照明指示装置。

(6) 施工现场出入口、施工起重机械、临时用电设施、脚手架、出入通道口、楼梯口、电梯井口、孔洞口、桥梁口、隧道口、基坑边沿、爆破物及有害危险气体和液体存放处等危险部位，应设置明显的安全警示标志。安全警示标志必须符合国家标准。

（7）在不同的施工阶段及施工季节、气候和周边环境发生变化时，施工现场应采取相应的安全技术措施，达到文明安全施工条件。

3. 职业健康

（1）施工现场应在易产生职业病危害的作业岗位和设备、场所设置警示标识或警示说明。

（2）定期对从事有毒有害作业人员进行职业健康培训和体检，指导操作人员正确使用职业病防护设备和个人劳动防护用品。

（3）项目承包人应为施工人员配备安全帽、安全带及与所从事工种相匹配的安全鞋、工作服等个人劳动防护用品。

（4）施工现场应采用低噪声设备，推广使用自动化、密闭化施工工艺，降低机械噪声。作业时，操作人员应戴耳塞进行听力保护。

（5）深井、地下隧道、管道施工、地下室防腐、防水作业等不能保证良好自然通风的作业区，应配备强制通风设施。操作人员在有毒有害气体作业场所应戴防毒面具或防护口罩。

（6）在粉尘作业场所，应采取喷淋等设施降低粉尘浓度，操作人员应佩戴防尘口罩；焊接作业时，操作人员应佩戴防护面罩、护目镜及手套等个人防护用品。

（7）高温作业时，施工现场应配备防暑降温用品，合理安排作息时间。

4. 卫生防疫

（1）施工现场员工膳食、饮水、休息场所应符合卫生标准。

（2）宿舍、食堂、浴室、厕所应有通风、照明设施，日常维护应有专人负责。

（3）食堂应有相关部门发放的有效卫生许可证，各类器具规范清洁。炊事员应持有效健康证。

（4）厕所、卫生设施、排水沟及阴暗潮湿地带应定期消毒。

（5）生活区应设置密闭式容器，垃圾分类存放，定期灭蝇，及时清运。

（6）施工现场应设立医务室，配备保健药箱、常用药品及绷带、止血带、颈托、担架等急救器材。

（7）施工人员发生传染病、食物中毒、急性职业中毒时，应及时向发生地的卫生防疫部门和建设主管部门报告，并按照卫生防疫部门的有关规定进行处置。

（二）安全防护用具及机械设备、施工机具的安全管理

项目承包人采购、租赁的安全防护用具、机械设备、施工机具及配件，应当具有生产（制造）许可证、产品合格证，并在进入施工现场前进行查验。

施工现场的安全防护用具、机械设备、施工机具及配件必须由专人管理，定期进行检查、维修和保养，建立相应的资料档案，并按照国家有关规定及时报废。

项目承包人在使用施工起重机械和整体提升脚手架、模板等自升式架设设施前，应当组织有关单位进行验收，也可以委托具有相应资质的检验检测机构进行验收；使用承租的机械设备和施工机具及配件的，由施工总承包单位、分包单位、出租单位和安装单位共同进行验收。验收合格的方可使用。

（三）起重机械和自升式架设设施的安全管理

1. 在施工现场安装、拆卸施工起重机械和整体提升脚手架、模板等自升式架设设施，必须由具有相应资质的单位承担。

2. 安装、拆卸施工起重机械和整体提升脚手架、模板等自升式架设设施，应当编制拆装方案、制定安全施工措施，并由专业技术人员现场监督。

3. 施工起重机械和整体提升脚手架、模板等自升式架设设施安装完毕后，安装单位应当自检，出具自检合格证明，并向项目承包人进行安全使用说明，办理验收手续并签字。

4. 施工起重机械和整体提升脚手架、模板等自升式架设设施的使用达到国家规定的检验检测期限的，必须经具有专业资质的检验检测机构检测。经检测不合格的，不得继续使用。

5. 检验检测机构对检测合格的施工起重机械和整体提升脚手架、模板等自升式架设设施，应当出具安全合格证明文件，并对检测结果负责。

第六章　建设工程项目环境管理

第一节　概　　述

建设工程项目环境管理是为了实现项目环境管理目标而针对环境因素及其环境影响的管理活动，包括组织结构、策划活动、职责、惯例、程序、过程和资源等。工程项目环境管理关系到勘察、设计和施工等过程，但就其环境影响主要涉及施工过程。

一、工程项目环境管理的特点

工程项目经常要面临不同的自然环境，一方面这些独特的自然环境必将对工程项目的实施带来不同的影响，另一方面施工活动也会对自然环境和社会环境产生负面影响。因此，建筑设计和施工过程的项目环境管理有着自己的特征，主要表现在以下几个方面：

（一）环境因素的多样性和复杂性

建设工程项目一般由多个分部分项工程组成，涉及多种材料、施工机具和人员，这种多样性的生产要素蕴含了众多的环境因素和影响，形成了环境管理的相互影响、相互作用的产生。

（二）环境保护与工程建设的同时性

建筑产品设计中蕴含着大量的环境因素，施工过程伴随着持续的环境影响，而且一些环境影响甚至可能导致重大环境事故。因此，在客观上要求环境保护与工程设计施工活动必须同时实施。

（三）环境影响的持久性

施工过程的环境影响不仅产生在施工过程和工程产品中，而且可能影响建筑产品的寿命和使用功能，甚至影响自然环境时间可能多达几十年。

（四）资源的大量消耗

工程项目投资大、周期长，需要长期占用大量的人力、物力和财力，必然导致资源的大量消耗。

项目环境管理的特征都不是孤立的，它们彼此相互依存。一方面施工环境的适宜、安全、经济、可观赏、可利用等都是必须达到的基本要求，另一方面确保施工过程中污染的达标排放，降低资源的各种消耗，也必须从内在和外在方面与环境要求协调一致，缺一不可。

二、工程项目实施环境管理的意义

由于工程项目所面临的环境特点，对工程项目实施环境管理有着重要的意义：

（一）工程项目环境管理的实施关系到施工活动能否科学有效地开展

施工现场是施工活动的核心工作区域，大量的材料、机械设备、设施等存在于现场，构成了项目环境因素的源头，施工人员通过作业和管理过程将这些物质一步步转变成项目产品，这些过程的环境管理效率和结果决定了是否能够顺畅地组织施工和实现项目目标。

（二）工程项目环境管理的过程关系到各项专业管理的有效集成

在施工现场，各项专业管理工作按照合理分工分别进行，相应的环境管理相互作用、彼此叠加，施工现场环境管理的实施过程客观上决定了各项专业管理的技术经济成果。

（三）工程项目环境管理的效果关系到项目承包人的社会责任和市场形象

工程建设项目的设计和施工产生众多的环境因素，对相关方、环境和社会的影响是十分明显的，甚至可能导致政治问题。产品设计中的环境因素控制，施工现场的环境管理不仅会产生重要的环境效益和良好的社会效益，而且会大大提升企业的社会形象。

（四）工程项目环境管理的实施关系到污染预防的成绩

工程建设过程所面临和产生的环境因素众多，对自然环境和社会环境的影响较大，决定了实施绿色施工为特征的项目环境管理的必要性。

（五）工程项目环境管理关系到企业可持续发展的内在能力

“可持续发展”是全球近年来形成的一个新的发展观，是人类自然观的重大转折，为人类的生存发展指出了科学正确的方向。其中环境管理的水平可以反映企业的现有技术和管理能力，也可以体现企业长远的发展潜力。一个企业的环境管理绩效必须依靠自身可持续发展进行维持和改进，环境管理已成为企业可持续发展的重要标志。

三、工程项目环境管理应遵循的程序

（一）确定工程项目环境管理目标

确定工程环境管理目标应进行环境因素识别，确定重要环境因素，根据法律法规和组织自行确定的要求设立目标和指标以实现环境方针的承诺。目标和指标应当进行分解，落实到现场的各个参与单位，一般采用分区划块负责的方法，考虑项目承包人的施工特点，区别市区施工、郊区施工等不同情况，按每一有关职能和层次分解，其分解程度应与能独立采取控制措施相适应。一般项目施工现场环境管理目标有以下几个方面：

1. 确保施工现场场界噪声排放达到规定标准；
2. 减少施工现场粉尘的排放；
3. 主要污染物均达到排放标准；
4. 垃圾分类管理达到规定标准；
5. 杜绝物料灰土的遗洒；
6. 项目的其他重要环境因素达到规定标准。

（二）进行工程项目环境管理策划

项目经理负责现场环境管理的总体策划和部署，建立项目环境管理组织机构，制定相应制度和措施，组织培训，使各级人员明确环境保护的意义和责任。

项目的环境管理要与组织的环境管理体系一致，应制定适当环境管理方案，该方案要求与环境的影响程度相适应。当现场环境管理体系中的过程、活动、产品发生变化时，应当对目标、指标和相关的方案进行必要的调整。环境管理方案的内容主要包括：目标和指标要求、管理职责、污染预防技术、财务、资源要求、时间要求等，并应有审批手续。环境管理方案的形式可以是专项编写，也可以是在其他项目策划中体现。环境管理方案应与设计、施工过程的质量、安全、文明施工要求及环境因素的控制需求相一致，包括与施工组织设计、项目管理规划等文件有机结合。

（三）实施项目环境管理策划

项目经理部应按照分区划块原则，搞好项目的环境管理，进行定期检查，加强协调，及时解决发现的问题，实施纠正和预防措施，保持现场良好的作业环境、卫生条件和工作秩序，及时做到污染预防。

项目经理部应对环境因素进行控制，制定应急准备和响应措施，并保证信息通畅，预防可能出现非预期的损害。在发生环境事故时，应消除污染，并应制定相应的措施，防止环境二次污染。应识别紧急情况，制定环境事故的应急准备和响应预案，并预防可能的二次和多次污染。

（四）项目环境管理的持续改进

项目经理部应进行节约能源的宣传、教育和检查。有条件时对现场使用节能设施，对使用能源的单位规定指标，对水、电或其他能源以及原材料消耗进行定量的监测。

对于监测中发现不符合的问题，应以书面方式提出要求整改。施工现场制定纠正和预防措施，整改后重新监测直至符合要求。对施工现场环境管理提出的不符合项，要及时组织相关人员进行教育培训，提高相关人员的意识和能力，避免再次发生类似问题，并要保存培训及其效果的记录。

施工现场要收集内外部相关方的环境管理方面的信息，并根据需要及时传递交流。要记录下相关方有关环境方面的要求、建议、投诉等信息，并及时采取有效纠正和预防措施。所有的环境管理信息的记录均应字迹清晰，标识清楚，内容齐全。

四、工程项目环境因素识别

工程项目环境因素是一个组织的活动、产品或服务中能与项目环境发生相互作用的要素。在施工活动、建筑产品设计或工程服务中包含着许多的基本要素，每一个要素都有可能与环境发生作用，作用的结果即产生有益或有害的影响。

工程项目识别环境时应考虑本单位的活动中自身可以管理，以及自身不能直接管理但能够施加影响的环境因素。识别环境因素应考虑“三种状态”、“三种时态”和“六个方面”：

（一）“三种状态”

1. 正常状态，指稳定、例行性、计划已作出安排的活动状态，如正常施工状态；

2. 异常状态，指非例行性的活动或事件，如施工中的设备检修、工程停工状态；

3. 紧急状态，指可能出现的突发性事故或环保设施失效的紧急状态，如发生火灾事故、爆炸等意外状态。

（二）“三种时态”

1. 过去，指以往遗留的，且会对目前的施工过程、活动产生影响的环境问题；

2. 现在，指当前施工现场正在发生，并持续到未来的环境问题；

3. 将来，指计划中的活动在将来可能产生的环境问题。

（三）“六个方面”

1. 大气排放，包括向大气实施点源、无组织排放各类污染环境因素，如冬期施工现场锅炉的烟尘排放，土方作业时施工粉尘的排放；

2. 水体排放，包括生活污水与施工过程形成的废水等污染因素的产生与排放，如食堂含油污水、混凝土搅拌站污水的排放；

3. 各类固体废弃物，包括施工过程以及生活、办公活动中产生的各种固体废弃物，如建筑垃圾、生活垃圾及办公垃圾；

4. 土地污染，包括各种施工化学物质、油类、重金属等对土壤所造成的污染、积累和扩散；

5. 原材料和自然资源的耗用，包括施工和办公过程中对原材料、纸张、水、电等方面的资源耗用；

6. 当地其他环境问题，包括施工噪声、夜间工地照明的光污染等。

五、工程项目环境因素的识别方法

常见的方法是按照施工流程进行识别，可以避免环境因素的遗漏。特别是初始环境因素的识别应重点明确识别范围，识别范围应与工程项目的特点相对应。

1. 实际位置。包括施工场所所处的地址及场所中的仓库、施工设备设施，办公室等所处的位置等。

2. 组织单位。包括承担工程项目相应的职能部门、岗位及承担特定工作任务的临时性组织形式。

3. 活动与过程。在确定识别范围时，尤其需要关注与工程项目直接相关的过程和活动。同时还需要考虑到在项目固定场所之外进行的某些活动和过程。

4. 考虑的时期。包括过去的和将来的时间段，如考虑项目开工以来的环境管理状况，调查可能发生的施工污染事件以及项目能源消耗情况。

5. 变化的情况。任何变化情况涉及的施工作业区域、活动、产品、服务，包括施工有支持活动涉及的区域。

六、工程项目环境因素的评价

工程项目环境评价的目的是运用环境影响评价技术，识别和预测项目对环境所产生的影响，解释和传播影响信息，制定减轻不利影响的对策措施，做出项目建设后对环境的影响评价，为项目决策和实施提供服务，从而达到人类行为与环境之间的协调发展。

为了有效实施工程项目环境管理，必须针对项目环境因素进行评价，以确定项目的重要环境因素。

1. 环境因素评价应考虑的因素

根据环境影响的特点，环境因素评价应该考虑以下因素：

（1）相关国际公约，国家、地方和行业部门的环保法律、法规、规章、标准和其他要求；

（2）企业的环境方针、环境目标指标、环境保护理念；

（3）对大气、水、土壤的污染，废弃物、噪声的污染；

（4）环境影响的范围、影响程度、发生频率、相关方的关注程度、资源的消耗、可节约的程度等；

（5）改变环境影响的技术难度、经济承受能力、对企业社会形象的影响等。

重点应关注工程项目环境因素所造成的环境影响与相关法规要求的符合程度，其施工环境影响的范围和程度、发生的频率、资源的耗用及可节约的程序、相关方的关心程度等。

2. 环境因素影响分析

施工过程的环境影响分析必须是全过程的、系统的和动态的实施。具体可以在施工策划和施工活动两个阶段，分析从开工到交付使用，项目环境因素控制和施工环境保护的内在需求。

工程项目实体的形成和施工环境的保护离不开人员、机具、设备、材料、施工工艺等作业要素，这些对环境都有直接影响，包括质量、工期、工程造价等施工管理因素的影响。

环境因素评价的工作流程是：

（1）分析环境因素产生的环境影响；

（2）评价影响的程度；

（3）确定重要环境因素。

3. 环境因素评价方法

环境因素评价需要一定的方法，使其具有系统性、科学性和可操作性。环境因素评价的方法选择应切合实际并覆盖单位活动、产品、服务中所有的环境因素及环境管理状况。

（1）收集信息。大部分数据和信息将在评审过程中收集，但有些数据和信息，则需事先识别和获取，如法律、法规要求，资源能源消耗水平，污染物排放量，监测数据，环境影响评价报告及“三同时”报告等。

（2）识别与评价人员的确定。环境因素评价的人员可由项目的员工及/或聘请外部人员或双方共同组成，取决于环境因素评价的范围、复杂程度以及项目的资源。内部人员熟悉本项目的情况，具备行业知识，而外部人员则有较深的技巧，具有客观性和公正性，两者可以优势互补。环境因素评价人员应经过培训，具备施工技术知识和环境法律、法规知识，具备相关的技巧和能力，熟悉实施项目环境管理的目的、范围、时间、进度和资源配置计划等。

（3）环境因素评价方法。评价环境因素的具体方法较多，包括是非判断法、打分法、矩阵法等。评价的基点是通过系统评价对环境的影响程度，确定项目相对影响大的环境因素为重要环境因素，为有效控制环境影响提供条件。

4. 环境影响评价的依据

《建设项目环境保护管理办法》规定，环境影响报告书由项目发包人在项目的可行性研究报告阶段完成，建设项目的行业主管部门负责报告书的预审。

大中型建设项目和限额以上的技术改造项目的报告书，经省级环保部门审批，报国家环境保护总局（现为环境保护部）备案。

进行项目环境影响评价与管理的主要依据是环境标准。

我国现行环境标准体系分为两级，七种类型。两级环境标准体系是国家级与地方级。七种类型有：

（1）环境质量标准。在一定时间和空间内，对各种环境介质（如大气、水、土壤等）中有害物质和因素所规定的容许含量与要求，是衡量环境受到污染的尺度，是有关部门进行环境管理、制定污染排放标准的依据。

（2）污染物排放标准。

（3）环境基础标准。对制定环境标准的有关名词、术语、符号、指南、导则所做出的统一规定，是制定环境标准的基础。

（4）环境方法标准。对环境保护工作中的试验、分析、抽样、统计、计算方法的规定。

（5）环境标准样品标准。

（6）环境保护仪器设备标准。

（7）污染报警标准。

5. 环境影响评价制度的内容

（1）所有大、中、小型新建、扩建、改建和技术改造项目要提高技术起点，采用能耗小、污染物产生量少的清洁生产工艺，严禁采用国家明令禁止的设备和工艺。

（2）建设对环境有影响的项目必须依法严格进行环境影响评价，编制环境影响报告书。

（3）环境影响报告书必须对建设项目产生的污染和对环境的影响做出评价，制定防治措施，经项目主管部门预审并依照规定的程序报环境保护行政主管部门批准。环境影响报告书经批准后，计划部门方可批准建设项目设计任务书。

（4）在建设项目总投资中，必须确保有关环境保护措施建设的投资。建设项目建成投入生产或使用后，必须确保稳定达到国家或地方规定的污染物排放标准。要把环境容量作为建设项目环境影响评价的重要依据。

6.《环境影响评价报告书》的主要内容

（1）总则；

（2）建设项目概况；

（3）工程分析；

（4）建设项目周围地区的环境现状；

（5）环境影响预测；

(6) 项目对环境的影响分析；

(7) 环保措施的评述及技术经济论证，提出各项措施的投资估算；

(8) 环境影响经济损益分析；

(9) 环境监测制度及环境管理、环境规划的建议；

(10) 环境影响评价结论。

第二节　环境管理法律法规体系和内容简介

保护环境是我国的基本国策。《中华人民共和国宪法》第二十六条规定："国家保护和改善生活环境和生态环境，防治污染和其他公害。"《中华人民共和国环境保护法》第六条也规定："一切单位和个人都有保护环境的义务。"建筑施工企业在建筑施工作业中，必须依照法律的规定，认真履行保护环境的义务，在施工现场采取相应的措施，防止对环境的污染和危害。我国《建筑法》第四条规定："国家扶持建筑业的发展，支持建筑科学技术研究，提高房屋建筑设计水平，鼓励节约能源和保护环境，提倡采用先进技术、先进设备、先进工艺、新型建筑材料和现代管理方式。"

建筑施工企业应当遵守以下法律、法规的规定，采取必要的控制和处理措施，防治施工现场的各种污染源对环境的污染和危害。

1. 由全国人大及其常委会制定的有关环境保护的法律。截至目前，全国人大常委会先后制定了《中华人民共和国环境保护法》、《中华人民共和国水污染防治法》、《中华人民共和国固体废物污染环境防治法》、《中华人民共和国环境噪声污染防治法》等有关环境保护的专门法律，为保护环境，防治污染提供了各方面都必须一律遵循的基本法律规范。

2. 国务院制定的有关环境保护的行政法规。主要有《国务院关于环境保护若干问题的决定》、《水污染防治法实施条例》、《大气污染防治法实施条例》等。

3. 各省、自治区、直辖市人大及其常委会以及省、自治区、直辖市人民政府所在地的市和经国务院批准的较大的市人大及其常委会依据法律、行政法规，结合当地实际情况制定的有关环境保护的地方性法规。在各地进行建筑施工活动除了必须遵守法律、行政法规外，还应当遵守施工所在地的地方性法规。

建筑施工企业应当依照有关法律、法规及国家有关主管部门的规定，采取措施，防治施工现场的各种粉尘、废气、废水、固体废弃物以及噪声、振动对环境的污染和危害。

一、《中华人民共和国环境保护法》

环境问题是当今国际社会的普遍性问题和重要课题，保护环境和合理利用自然资源，是实现人类社会可持续发展的前提和关键。对环境问题进行法律上的调整和规制是十分必要和重要的。1989年12月26日中华人民共和国第七届全国人民代表大会常务委员会第十一次会议通过的《中华人民共和国环境保护法》是我国第一次环境立法高潮的顶点，其对健全我国环境资源保护法律体系、保护和改善环境、促进经济、社会和环境的协调发展发挥了重要作用。

现行《环境保护法》颁布实施后的十几年，环境保护事业得到长足发展，已成为经济社会可持续发展的重要组成部分，成为经济结构调整的重要手段。国家经济发展战略的变化，带动了环境保护战略和工作重点的重大转变，主要表现在：从污染防治为主向污染防治与生态保护并重转变；从点源治理向流域、区域综合治理转变；从末端治理向源头和过程控制转变；从浓度控制向总量控制转变；从以行政手段、法律手段管理为主向综合运用行政、法律、经济、技术等手段管理转变。《环境保护法》中涉及建筑业环境保护的主要规定有：

1. 产生环境污染和其他公害的单位，必须把环境保护工作纳入计划，建立环境保护责任制度；采取有效措施，防治在生产建设或者其他活动中产生的废气、废水、废渣、粉尘、恶臭气体、放射性物质以及噪声、振动、电磁波辐射等对环境的污染和危害。

2. 新建工业企业和现有工业企业的技术改造，应当采用资源利用率高、污染物排放量少的设备和工艺，采用经济合理的废弃物综合利用技术和污染物处理技术。

3. 建设项目中防治污染的设施，必须与主体工程同时设计、同时施工、同时投产使用。防治污染的设施必须经原审批环境影响报告书的环境保护行政主管部门验收合格后，该建设项目方可投入生产或者使用。

防治污染的设施不得擅自拆除或者闲置，确有必要拆除或者闲置的，必须征得所在地的环境保护行政主管部门同意。

4. 排放污染物的企业事业单位，必须依照国务院环境保护行政主管部门的规定申报登记。

5. 排放污染物超过国家或者地方规定的污染物排放标准的企业事业单位，依照国家规定缴纳超标准排污费，并负责治理。《水污染防治法》另有规定的，依照《水污染防治法》的规定执行。

征收的超标准排污费必须用于污染的防治，不得挪作他用，具体使用办法由国务院规定。

6. 因发生事故或者其他突然性事件，造成或者可能造成污染事故的单位，必须立即采取措施处理，及时通报可能受到污染危害的单位和居民，并向当地环境保护行政主管部门和有关部门报告，接受调查处理。

可能发生重大污染事故的企业事业单位，应当采取措施，加强防范。

7. 生产、储存、运输、销售、使用有毒化学物品和含有放射性物质的物品，必须遵守国家有关规定，防止污染环境。

8. 未经环境保护行政主管部门同意，擅自拆除或者闲置防治污染的设施，污染物排放超过规定的排放标准的，由环境保护行政主管部门责令重新安装使用，并处罚款。

二、《中华人民共和国环境噪声污染防治法》

环境噪声是指在工业生产、建筑施工、交通运输和社会生活中所产生的干扰周围生活环境的声音。环境噪声污染是指所产生的环境噪声超过国家规定的环境噪声排放标准，并干扰他人正常生活、工作和学习的现象。

为防治环境噪声污染，保护和改善生活环境，保障人体健康，促进经济和社会发展，由中华人民共和国第八届全国人民代表大会常务委员会第二十次会议于1996年10月29日通过了《中华人民共和国环境噪声污染防治法》。

（一）《环境噪声污染防治法》的规定着重强调了以下四个方面：

1. 从城市规划和建设布局上提出噪声防治要求；

2. 加强对设备和产品的噪声控制；

3. 加强对交通运输噪声的控制管理；

4. 加强对社会生活噪声的控制管理。

（二）《环境噪声污染防治法》中涉及建筑业环境保护的主要规定有：

1. 新建、改建、扩建的建设项目，必须遵守国家有关建设项目环境保护管理的规定。

建设项目可能产生环境噪声污染的，项目发包人必须提出环境影响报告书，规定环境噪声污染的防治措施，并按照国家规定的程序报环境保护行政主管部门批准。环境影响报告书中，应当有该建设项目所在地单位和居民的意见。

2. 建设项目的环境噪声污染防治设施必须与主体工程同时设计、同时施工、同时投产使用。建设项目在投入生产或者使用之前，其环境噪声污染防治设施必须经原审批环境影响报告书的环境保护行政主管部门验收；达不到国家规定要求的，该建设项目不得投入生产或者使用。

3. 产生环境噪声污染的企业事业单位，必须保持防治环境噪声污染的设施的正常使用；拆除或者闲置环境噪声污染防治设施的，必须事先报经所在地的县级以上地方人民政府环境保护行政主管部门批准。

4. 产生环境噪声污染的单位，应当采取措施进行治理，并按照国家规定缴纳超标准排污费。征收的超标准排污费必须用于污染的防治，不得挪作他用。

5. 在城市范围内从事生产活动确需排放偶发性强烈噪声的，必须事先向当地公安机关提出申请，经批准后方可进行。当地公安机关应当向社会公告。

6. 建筑施工噪声，是指在建筑施工过程中产生的干扰周围生活环境的声音。

在城市市区范围内向周围生活环境排放建筑施工噪声的，应当符合国家规定的建筑施工场界环境噪声排放标准。

在城市市区范围内，建筑施工过程中使用机械设备，可能产生环境噪声污染的，项目承包人必须在工程开工15日以前向工程所在地县级以上地方人民政府环境保护行政主管部门申报该工程的项目名称、施工场所和期限、可能产生的环境噪声值以及所采取的环境噪声污染防治措施的情况。

7. 在城市市区噪声敏感建筑物集中区域内，禁止夜间进行产生环境噪声污染的建筑施工作业，但抢修、抢险作业和因生产工艺上要求或者特殊需要必须连续作业的除外。因特殊需要必须连续作业的，必须有县级以上人民政府或者其有关主管部门的证明。

上述规定的夜间作业，必须公告附近居民。

8. 建设项目中需要配套建设的环境噪声污染防治设施没有建成或者没有达到国家规定的要求，擅自投入生产或者使用的，由批准该建设项目的环境影响报告书的环境保护行政主管部门责令停止生产或者使用，可以并处罚款。

（三）法律规定我国城市区域环境噪声标准

1. 主题内容与适用范围

本标准规定了城市五类区域的环境噪声最高限值。

本标准适用于城市区域。乡村生活区域可参照本标准执行。

2. 标准值

城市5类环境噪声标准值如下：

类别	昼间	夜间
0类	50分贝	40分贝
1类	55分贝	45分贝
2类	60分贝	50分贝
3类	65分贝	55分贝
4类	70分贝	55分贝

3. 各类标准的适用区域

（1）0 类标准适用于疗养区、高级别墅区、高级宾馆区等特别需要安静的区域。位于城郊和乡村的这一类区域分别按严于 0 类标准 5 分贝执行。

（2）1 类标准适用于以居住、文教机关为主的区域。乡村居住环境可参照执行该类标准。

（3）2 类标准适用于居住、商业、工业混杂区。

（4）3 类标准适用于工业区。

（5）4 类标准适用于城市中的道路交通干线道路两侧区域，穿越城区的内河航道两侧区域。穿越城区的铁路主、次干线两侧区域的背景噪声（指不通过列车时的噪声水平）限值也执行该类标准。

4. 夜间突发噪声

夜间突发的噪声，其最大值不准超过标准值 15 分贝。

（四）法律规定我国工业企业厂界噪声标准

1. 标准的适用范围

本标准适用于工厂及有可能造成噪声污染的企事业单位的边界。

2. 标准值

各类厂界噪声标准值如下：

类别	昼间	夜间
一类	55 分贝	45 分贝
二类	60 分贝	50 分贝
三类	65 分贝	55 分贝
四类	70 分贝	55 分贝

3. 各类标准适用范围的划定

一类标准适用于以居住、文教机关为主的区域。

二类标准适用于居住、商业、工业混杂区及商业中心区。

三类标准适用于工业区。

四类标准适用于交通干线道路两侧区域。

4. 各类标准适用范围由地方人民政府划定。

5. 夜间频繁突发的噪声（如排气噪声）。其峰值不准超过标准值 10 分贝，夜间偶然突发的噪声（如短促鸣笛声），其峰值不准超过标准值 15 分贝。

三、《中华人民共和国固体废物污染环境防治法》

固体废物是指在生产、生活和其他活动中产生的丧失原有利用价值或者虽未丧失利用价值但被抛弃或者放弃的固态、半固态和置于容器中的气态的物品、物质以及法律、行政法规规定纳入固体废物管理的物品、物质。

从对环境危害的程度上，固体废物又分为一般固体废物和危险废物。一般固体废物对健康和环境的负面影响相对小一些，但需要妥善处置。危险废物是指具有急性毒性、毒性、腐蚀性、感染性、易燃易爆性的废物，对健康和环境的威胁极大，是管理和防治的重点。

固体废物污染是指因对固体废物的处置不当而使其进入环境，从而导致危害人体健康或财产安全，以及破坏自然生态系统造成环境恶化的现象。

为了防治固体废物污染环境，保障人体健康，维护生态安全，促进经济社会可持续发展，1995 年 10 月 30 日第八届全国人民代表大会常务委员会第十六次会议通过《中华人民共和国固体废弃物污染环境防治法》（2004 年 12 月 29 日第十届全国人民代表大会常务委员会第十三次会议修订）。我国《固体废物污染环境防治法》强调了国家对固体废物污染环境的防治，实行减少固体废物的产生量和危害性、充分合理利用固体废物和无害化处置固体废物的原则，促进清洁生产和循环经济发展；国家采取有利于固体废物综合利用活动的经济、技术政策和措施，对固体废物实行充分回收和合理利用；国家鼓励、支持采取有利于保护环境的集中处置固体废物的措施，促进固体废物污染环境防治产业发展。《固体废物污染环境防治法》中涉及建筑业环境保护的主要规定有：

1. 建设产生固体废物的项目以及建设贮存、利用、处置固体废物的项目，必须依法进行环境影响评价，并遵守国家有关建设项目环境保护管理的规定。

2. 建设项目的环境影响评价文件确定需要配套建设的固体废物污染环境防治设施，必须与主体工程同时设计、同时施工、同时投入使用。固体废物污染环境防治设施必须经原审批环境影响评价文件的环境保护行政主管部门验收合格后，该建设项目方可投入生产或者使用。对固体废物污染环境防治设施的验收应当与对主体工程的验收同时进行。

3. 产生固体废物的单位和个人，应当采取措施，防止或者减少固体废物对环境的污染。

4. 收集、贮存、运输、利用、处置固体废物的单位和个人，必须采取防扬散、防流失、防渗漏或者其他防止污染环境的措施；不得擅自倾倒、堆放、丢弃、遗撒固体废物。

禁止任何单位或者个人向江河、湖泊、运河、渠道、水库及其最高水位线以下的滩地和岸坡等法律、法规规定禁止倾倒、堆放废弃物的地点倾倒、堆放固体废物。

5. 企业事业单位应当合理选择和利用原材料、能源和其他资源，采用先进的生产工艺和设备，减少工业固体废物产生量，降低工业固体废物的危害性。

6. 企业事业单位应当根据经济、技术条件对其产生的工业固体废物加以利用；对暂时不利用或者不能利用的，必须按照国务院环境保护行政主管部门的规定建设贮存设施、场所，安全分类存放，或者采取无害化处置措施。

建设工业固体废物贮存、处置的设施、场所，必须符合国家环境保护标准。

7. 建设生活垃圾处置的设施、场所，必须符合国务院环境保护行政主管部门和国务院建设行政主管部门规定的环境保护和环境卫生标准。

8. 禁止擅自关闭、闲置或者拆除生活垃圾处置的设施、场所；确有必要关闭、闲置或者拆除的，必须经所在地县级以上地方人民政府环境卫生行政主管部门和环境保护行政主管部门核准，并采取措施，防止污染环境。

9. 工程项目承包人应当及时清运工程施工过程中产生的固体废物，并按照环境卫生行政主管部门的规定进行利用或者处置。

10. 从事城市新区开发、旧区改建和住宅小区开发建设的单位，以及机场、码头、车站、公园、商店等公共设施、场所的经营管理单位，应当按照国家有关环境卫生的规定，配套建设生活垃圾收集设施。

11. 产生危险废物的单位，必须按照国家有关规定处置危险废物，不得擅自倾倒、堆放；不处置的，由所在地县级以上地方人民政府环境保护行政主管部门责令限期改正；逾期不处置或者处置不符合国家有关规定的，由所在地县级以上地方人民政府环境保护行政主管部门指定单位按照国家有关规定代为处置，处置费用由产生危险废物的单位承担。

12. 产生、收集、贮存、运输、利用、处置危险废物的单位，应当制定意外事故的防范措施和应急预案，并向所在地县级以上地方人民政府环境保护行政主管部门备案；环境保护行政主管部门应当进行检查。

13. 因发生事故或者其他突发性事件，造成危险废物严重污染环境的单位，必须立即采取措施消除或者减轻对环境的污染危害，及时通报可能受到污染危害的单位和居民，并向所在地县级以上地方人民政府环境保护行政主管部门和有关部门报告，接受调查处理。

四、《中华人民共和国水污染防治法》

水是生命之源，是人类和其他一切生物生存和发展不可缺少、不可替代的环境要素。水污染是由于人为活动，使某些物质进入水体，达到一定浓度，从而导致其化学、物理、生物等方面的特性改变，产生危害人体健康、破坏生态环境等后果的环境质量恶化现象。水污染已成为危害人们身体健康、生产生活，破坏生态环境，制约经济社会发展的重要因素。防治水污染就是要采取相应的措施，预防水污染的发生，并对已经产生的水污染进行治理。为了防治水污染，保护和改善环境，保障饮用水安全，促进经济社会全面协调可持续发展，《中华人民共和国水污染防治法》（2008 年 2 月 28 日第十届全国人民代表大会常务委员会第三十二次会议修订）提出了水污染防治应当坚持预防为主、防治结合、综合治理的原则，优先保护饮用水水源，严格控制工业污染、城镇生活污染，防治农业面源污染，积极推进生态治理工程建设，预防、控制和减少水环境污染和生态破坏。《水污染防治法》中涉及建筑业环境保护的主要规定有：

1. 新建、改建、扩建直接或者间接向水体排放污染物的建设项目和其他水上设施，应当依法进行环境影响评价。

项目发包人在江河、湖泊新建、改建、扩建排污口的，应当取得水行政主管部门或者流域管理机构同意；涉及通航、渔业水域的，环境保护主管部门在审批环境影响评价文件时，应当征求交通、渔业主管部门的意见。

建设项目的水污染防治设施，应当与主体工程同时设计、同时施工、同时投入使用。水污染防治设施应当经过环境保护主管部门验收，验收不合格的，该建设项目不得投入生产或者使用。

2. 国家实行排污许可制度。直接或者间接向水体排放工业废水和医疗污水以及其他按照规定应当取得排污许可证方可排放的废水、污水的企业事业单位，应当取得排污许可证；城镇污水集中处理设施的运营单位，也应当取得排污许可证。排污许可的具体办法和实施步骤由国务院规定。

禁止企业事业单位无排污许可证或者违反排污许可证的规定向水体排放上述规定的废水、污水。

3. 禁止向水体排放油类、酸液、碱液或者剧毒废液。禁止在水体清洗装贮过油类或者有毒污染物的车辆和容器。

4. 禁止向水体排放、倾倒放射性固体废物或者含有高放射性和中放射性物质的废水。向水体排放含低放射性物质的废水，应当符合国家有关放射性污染防治的规定和标准。

5. 禁止向水体排放、倾倒工业废渣、城镇垃圾和其他废弃物。禁止将含有汞、镉、砷、铬、铅、氰化物、黄磷等的可溶性剧毒废渣向水体排放、倾倒或者直接埋入地下。

6. 存放可溶性剧毒废渣的场所，应当采取防水、防渗漏、防流失的措施。企业应当采用原材料利用效率高、污染物排放量少的清洁工艺，并加强管理，减少水污染物的产生。

7. 禁止在饮用水水源一级保护区内新建、改建、扩建与供水设施和保护水源无关的建设项目；已建成的与供水设施和保护水源无关的建设项目，由县级以上人民政府责令拆除或者关闭。禁止在饮用水水源一级保护区内从事网箱养殖、旅游、游泳、垂钓或者其他可能污染饮用水水体的活动。

8. 禁止在饮用水水源二级保护区内新建、改建、扩建排放污染物的建设项目；已建成的排放污染物的建设项目，由县级以上人民政府责令拆除或者关闭。

在饮用水水源二级保护区内从事网箱养殖、旅游等活动的，应当按照规定采取措施，防止污染饮用水水体。

9. 禁止在饮用水水源准保护区内新建、扩建对水体污染严重的建设项目；改建建设项目，不得增加排污量。

10. 可能发生水污染事故的企业事业单位，应当制定有关水污染事故的应急方案，做好应急准备，并定期进行演练。

11. 生产、储存危险化学品的企业事业单位，应当采取措施，防止在处理安全生产事故过程中产生的可能严重污染水体的消防废水、废液直接排入水体。

第三节　建设工程项目环境管理新制度

一、绿色施工管理制度

（一）一般概述

施工方法对于环境的影响是十分重要的。我国尚处于经济快速发展阶段，作为大量消耗资源、影响环境的建筑业，应全面实施以节能减排和资源节约为代表的绿色施工，承担起可持续发展的社会责任。

2007 年 9 月 10 日，建设部（现住房和城乡建设部）印发了《绿色施工导则》（建质［2007］223 号文），内容包括《总则》、《绿色施工原则》、《绿色施工总体框架》、《绿色施工要点》、《发展绿色施工的新技术、新设备、新材料、新工艺》、《绿色施工应用示范工程》六个部分。《绿色施工导则》用于指导建筑工程的绿色施工，并可供其他建设工程的绿色施工参考。

绿色施工是指工程建设中，在保证质量、安全等基本要求的前提下，通过科学管理和技术进步，最大限度地节约资源与减少对环境负面影响的施工活动，实现四节一环保（节能、节地、节水、节材和环境保护）。绿色施工应符合国家的法律、法规及相关的标准规范，实现经济效益、社会效益和环境效益的统一。实施绿色施工，应依据因地制宜的原则，贯彻执行国家、行业和地方相关的技术经济政策。

鼓励各地区开展绿色施工的政策与技术研究，发展绿色施工的新技术、新设备、新材料与新工艺，推行应用示范工程。绿色施工的基本理念是发展绿色施工的新技术、新设备、新材料与新工艺。施工方案应建立推广、限制、淘汰公布制度和管理办法。发展适合绿色施工的资源利用与环境保护技术，对落后的施工方案进行限制或淘汰，鼓励绿色施工技术的发展，推动绿色施工技术的创新。

要大力发展现场监测技术、低噪声的施工技术、现场环境参数检测技术、自密实混凝土施工技术、清水混凝土施工技术、建筑固体废弃物再生产品在墙体材料中的应用技术、新型模板及脚手架技术的研究与应用。要加强信息技术应用，如绿色施工的虚拟现实技术、三维建筑模型的工程量自动统计、绿色施工组织设计数据库建立与应用系统、数字化工地、基于电子商务的建筑工程材料、设备与物流管理系统等。通过应用信息技术，进行精密规划、设计、精心建造和优化集成，实现与提高绿色施工的各项指标。

（二）绿色施工的基本原则

绿色施工是建筑全寿命周期中的一个重要阶段。实施绿色施工，应进行总体方案优化。在规划、设计阶段，应充分考虑绿色施工的总体要求，为绿色施工提供基础条件。

实施绿色施工，应对施工策划、材料采购、现场施工、工程验收等各阶段进行控制，加强对整个施工过程的管理和监督。

（三）绿色施工的总体框架

绿色施工总体框架由施工管理、环境保护、节材与材料资源利用、节水与水资源利用、节能与能源利用、节地与施工用地保护六个方面组成。这六个方面涵盖了绿色施工的基本指标，同时包含了施工策划、材料采购、现场施工、工程验收等各阶段指标的子集。绿色施工总体框架可图示如下：

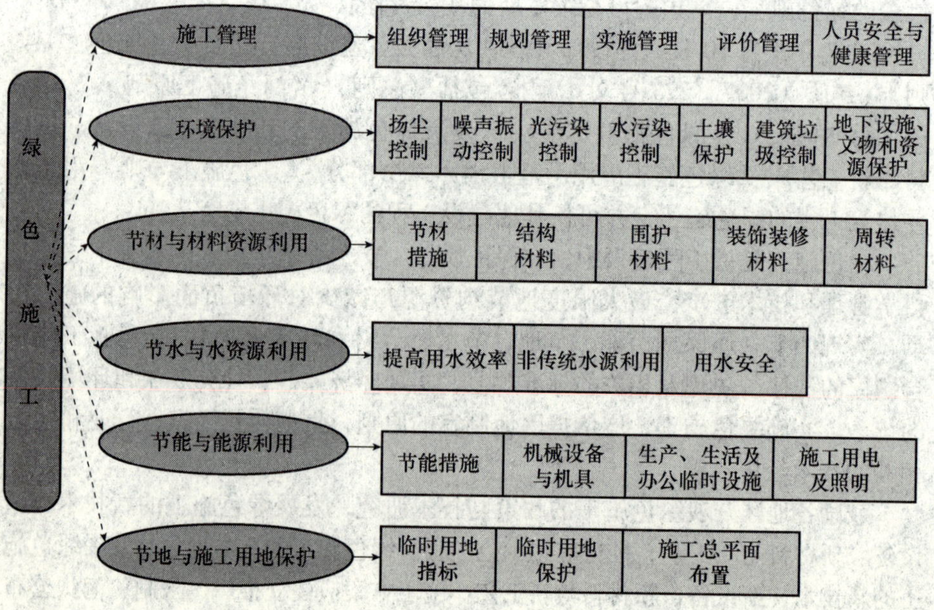

（四）绿色施工管理的内容

绿色施工管理主要包括组织管理、规划管理、实施管理、评价管理和人员安全与健康管理五个方面。

1. 组织管理

（1）建立绿色施工管理体系，并制定相应的管理制度与目标。

（2）项目经理为绿色施工第一责任人，负责绿色施工的组织实施及目标实现，并指定绿色施工管理人员和监督人员。

2. 规划管理

编制绿色施工方案。该方案应在施工组织设计中独立成章，并按有关规定进行审批。绿色施工方案应包括以下内容：

（1）环境保护措施，制定环境管理计划及应急救援预案，采取有效措施，降低环境负荷，保护地下设施和文物等资源。

（2）节材措施，在保证工程安全与质量的前提下，制定节材措施。如进行施工方案的节材优化，建筑垃圾减量化，尽量利用可循环材料等。

（3）节水措施，根据工程所在地的水资源状况，制定节水措施。

（4）节能措施，进行施工节能策划，确定目标，制定节能措施。

（5）节地与施工用地保护措施，制定临时用地指标、施工总平面布置规划及临时用地节地措施等。

3. 实施管理

（1）绿色施工应对整个施工过程实施动态管理，加强对施工策划、施工准备、材料采购、现场施工、工程验收等各阶段的管理和监督。

（2）应结合工程项目的特点，有针对性地对绿色施工作相应的宣传，通过宣传营造绿色施工的氛围。

（3）定期对职工进行绿色施工知识培训，增强职工绿色施工意识。

4. 评价管理

（1）对照指标体系，结合工程特点，对绿色施工的效果及采用的新技术、新设备、新材料与新工艺，进行自评估。

（2）成立专家评估小组，对绿色施工方案、实施过程至项目竣工，进行综合评估。

5. 人员安全与健康管理

（1）制订施工防尘、防毒、防辐射等职业危害的措施，保障施工人员的长期职业健康。

（2）合理布置施工场地，保护生活及办公区不受施工活动的有害影响。施工现场建立卫生急救、保健防疫制度，在安全事故和疾病疫情出现时提供及时救助。

(3) 提供卫生、健康的工作与生活环境，加强对施工人员的住宿、膳食、饮用水等生活与环境卫生等管理，明显改善施工人员的生活条件。

（五）发展绿色施工的新技术、新设备、新材料与新工艺

1. 施工方案应建立推广、限制、淘汰公布制度和管理办法。发展适合绿色施工的资源利用与环境保护技术，对落后的施工方案进行限制或淘汰，鼓励绿色施工技术的发展，推动绿色施工技术的创新。

2. 大力发展现场监测技术、低噪声的施工技术、现场环境参数检测技术、自密实混凝土施工技术、清水混凝土施工技术、建筑固体废弃物再生产品在墙体材料中的应用技术、新型模板及脚手架技术的研究与应用。

3. 加强信息技术应用，如绿色施工的虚拟现实技术、三维建筑模型的工程量自动统计、绿色施工组织设计数据库建立与应用系统、数字化工地、基于电子商务的建筑工程材料、设备与物流管理系统等。通过应用信息技术，进行精密规划、设计、精心建造和优化集成，实现与提高绿色施工的各项指标。

（六）环境影响控制

1. 工程开工前，项目发包人应组织对施工场地所在地区的土壤环境现状进行调查，制定科学的保护或恢复措施，防止施工过程中造成土壤侵蚀、退化，减少施工活动对土壤环境的破坏和污染。

2. 建设项目涉及古树名木保护的，工程开工前，应由项目发包人提供政府主管部门批准的文件，未经批准，不得施工。

3. 建设项目施工中涉及古树名木确需迁移，应按照古树名木移植的有关规定办理移植许可证和组织施工。

4. 对场地内无法移栽、必须原地保留的古树名木应划定保护区域，严格履行园林部门批准的保护方案，采取有效保护措施。

5. 项目承包人在施工过程中一旦发现文物，应立即停止施工，保护现场并通报文物管理部门。

6. 建设项目场址内因特殊情况不能避开地上文物，应积极履行经文物行政主管部门审核批准的原址保护方案，确保其不受施工活动损害。

7. 对于因施工而破坏的植被、造成的裸土，必须及时采取有效措施，以避免土壤侵蚀、流失。如采取覆盖砂石、种植速生草种等措施。施工结束后，被破坏的原有植被场地必须恢复或进行合理绿化。

（七）扬尘控制

1. 运送土方、垃圾、设备及建筑材料等，不污损场外道路。运输容易散落、飞扬、流漏的物料的车辆，必须采取措施封闭严密，保证车辆清洁。施工现场出口应设置洗车槽。

2. 土方作业阶段，采取洒水、覆盖等措施，达到作业区目测扬尘高度小

于1.5米，不扩散到场区外。

3. 结构施工、安装装饰装修阶段，作业区目测扬尘高度小于0.5米。对易产生扬尘的堆放材料应采取覆盖措施；对粉末状材料应封闭存放；场区内可能引起扬尘的材料及建筑垃圾搬运应有降尘措施，如覆盖、洒水等；浇筑混凝土前清理灰尘和垃圾时尽量使用吸尘器，避免使用吹风器等易产生扬尘的设备；机械剔凿作业时可用局部遮挡、掩盖、水淋等防护措施；高层或多层建筑清理垃圾应搭设封闭性临时专用道或采用容器吊运。

4. 施工现场非作业区达到目测无扬尘的要求。对现场易飞扬物质采取有效措施，如洒水、地面硬化、围挡、密网覆盖、封闭等，防止扬尘产生。

5. 构筑物机械拆除前，做好扬尘控制计划。可采取清理积尘、拆除体洒水、设置隔挡等措施。

6. 构筑物爆破拆除前，做好扬尘控制计划。可采用清理积尘、淋湿地面、预湿墙体、屋面敷水袋、楼面蓄水、建筑外设高压喷雾状水系统、搭设防尘排栅和直升机投水弹等综合降尘。选择风力小的天气进行爆破作业。

7. 在场界四周隔挡高度位置测得的大气总悬浮颗粒物（TSP）月平均浓度与城市背景值的差值不大于0.08mg/m^3。

（八）噪声与振动控制

1. 现场噪声排放不得超过国家标准《建筑施工场界噪声限值》（GB 12523）的规定。

2. 在施工场界对噪声进行实时监测与控制。监测方法执行国家标准《建筑施工场界噪声测量方法》（GB 12524）。

3. 使用低噪声、低振动的机具，采取隔声与隔振措施，避免或减少施工噪声和振动。

（九）光污染控制

1. 尽量避免或减少施工过程中的光污染。夜间室外照明灯加设灯罩，透光方向集中在施工范围。

2. 电焊作业采取遮挡措施，避免电焊弧光外泄。

（十）水污染控制

1. 施工现场污水排放应达到有关国家标准的要求。

2. 在施工现场应针对不同的污水，设置相应的处理设施，如沉淀池、隔油池、化粪池等。

3. 污水排放应委托有资质的单位进行废水水质检测，提供相应的污水检测报告。

4. 保护地下水环境。采用隔水性能好的边坡支护技术。在缺水地区或地下水位持续下降的地区，基坑降水尽可能少地抽取地下水；当基坑开挖抽水量大于50万立方米时，应进行地下水回灌，并避免地下水被污染。

5. 对于化学品等有毒材料、油料的储存地，应有严格的隔水层设计，做好渗漏液收集和处理。

（十一）土壤保护

1. 保护地表环境，防止土壤侵蚀、流失。因施工造成的裸土，及时覆盖砂石或种植速生草种，以减少土壤侵蚀；因施工造成容易发生地表径流土壤流失的情况，应采取设置地表排水系统、稳定斜坡、植被覆盖等措施，减少土壤流失。

2. 沉淀池、隔油池、化粪池等不发生堵塞、渗漏、溢出等现象。及时清掏各类池内沉淀物，并委托有资质的单位清运。

3. 对于有毒有害废弃物如电池、墨盒、油漆、涂料等应回收后交有资质的单位处理，不能作为建筑垃圾外运，避免污染土壤和地下水。

4. 施工后应恢复施工活动破坏的植被（一般指临时占地内）。与当地园林、环保部门或当地植物研究机构进行合作，在先前开发地区种植当地或其他合适的植物，以恢复剩余空地地貌或科学绿化，补救施工活动中人为破坏植被和地貌造成的土壤侵蚀。

（十二）建筑垃圾控制

1. 制订建筑垃圾减量化计划，如住宅建筑，每万平方米的建筑垃圾不宜超过400吨。

2. 加强建筑垃圾的回收再利用，力争建筑垃圾的再利用和回收率达到30%，建筑物拆除产生的废弃物的再利用和回收率大于40%。对于碎石类、土石方类建筑垃圾，可采用地基填埋、铺路等方式提高再利用率，力争再利用率大于50%。

3. 施工现场生活区设置封闭式垃圾容器，施工场地生活垃圾实行袋装化，及时清运。对建筑垃圾进行分类，并收集到现场封闭式垃圾站，集中运出。

（十三）地下设施、文物和资源保护

1. 施工前应调查清楚地下各种设施，做好保护计划，保证施工场地周边的各类管道、管线、建筑物、构筑物的安全运行。

2. 施工过程中一旦发现文物，立即停止施工，保护现场并通报文物部门并协助做好工作。

3. 避让、保护施工场区及周边的古树名木。

4. 逐步开展统计分析施工项目的 CO_2 排放量，以及各种不同植被和树种的 CO_2 固定量的工作。

二、节材与材料资源利用管理制度

（一）节材措施

1. 图纸会审时，应审核节材与材料资源利用的相关内容，达到材料损耗率比定额损耗率降低30%。

2. 根据施工进度、库存情况等合理安排材料的采购、进场时间和批次，减少库存。

3. 现场材料堆放有序。储存环境适宜，措施得当。保管制度健全，责任落实。

4. 材料运输工具适宜，装卸方法得当，防止损坏和遗洒。根据现场平面布置情况就近卸载，避免和减少二次搬运。

5. 采取技术和管理措施提高模板、脚手架等的周转次数。

6. 优化安装工程的预留、预埋、管线路径等方案。

7. 应就地取材，施工现场500公里以内生产的建筑材料用量占建筑材料总重量的70%以上。

（二）结构材料

1. 推广使用预拌混凝土和商品砂浆。准确计算采购数量、供应频率、施工速度等，在施工过程中动态控制。结构工程使用散装水泥。

2. 推广使用高强钢筋和高性能混凝土，减少资源消耗。

3. 推广钢筋专业化加工和配送。

4. 优化钢筋配料和钢构件下料方案。钢筋及钢结构制作前应对下料单及样品进行复核，无误后方可批量下料。

5. 优化钢结构制作和安装方法。大型钢结构宜采用工厂制作，现场拼装；宜采用分段吊装、整体提升、滑移、顶升等安装方法，减少方案的措施用材量。

6. 采取数字化技术，对大体积混凝土、大跨度结构等专项施工方案进行优化。

（三）围护材料

1. 门窗、屋面、外墙等围护结构选用耐候性及耐久性良好的材料，施工确保密封性、防水性和保温隔热性。

2. 门窗采用密封性、保温隔热性能、隔声性能良好的型材和玻璃等材料。

3. 屋面材料、外墙材料具有良好的防水性能和保温隔热性能。

4. 当屋面或墙体等部位采用基层加设保温隔热系统的方式施工时，应选择高效节能、耐久性好的保温隔热材料，以减小保温隔热层的厚度及材料用量。

5. 屋面或墙体等部位的保温隔热系统采用专用的配套材料，以加强各层次之间的粘接或连接强度，确保系统的安全性和耐久性。

6. 根据建筑物的实际特点，优选屋面或外墙的保温隔热材料系统和施工方式，例如保温板粘贴、保温板干挂、聚氨酯硬泡喷涂、保温浆料涂抹等，以保证保温隔热效果，并减少材料浪费。

7. 加强保温隔热系统与围护结构的节点处理，尽量降低热桥效应。针对建筑物的不同部位保温隔热特点，选用不同的保温隔热材料及系统，以做到经济适用。

（四）装饰装修材料

1. 贴面类材料在施工前，应进行总体排版策划，减少非整块材的数量。

2. 采用非木质的新材料或人造板材代替木质板材。

3. 防水卷材、壁纸、油漆及各类涂料基层必须符合要求，避免起皮、脱落。各类油漆及黏结剂应随用随开启，不用时及时封闭。

4. 幕墙及各类预留预埋应与结构施工同步。

5. 木制品及木装饰用料、玻璃等各类板材等宜在工厂采购或定制。

6. 采用自粘类片材，减少现场液态黏结剂的使用量。

（五）周转材料

1. 应选用耐用、维护与拆卸方便的周转材料和机具。

2. 优先选用制作、安装、拆除一体化的专业队伍进行模板工程施工。

3. 模板应以节约自然资源为原则，推广使用定型钢模、钢框竹模、竹胶板。

4. 施工前应对模板工程的方案进行优化。多层、高层建筑使用可重复利用的模板体系，模板支撑宜采用工具式支撑。

5. 优化高层建筑的外脚手架方案，采用整体提升、分段悬挑等方案。

6. 推广采用外墙保温板替代混凝土施工模板的技术。

7. 现场办公和生活用房采用周转式活动房。现场围挡应最大限度地利用已有围墙，或采用装配式可重复使用围挡封闭。力争工地临房、临时围挡材料的可重复使用率达到70%。

三、节水与水资源利用管理制度

（一）提高用水效率

1. 施工中采用先进的节水施工工艺。

2. 施工现场喷洒路面、绿化浇灌不宜使用市政自来水。现场搅拌用水、养护用水应采取有效的节水措施，严禁无措施浇水养护混凝土。

3. 施工现场供水管网应根据用水量设计布置，管径合理、管路简捷，采取有效措施减少管网和用水器具的漏损。

4. 现场机具、设备、车辆冲洗用水必须设立循环用水装置。施工现场办公区、生活区的生活用水采用节水系统和节水器具，提高节水器具配置比率。项目临时用水应使用节水型产品，安装计量装置，采取针对性的节水措施。

5. 施工现场建立可再利用水的收集处理系统，使水资源得到梯级循环利用。

6. 施工现场分别对生活用水与工程用水确定用水定额指标，并分别计量管理。

7. 大型工程的不同单项工程、不同标段、不同分包生活区，凡具备条件的应分别计量用水量。在签订不同标段分包或劳务合同时，将节水定额指标纳入合同条款，进行计量考核。

8. 对混凝土搅拌站点等用水集中的区域和工艺点进行专项计量考核。施工现场建立雨水、中水或可再利用水的搜集利用系统。

（二）非传统水源利用

1. 优先采用中水搅拌、中水养护，有条件的地区和工程应收集雨水养护。

2. 处于基坑降水阶段的工地，宜优先采用地下水作为混凝土搅拌用水、养护用水、冲洗用水和部分生活用水。

3. 现场机具、设备、车辆冲洗、喷洒路面、绿化浇灌等用水，优先采用非传统水源，尽量不使用市政自来水。

4. 大型施工现场，尤其是雨量充沛地区的大型施工现场建立雨水收集利用系统，充分收集自然降水用于施工和生活中适宜的部位。

5. 力争施工中非传统水源和循环水的再利用量大于30%。

（三）用水安全

在非传统水源和现场循环再利用水的使用过程中，应制定有效的水质检测与卫生保障措施，确保避免对人体健康、工程质量以及周围环境产生不良影响。

四、节能与能源利用管理制度

（一）节能措施

1. 制订合理施工能耗指标，提高施工能源利用率。

2. 优先使用国家、行业推荐的节能、高效、环保的施工设备和机具，如选用变频技术的节能施工设备等。

3. 施工现场分别设定生产、生活、办公和施工设备的用电控制指标，定期进行计量、核算、对比分析，并有预防与纠正措施。

4. 在施工组织设计中，合理安排施工顺序、工作面，以减少作业区域的机具数量，相邻作业区充分利用共有的机具资源。安排施工工艺时，应优先考虑耗用电能的或其他能耗较少的施工工艺。避免设备额定功率远大于使用功率或超负荷使用设备的现象。

5. 根据当地气候和自然资源条件，充分利用太阳能、地热等可再生能源。

（二）机械设备与机具

1. 建立施工机械设备管理制度，开展用电、用油计量，完善设备档案，及时做好维修保养工作，使机械设备保持低耗、高效的状态。

2. 选择功率与负载相匹配的施工机械设备，避免大功率施工机械设备低负载长时间运行。机电安装可采用节电型机械设备，如逆变式电焊机和能耗低、效率高的手持电动工具等，以利节电。机械设备宜使用节能型油料添加剂，在可能的情况下，考虑回收利用，节约油量。

3. 合理安排工序，提高各种机械的使用率和满载率，降低各种设备的单位耗能。

（三）生产、生活及办公临时设施

1. 利用场地自然条件，合理设计生产、生活及办公临时设施的体形、朝向、间距和窗墙面积比，使其获得良好的日照、通风和采光。南方地区可根据需要在其外墙窗设遮阳设施。

2. 临时设施宜采用节能材料，墙体、屋面使用隔热性能好的材料，减少夏天空调、冬天取暖设备的使用时间及耗能量。

3. 合理配置采暖、空调、风扇数量，规定使用时间，实行分段分时使用，节约用电。

（四）施工用电及照明

1. 临时用电优先选用节能电线和节能灯具，临电线路合理设计、布置，临电设备宜采用自动控制装置。采用声控、光控等节能照明灯具。

2. 照明设计以满足最低照度为原则，照度不应超过最低照度的20%。

五、节地与施工用地保护管理制度

（一）临时用地指标

1. 根据施工规模及现场条件等因素合理确定临时设施，如临时加工厂、现场作业棚及材料堆场、办公生活设施等的占地指标。临时设施的占地面积应按用地指标所需的最低面积设计。

2. 要求平面布置合理、紧凑，在满足环境、职业健康与安全及文明施工要求的前提下尽可能减少废弃地和死角，临时设施占地面积有效利用率大于90%。

（二）临时用地保护

1. 应对深基坑施工方案进行优化，减少土方开挖和回填量，最大限度地减少对土地的扰动，保护周边自然生态环境。

2. 红线外临时占地应尽量使用荒地、废地，少占用农田和耕地。工程完工后，及时对红线外占地恢复原地形、地貌，使施工活动对周边环境的影响降至最低。

3. 利用和保护施工用地范围内原有绿色植被。对于施工周期较长的现场，可按建筑永久绿化的要求，安排场地新建绿化。

（三）施工总平面布置

1. 施工总平面布置应做到科学、合理，充分利用原有建筑物、构筑物、道路、管线为施工服务。

2. 施工现场搅拌站、仓库、加工厂、作业棚、材料堆场等布置应尽量靠近已有交通线路或即将修建的正式或临时交通线路，缩短运输距离。

3. 临时办公和生活用房应采用经济、美观、占地面积小、对周边地貌环境影响较小，且适合于施工平面布置动态调整的多层轻钢活动板房、钢骨架水泥活动板房等标准化装配式结构。生活区与生产区应分开布置，并设置标准的分隔设施。

4. 施工现场围墙可采用连续封闭的轻钢结构预制装配式活动围挡，减少建筑垃圾，保护土地。

5. 施工现场道路按照永久道路和临时道路相结合的原则布置。施工现场内形成环形通路，减少道路占用土地。

6. 临时设施布置应注意远近结合（本期工程与下期工程），努力减少和避免大量临时建筑拆迁和场地搬迁。

六、施工现场防噪声污染管理制度

噪声是施工现场与周围居民最容易产生争执的问题。我国已制定对于城市建筑施工场地适用的国家标准《建筑施工场界噪声测量方法》（GB 12524）和《建筑施工场地噪声限值》（GB 12523），应按规定的要求制定降噪措施，并对施工现场场界噪声进行检测和记录，噪声排放不得超过国家标准。

（一）施工现场的主要噪声源

1. 土石方施工阶段的噪声源，挖掘机、装载机、推土机、运输车辆等；

2. 桩基阶段，打桩机、振捣棒、混凝土罐车等；

3. 结构施工阶段，地泵、汽车泵、混凝土罐车、振捣棒、支拆模板、搭拆钢管脚手架、模板修理、电锯、外用电梯等；

4. 装修及机电设备安装阶段，拆脚手架、石材切割、砂轮机打磨、无齿锯切制、外用电梯、电锯等。

（二）噪声污染控制措施

1. 土石方施工阶段噪声控制措施

（1）所选用的施工机械必须符合环保标准，操作人员应经过环保教育，且有一定的相关经验；

（2）在施工过程中，必须严格控制推土机的一次推土量、装载机的装载量，并保证施工机械的正常运转，严禁超负荷运转；

（3）加强各种施工机械的维修保养，缩短维修保养周期，尽可能降低施工机械噪声的排放；

（4）在进行土方施工前，必须先在所划定的施工厂界周围按要求砌筑围墙，同时将临建设施全部建好。

2. 桩基阶段噪声控制措施

（1）无论任何原因，禁止在夜间使用打桩机施工；

（2）采用混凝土灌注桩时，其控制措施同结构施工期间的混凝土浇筑的噪声控制。

3. 结构施工阶段噪声控制措施

（1）尽可能选择用环保型振动棒，振动棒使用完后，及时清理干净并保养好；

（2）振捣混凝土时，禁止振钢筋或钢模板，并做到快插慢拔；

（3）振捣混凝土时，配备相应人员控制电源线及电源开关，防止振捣棒空转；

（4）必要时，可在作业面周围设置隔声屏，减少噪声对外的扩散；

（5）对于施工场地比较狭小的，混凝土罐车必须设在场界外的，项目必须搭简易棚将混凝土泵、混凝土罐车围护起来；

（6）加强对混凝土泵、混凝土罐车操作人员的培训及责任心教育，保证混凝土泵、混凝土罐车平稳运行、协调一致，禁止高速运行；

（7）模板、脚手架支设、拆除、搬运时，必须轻拿轻放，上下、左右有人传递，不得抛扔；

（8）修理钢模板、钢管时，禁止用大锤敲打，修理工作应在工具房或封闭的工棚内进行；

（9）使用电锯模板时，及时在锯片上刷油，且模板、锯片送速不能过快。

4. 装修施工阶段噪声控制措施

（1）装修施工阶段尽量做到先封闭周围，然后装修内部，将施工噪声控制在施工场界内；

（2）设立石材加工间，其应有防尘降噪设施。操作人员应采取必要的职业安全健康措施；

（3）必须使用合格的电锤，并及时在各零部件间加油。使用电锤开洞、凿眼明，及时在钻头上注油或水。

七、项目文明施工管理制度

文明施工是环境管理的一部分，鉴于施工现场的特殊性和国家有关部门以及各地对建筑业文明施工的重视，以及各地对施工现场文明施工的要求不尽一致，因此项目经理部在进行文明施工管理时应按照当地的要求进行。文明施工管理应与当地的社区文化、民族特点及风土人情有机结合，树立项目管理良好的社会影响。

（一）文明施工一般要求

1. 有整套的施工组织设计或施工方案。

2. 有健全的施工指挥系统和岗位责任制度，工序衔接交叉合理，交接责任明确。

3. 有严格的成品保护措施和制度，大小临时设施和各种材料、构件、半成品按平面布置堆放整齐。

4. 施工场地平整，道路畅通，排水设施得当，水电线路整齐，机具设备状况良好，使用合理。施工作业符合消防和安全要求。

5. 实现文明施工，不仅要抓好现场的场容管理工作，而且还要做好现场材料、机械、安全、技术、保卫、消防和生活卫生等各方面的工作。一个工地的文明施工水平是该工地各项管理工作水平的综合体现。

（二）文明施工应包括的内容

1. 进行现场文化建设。

2. 规范场容，保持作业环境整洁卫生。

3. 创造有序生产的条件。

4. 减少对居民和环境的不利影响。

项目经理部应对现场人员进行培训教育，提高其文明意识和素质，树立良好的形象。

项目经理部应按照文明施工标准，定期进行评定、考核和总结。

（三）文明施工专项方案

施工前应由项目承包人的工程技术人员、安全管理人员编制文明施工专项方案，由项目承包人的技术负责人审批，项目总监理工程师、项目发包人的项目负责人审核并签字确认。文明施工专项方案应包括围墙（挡）、临时设施、场容场貌、食品卫生、环境保护及消防保卫等内容。

1. 工地围墙（挡）、大门及标志牌

（1）施工现场必须实行封闭式管理，施工现场围挡必须坚固、美观，可使用专用金属定型材料或砌块。围挡上可用白色油漆喷涂施工企业标识和项目名称。施工企业标识和项目名称设置标准为：“××公司承建××工程”，字体必须正确规范、工整美观。

在围挡上方设置标语、宣传品的，应当按照市政管理行政部门批准的范围、地点、数量、规格、内容和期限设置。禁止利用施工现场围挡设置户外广告。

（2）除施工现场主要出入口外，围挡必须沿工地四周连续设置；使用砌块砌筑的围挡应按设计要求设置加强垛，并确保围挡无破损；使用金属定型材料的围挡应确保支撑牢固，挡板保持不变型、无破损、无锈蚀。施工现场围挡不得用于挡土、承重，不得倚靠围挡堆物、堆料，不得利用围挡做墙面设置临时工棚、食堂和厕所等。

（3）施工总承包单位统一负责施工现场围挡的设置和管理；尚未施工的，由项目发包人负责。围挡管理单位应做好围挡的维护、保洁工作，保持围挡清洁，无乱张贴、乱涂写、乱刻画。

（4）施工现场主要出入口大门和门柱应牢固美观，大门上应标有企业标识。项目承包人在出入口明显处应设置公示牌，公示牌应为白底黑字，应写明工程名称，项目发包人，设计单位，项目承包人，监理单位，项目经理及联系电话，开、竣工日期。公示牌字体正确规范、工整美观，并保持整洁完好。

（5）施工现场大门内应有施工现场总平面布置图，安全生产、消防保卫、环境保护、文明施工制度板；施工区域、办公区域和生活区域应有明确划分，设标志牌，明确负责人。在进入工地的主要通道及施工区域上悬挂红、黄、蓝、绿等各种安全警示标牌；多个标志牌在一起设置时，应按警告、禁止、指令、提示类型的顺序，先左后右、先上后下地排列；有触电危险场所的标识，应当使用绝缘材料制作。

2. 临时设施

（1）宿舍

①宿舍所用建筑材料必须符合环保、消防要求，宜采用整体盒子房、复合材料板房类轻体结构活动房，宜具备防火、隔热、保温功能，禁止使用水泥板活动房。宿舍内必须保证必要的生活空间。

②宿舍内应设置生活用品专柜，生活用品摆放整齐。宿舍必须设置可开启式窗户，保持室内通风。

③宿舍夏季应有防暑降温和灭蚊蝇措施，冬季应有取暖措施，严禁使用煤炉等明火设备和电褥子取暖。

（2）食堂

①施工现场食堂必须具备食堂卫生许可证、炊事人员身体健康证、卫生知识培训证；食堂炊事员上岗必须穿戴洁净的工作服帽。

②装修食堂所用建筑材料必须符合环保、消防要求。不得使用石棉制品的建筑材料装修食堂；食堂必须设置独立的制作间、库房和燃气罐存放间，必须设置隔油池，应配备必要的排风设施和消毒设施；必须设置密闭式泔水桶。

③制作间灶台及其周边应贴瓷砖，地面硬化，保持墙面、地面干净，下水管线应与污水管线连接，保证排水通畅。制作间必须有生熟分开的刀、盆、案板等炊具及存放柜橱。

④食堂操作间和仓库不得兼作宿舍使用；严禁购买无证、无照商贩食品，严禁食用变质食物。库房内应有存放各种佐料和副食的密闭器皿，应有距墙距地面大于20厘米的粮食存放台。

（3）厕所

①生活区内必须设置水冲式厕所或移动式厕所。厕所墙壁屋顶严密，门窗齐全，采用水泥地面，要有灭蝇措施，设专人负责定期保洁。

②厕所大小应根据生活区人员数量要求设置，可根据实际情况按每30～50人设一个蹲位，施工现场严禁随地大小便。

（4）盥洗设施和盛水容器

①必须设置满足施工人员使用的水池和水龙头。盥洗设施的下水管线应与污水管线连接，必须保证排水通畅。

②施工现场应保证供应卫生饮水，有固定的盛水容器和有专人管理，并定期清洗消毒。

（5）淋浴间

①淋浴间必须设置冷热水管和淋浴喷头，保证施工人员定期洗热水澡。

②淋浴间内必须设置储衣柜或挂衣架，用电设施必须满足用电安全。照明灯必须安装防爆灯具和防水开关。

③淋浴间内的下水管线应与污水管线连接，必须保证排水通畅。

（6）办公室

①施工现场应制定卫生急救措施，配备保健药箱、一般常用药品及绷带、止血带等急救器材，为有毒有害作业人员配备有效的防护用品。生活区内为施工人员设置必要的通信设施，有条件的施工现场可设置医疗站。

②办公区、生活区应保持整洁卫生，垃圾应存放在密闭式容器，定期灭蝇，及时清运；生活垃圾与施工垃圾不得混放。

3. 现场料具

（1）现场内各种材料应按照施工平面图统一布置，分类码放整齐，材料标识要清晰准确。材料的存放场地应平整夯实，有排水措施。

（2）施工现场的材料保管应根据材料特点采取相应的保护措施。易燃易爆物品应分类妥善存放。施工垃圾应集中分拣、回收利用并及时清运。

（3）施工现场杜绝长流水和长明灯。

4. 卫生防疫

（1）施工现场发生法定传染病和食物中毒、急性职业中毒时立即向上级主管部门和卫生防疫部门报告，同时要积极配合卫生防疫部门进行调查处理。

（2）生熟食品必须分开加工和保管，存放成品半成品必须有遮盖。

（3）加强食品、原料的进货管理，做好进货登记。严禁购买无照、无证商贩食品和原料。

（4）严禁食用变质食物。剩余饭菜应倒入密闭泔水桶中，并及时清运。

（5）库房有通风、防潮、防虫、防鼠等措施。库房不得兼做它用。

（四）文明施工现场机械管理

1. 国家明令淘汰的能耗高、技术含量低、对环境污染大的施工机械禁止进入施工现场；

2. 分包商的大型施工机械进入施工现场前，必须向项目提供该施工机械性能参数及环境污染排放值，超过国家及地方规定排放标准的机械，不允许进入现场；

3. 项目应对自有施工机械定期进行检查、维护、保养，以保证施工机械始终处于良好运行的状态；

4. 项目应督促设备租赁单位，对其施工机械定期进行检查、维护、保养，以保证其始终处于运行的状态；

5. 对分包商提供的设备，项目应督促各分包商进行全面的检查和维护保养；

6. 在维修、保养过程中产生的废油、废弃物由维修人员及时回收，禁止倒在地上，以免对土壤造成污染；

7. 项目对现场使用的施工机械应定期进行检查，如发现问题，及时下发限期整改通知书；存在重大安全隐患、较大环境污染等问题的施工机械必须停止使用，整改完毕方可投入使用。

（五）文明施工现场消防保卫

1. 施工现场要建立门卫制度，现场门卫要佩戴值勤标志，进出人员要佩带出入证，门卫要认真对出入证、安全帽等进行检查。重点工程、重要工程要实行区域划分的通行证制度。

2. 施工现场治安保卫工作要建立预警制度，对于有可能发生的事件要定期进行分析，化解矛盾。事件发生时，必须报各上级主管部门，并做好工作以防事态扩大。

3. 加强对财务、库房、宿舍、食堂等易发案件区域的管理，要明确治安保卫工作责任人，制定防范措施，防止发生各类治安案件。严禁赌博、酗酒、传播淫秽物品和打架斗殴。

4. 加强重点建设项目的治安保卫工作，加强对要害部门及要害部位的管理，制定要害部位的保卫方案，并指定专人负责重点管理。

5. 做好成品保卫工作，制定具体措施，严防被盗、破坏和治安灾害事故的发生。

6. 施工现场要有明显的防火宣传标志。现场必须设置临时消防车道。其宽度不得小于3.5米，并保证临时消防车道的畅通，禁止在临时消防车道上堆物、堆料或挤占临时消防车道。

7. 施工现场必须配备消防器材，做到布局合理。要有明显的防火标志，并经常检查、维护、保养，保证灭火器材灵敏有效。施工现场消火栓应布局合理。消火栓处昼夜要设有明显标志，配备足够的水龙带，周围不准存放物品。地下消火栓必须符合防火规范。消防供水要保证足够的水源和水压，严禁消防竖管作为施工用水管线。

8. 电焊工、气焊工从事电气设备安装和电、气焊切割作业，要有操作证和用火证。用火前，要对易燃、可燃物清除，采取隔离等措施，配备看火人员和灭火器具，作业后必须确认无火源隐患后方可离去。用火证当日有效。用火地点变换，要重新办理用火证手续。

9. 氧气瓶、乙炔瓶工作间距不小于5米，两瓶与明火作业距离不小于10米。建筑工程内禁止氧气瓶、乙炔瓶存放，禁止使用液化石油气“钢瓶。”

10. 施工现场使用的电气设备必须符合防火要求。临时用电必须安装过载保护装置，电闸箱内不准使用易燃、可燃材料。严禁超负荷使用电气设备。施工现场存放易燃、可燃材料的库房、木工加工场所、油漆配料房及防水作业场所不得使用明露高热强光源灯具。

11. 易燃易爆物品，必须有严格的防火措施，指定防火负责人，配备灭火器材，确保施工安全。不准在工程内、库房内调配油漆、稀料。工程内不准作为仓库使用，不准存放易燃、可燃材料，因施工需要进入工程内的可燃材料，要根据工程计划限量进入并采取可靠的防火措施。废弃材料应及时清除。

12. 施工现场使用的安全网、密目式安全网、密目式防尘网、保温材料，必须符合消防安全规定，不得使用易燃、可燃材料。使用时施工企业保卫部门必须严格审核，凡是不符合规定的材料，不得进入施工现场使用。

13. 施工现场严禁吸烟。不得在建设工程内设置宿舍。施工现场和生活区，经保卫部门批准后可使用电热器具。严禁工程中明火施工及宿舍内明火取暖。

14. 生活区的设置必须符合消防管理规定。严禁使用可燃材料搭设，宿舍内不得卧床吸烟。

（六）文明施工现场安全色标管理

1. 安全色

安全色是表达信息含义的颜色，用来表示禁止、警告、指令、指示等，其作用在于使人们能迅速发现或分辨职业健康安全标志，提醒人们注意，预防事故发生。

（1）红色。表示禁止、停止、消防和危险的意思；

（2）蓝色。表示指令，必须遵守的规定；

（3）黄色。表示通行、安全和提供信息的意思。

2. 安全标志

安全标志是指在操作人员容易产生错误、存在事故危险的场所，为了确保安全所采取的一种标示。此标示由安全色、几何图形符合构成，是用以表达特定安全信息的特殊标示，设置安全标志的目的是为了引起人们对不安全因素的注意，预防安全事故的发生。

（1）禁止标志。是不准或制止人们的某种行为，图形为黑色，禁止符号与文字底色为红色；

（2）警告标志。是使人们注意可能发生的危险，图形警告符号及字体为黑色，图形底色为黄色；

（3）指令标志。是告诉人们必须遵守的意思，图形为白色，指令标志底色为均为蓝色；

（4）提示标志。是向人们提示目标的方向，用于消防提示，消防提示标志的底色为红色，文字、图形为白色。

八、建设项目竣工环境保护验收管理制度

建设项目竣工环境保护验收是指建设项目竣工后，环境保护行政主管部门依据环境保护验收监测或调查结果，并通过现场检查等手段，考核该建设项目是否达到环境保护要求的活动。

（一）建设项目竣工环境保护验收范围

1. 与建设项目有关的各项环境保护设施，包括为防治污染和保护环境所建成或配备的工程、设备、装置和监测手段，各项生态保护设施；

2. 《环境影响报告书（表）》或者环境影响登记表和有关项目设计文件规定应采取的其他各项环境保护措施。

建设项目的主体工程完工后，其配套建设的环境保护设施必须与主体工程

同时投入生产或者运行。需要进行试生产的，其配套建设的环境保护设施必须与主体工程同时投入试运行。建设项目竣工后，项目发包人应当向有审批权的环境保护行政主管部门，申请该建设项目竣工环境保护验收。

环境保护行政主管部门应自收到建设项目竣工环境保护验收申请之日起30日内，完成验收。国家对建设项目竣工环境保护验收实行公告制度。环境保护行政主管部门应当定期向社会公告建设项目竣工环境保护验收结果。

（二）建设项目竣工环境保护验收条件

1. 建设前期环境保护审查、审批手续完备，技术资料与环境保护档案资料齐全；

2. 环境保护设施及其他措施等已按批准的《环境影响报告书（表）》或者《环境影响登记表》和设计文件的要求建成或者落实，环境保护设施经负荷试车检测合格，其防治污染能力适应主体工程的需要；

3. 环境保护设施安装质量符合国家和有关部门颁发的专业工程验收规范、规程和检验评定标准；

4. 具备环境保护设施正常运转的条件，包括：经培训合格的操作人员、健全的岗位操作规程及相应的规章制度，原料、动力供应落实，符合交付使用的其他要求；

5. 污染物排放符合《环境影响报告书（表）》或者《环境影响登记表》和设计文件中提出的标准及核定的污染物排放总量控制指标的要求。

6. 各项生态保护措施按《环境影响报告书（表）》规定的要求落实，建设项目建设过程中受到破坏并可恢复的环境已按规定采取了恢复措施；

7. 环境监测项目、点位、机构设置及人员配备，符合《环境影响报告书（表）》和有关规定的要求；

8.《环境影响报告书（表）》提出需对环境保护敏感点进行环境影响验证，对清洁生产进行指标考核，对施工期环境保护措施落实情况进行工程环境监理的，已按规定要求完成；

9.《环境影响报告书（表）》要求项目发包人采取措施削减其他设施污染物排放，或要求建设项目所在地地方政府或者有关部门采取“区域削减”措施满足污染物排放总量控制要求的，其相应措施得到落实。

第七章　建设工程项目刑事法律风险与防范

建筑领域历来是犯罪的易发、高发地带。在建设工程项目建设全过程的规划审批、拆迁改造、招标投标、勘察设计、施工安装、资金管理、物资采购、质量安全等诸多环节中，刑事法律风险无处不在。近一段时期以来，我国连续发生了“11.15”杭州地铁坍塌、“6.27”上海莲花湖倒楼、CCTV 新址大火、上海胶州路 718 号教师公寓大火等造成社会恶劣影响的重大案件，许多政府官员、企业管理者以及技术人员、一线施工工人锒铛入狱，企业和个人的前途毁于一旦。这些案件反映出建筑施工企业和设计、监理等机构以及相关从业人员今后面临的刑事法律责任风险将越来越严峻。如何正确理解刑法分则的禁止性规定、避免承担刑事法律责任风险，应该引起建筑施工企业和设计、监理等机构的相关从业人员特别是管理人员和企业领导者的高度重视，并采取相应防范措施。

第一节　概　　述

一、犯罪的概念

根据我国《刑法》（1979 年 7 月 1 日第五届全国人民代表大会第二次会议通过，1997 年 3 月 14 日第八届全国人民代表大会第五次会议修订，以下简称“1997 年《刑法》”）的规定，一切危害国家主权、领土完整和安全，分裂国家、颠覆人民民主专政的政权和推翻社会主义制度，破坏社会秩序和经济秩序，侵犯国有财产或者劳动群众集体所有的财产，侵犯公民私人所有的财产，侵犯公民的人身权利、民主权利和其他权利，以及其他危害社会的行为，依照法律应当受刑罚处罚的，都是犯罪。但是情节显著轻微危害不大的，不认为是犯罪。

二、构成犯罪的条件

犯罪不是自古就有的永恒存在现象，而是属于一定历史范畴的社会现象。犯罪的概念是刑法中的一个基本概念，不同社会制度的国家，对于什么是犯罪，往往有着截然不同的概念。上条规定的犯罪概念，是由我国的国家性质决定的，主要规定了犯罪必须是同时具备以下特征的行为：

1. 具有社会危害性。即行为人通过作为或者不作为的行为对社会造成一定危害。

具有社会危害性的行为包括：危害国家主权、领土完整和安全的行为；分裂国家、颠覆人民民主专政的政权和推翻社会主义制度的行为；破坏社会秩序和经济秩序的行为；侵犯国有财产或者劳动群众集体所有财产的行为；侵犯公民私人所有财产的行为；侵犯公民的人身权利、民主权利和其他权利，以及其他危害社会的行为。这一规定要求，构成犯罪必须是具有危害社会的行为，没有危害社会的行为，不能认为是犯罪。

2. 具有刑事违法性。即犯罪行为应当是刑法中禁止的行为。

危害社会的行为多种多样，不仅包括各种违法行为，而且包括违纪、违反社会道德的行为。由于各种危害行为违反的社会规范不同，其社会危害程度也不同，不是所有危害社会的行为都是犯罪，只有其社会危害性达到一定程度，刑法才规定为犯罪。因此，刑法规定的危害行为都是比较严重危害社会的行为。

3. 具有应受刑罚惩罚性。即犯罪是依照刑法规定应当受到刑罚处罚的行为。

违法行为，不一定都构成犯罪，只有依照刑法规定应当受刑事处罚的行为才是犯罪。刑法中没有规定给予刑事处罚的行为，只能通过行政处罚、党纪、政纪、批评教育处理。危害行为应受刑罚处罚性，是犯罪行为与其他违法行为的基本区别。以上三点是犯罪缺一不可的基本特征。

三、“不认为是犯罪”的例外情况

我国1997年《刑法》规定了“不认为是犯罪”的例外情况。这是对犯罪概念的重要补充。它是从不认为是犯罪的例外情况说明什么是犯罪，进一步划清了罪与非罪的界限。根据“情节显著轻微危害不大的，不认为是犯罪”，即行为人的危害行为虽属于刑法规定禁止的行为，但情节显著轻微，其社会危害尚未达到应当受刑罚处罚的程度，法律不认为是犯罪。

四、刑事责任

刑事责任是指犯罪行为人实施刑事法律禁止的行为所必须承担的法律后果。

“刑事责任”和“刑罚”是两个不同的概念，二者既有联系又有区别。刑事责任是犯罪行为人在社会和国家面前承担的责任，是刑罚的前提条件，只有对负有刑事责任的人，才能施用刑罚；而刑罚是承担刑事责任的结果，是法院以国家的名义对犯罪人进行惩罚和教育改造的手段，是预防犯罪人重新犯罪并警戒其他人犯罪的制裁措施。负有刑事责任的人在某些情况下不一定受到刑罚处罚，比如具有法定可以免除处罚情节的，可以不处以刑罚；但受刑罚处罚的人，必须是负有刑事责任的人。具备犯罪构成要件是负刑事责任的依据。

五、刑罚

刑罚是国家刑事法律规定的对社会，构成犯罪的人予以制裁的法律制度。刑罚是对犯罪实施处罚的强制手段，也是各种法律规定的强制手段中最严厉的一种，它可以剥夺或者限制人身自由，可以剥夺财产权利，甚至可以剥夺生命。刑罚的这种严厉性质，决定了刑罚只能对严重危害社会的犯罪分子适用，并且只能由人民法院根据刑法的规定，按照刑事诉讼法规定的法定程序进行审理，以判决的形式加以确定。我国《刑事诉讼法》第十二条规定："任何人未经法院确定，不得宣告有罪和处以刑罚。"

（一）刑罚的目的

国家刑事法律确立刑罚制度，是为了惩罚犯罪分子，维护社会秩序。但惩罚本身并不是刑罚的最终目的。在我国，刑罚适用的目的是通过对犯罪实施惩罚，而达到警戒和震慑作用，实现预防犯罪的目的。为了达到这个目的，一方面应当运用刑罚有力打击犯罪，另一方面应当贯彻通过惩罚教育改造犯罪人，既实现刑罚特殊预防的目的，也要实现刑罚一般预防的目的。

（二）刑罚的种类

刑罚分为主刑和附加刑。所谓"主刑"是对犯罪分子进行惩罚的主要刑种。它只能独立适用，不能相互附加适用。对一个犯罪，只能判处一个主刑。"附加刑"是补充主刑惩罚罪犯的刑种。它既能附加主刑适用，又可以独立适用。

1. 主刑

（1）管制。管制是对犯罪分子不实行关押，但限制其一定自由，由公安机关依靠群众监督执行的刑罚方法。

（2）拘役。拘役是对犯罪分子短期剥夺人身自由，实行就近关押改造的刑罚方法，适用罪行较轻的犯罪分子。

（3）有期徒刑。有期徒刑是对犯罪分子剥夺一定时期人身自由，并实行强制劳动改造的刑罚方法。

（4）无期徒刑。无期徒刑是剥夺犯罪分子终身自由的刑罚方法，是仅次于死刑的一种严厉的刑罚方法，只适用于严重的犯罪。

（5）死刑。死刑包括死刑立即执行和死刑缓期执行，是剥夺犯罪分子生命的刑罚方法，是一种最严厉的刑罚。适用于罪行极其严重的犯罪分子。

2. 附加刑

（1）罚金。罚金是强制犯罪分子向国家缴纳一定数额金钱，对犯罪分子进行经济制裁的一种刑罚方法。主要适用于破坏社会主义市场经济秩序的犯罪和其他非法牟利的犯罪。

（2）剥夺政治权利。剥夺政治权利是指依法剥夺犯罪分子一定期限参加国家管理和政治活动权利的刑罚方法。主要适用于危害国家安全和其他严重危害社会治安的犯罪分子。

（3）没收财产。没收财产是指将犯罪分子个人所有的财产的一部分或者全部强行无偿地收归国有的一种刑罚方法。主要适用于危害国家安全罪、破坏社会主义市场经济秩序罪、侵犯财产罪及妨害社会管理秩序罪中较严重的犯罪。

附加刑一般是随主刑附加适用的，但也可以独立适用。这里规定的“可以独立适用”是指依照刑法分则单处附加刑的规定适用，而不是随意适用。它适用于犯罪性质、情节较轻的犯罪，罪行比较严重的，不独立适用附加刑，如果需要适用附加刑，只能附加适用。

3. 驱逐出境

驱逐出境是指强迫犯罪的外国人离开中国境内的刑罚方法。对于犯罪的外国人，可以独立适用或者附加适用驱逐出境。我国是一个独立的主权国家，在我国境内的一切外国人都必须遵守我国的法律。如果犯罪的外国人继续居留在我国的境内有害于我们国家和人民的利益，人民法院可以对其单独判处或者附加判处驱逐出境，以消除其在我国境内继续犯罪的可能性。

对于具有中华人民共和国国籍的，在中华人民共和国领域内犯罪的中国公民，不适用单独或附加判处驱逐出境的刑法。

由此可知，驱逐出境只适用于不具有中国国籍的，但在中华人民共和国领域内犯罪的外国公民和无国籍公民。

我国刑法规定，凡在中华人民共和国领域内犯罪的，除法律有特别规定的以外，都适用本法。

外国人和无国籍人在中华人民共和国领域内犯罪，应依刑法规定定罪量刑，依其犯罪结果单独处以主刑或附加刑或者处以主刑和附加刑，对此，刑法专门规定：“对于犯罪的外国人，可以独立适用或者附加适用驱逐出境。”

“附加适用”，界定了驱逐出境不是我国刑法规定的主刑，而属于我国刑法规定的附加刑，如某外国公民在中国领域内犯抢劫罪，依法被判处有期徒刑十年，驱逐出境，在该犯罪分子服刑期满后，即被押送驱逐出境或押送该犯罪的外国公民所在国驻中华人民共和国大（领）事馆押送回国。

驱除出境的适用有十分严格的规定，他不仅要考虑犯罪情节、罪行轻重，还要考虑国际大形势和犯罪人国籍国与我国的外交关系，如果单纯的从刑事处罚考虑，可能会给我国的外交工作增加难度。

1997 年《刑法》第三十五条规定，对于犯罪的外国人，可以独立适用或者附加适用驱逐出境。根据这一规定，驱逐出境适用方式有两种：一是独立适用。它是针对那些犯罪情节比较轻的外国人，没有必要判处主刑的，可以单独判处驱逐出境。二是附加适用。它是针对那些犯罪性质比较严重、判处了主刑或者其他附加刑的外国人，可在主刑执行完毕后适用驱逐出境。

在我国驱逐出境的适用方式比较灵活。刑法规定是可以适用，而不是应当适用。这即是说，对犯罪的外国人不一定要适用驱逐出境，而是不仅要根据案情，考虑犯罪的事实、性质、情节等因素，而且还要考虑我国与所在国的关系以及国际斗争的需要加以决定。

六、刑法

刑法在我国法律体系中，是解决犯罪和刑罚问题的法律，这是刑法区别于其他法律的关键所在。

（一）刑法的目的

我国刑法的制定目的是为了惩罚犯罪，保护人民。惩罚犯罪体现了刑法的性质和作用，保护人民则体现了我国刑法的本质。

（二）刑法制定的根据

我国刑法的制定根据是宪法，这是由宪法的性质和在法律体系中的地位所决定的。宪法是国家的根本大法，任何法律的制定都要依据宪法规定的原则，而不能与宪法相抵触。除根据宪法以外，还必须结合我国同犯罪作斗争的具体经验及实际情况。

（三）刑法的任务

1. 保卫国家安全、保卫人民民主专政的政权和社会主义制度是刑法的首要任务。

2. 保护国有财产和劳动群众集体所有的财产，保护公民私人所有的财产。

3. 保护公民的人身权利、民主权利和其他权利。

4. 维护社会秩序、经济秩序。

（四）刑法的基本原则

1. 罪刑法定原则

法律明文规定为犯罪行为的，依照法律定罪处刑；法律没有明文规定为犯罪行为的，不得定罪处刑。罪刑法定的内容有两个方面：一方面是只有法律将某一种行为明文规定为犯罪的，才能对这种行为定罪判刑，而且必须依照法律的规定定罪判刑。另一方面，凡是法律对某一种行为没有规定为犯罪的，对这种行为就不能定罪判刑。这是一个问题的两个方面。

实行罪刑法定原则需要做到：一是不溯及既往；二是不类推；三是对各种犯罪及其处罚必须明确、具体；四是防止法官滥用自由裁量权；五是司法解释不能超越法律。罪刑法定原则，既是立法原则，也是执法原则。明确规定罪刑法定原则，对内更有利于保护公民的合法权益，对外也更能体现我国保护人权的形象。

2. 法律面前人人平等原则

对任何人犯罪，在适用法律上一律平等。不允许任何人有超越法律的特权。法律面前人人平等这一刑法原则，有两层含义：一是要做到刑事司法公正，即定罪公正、量刑公正、行刑公正。人民法院、人民检察院、公安机关对犯罪的任何人，不分民族、种族、职业、出身、性别、宗教信仰、教育程度、财产情况、职位高低，都应予以刑事追究，公正、平等地适用法律。在司法实践中，只有遵守这个原则，严格依法办案，才能维护和实现这个原则；二是不允许任何人有超越法律的特权。这一规定具有重要的现实意义。目前特权思想在中国仍有一定市场，以言代法、以权代法的不正常现象仍然存在。因此，法律面前人人平等的原则，其实质就是反对特权。

3. 罪责刑相适应原则

处以刑罚的轻重，应当与犯罪分子所犯罪行和承担的刑事责任相适应。我国刑法的罪刑相适应原则，是指对犯罪规定刑罚和对犯罪分子量刑时，应根据其所犯罪行对社会的危害程度来决定。罪责刑相适应原则，既是立法应遵循的原则，也是刑事司法应遵守的原则。对于性质严重、社会危害性大的犯罪，对犯罪情节特别严重的，都规定了较重的处刑；对于所犯罪的性质、情节比较轻的，如过失犯罪等，规定的处刑比较轻。罪重，规定的刑罚就重；罪轻，规定的刑罚就轻。在刑事司法中也应遵守这个原则，犯多大的罪，就应判多重的刑，重罪应重判，轻罪应轻判。对犯罪分子判处的刑罚轻重，应当与其所犯罪行的轻重和罪过大小以及应承担的刑事责任大小相当，不能重罪轻判，不利于惩罚犯罪，震慑犯罪分子；也不能轻罪重判，容易造成犯罪分子对法律和社会的抵触心理，不利于罪犯的改造。因此，必须使罪与刑相称，罚当其罪。

第二节　建筑业易发犯罪与司法适用

一、重大责任事故罪

我国1997年《刑法》第一百三十四条规定："工厂、矿山、林场、建筑企业或者其他企业、事业单位的职工，由于不服管理、违反规章制度，或者强令工人违章冒险作业，因而发生重大伤亡事故或者造成其他严重后果的，处三年以下有期徒刑或者拘役；情节特别恶劣的，处三年以上七年以下有期徒刑。”

2006 年 6 月 29 日，第十届全国人民代表大会常务委员会第二十二次会议通过的《中华人民共和国刑法修正案（六）》将刑法第一百三十四条修改为：“在生产、作业中违反有关安全管理的规定，因而发生重大伤亡事故或者造成其他严重后果的，处三年以下有期徒刑或者拘役；情节特别恶劣的，处三年以上七年以下有期徒刑。

强令他人违章冒险作业，因而发生重大伤亡事故或者造成其他严重后果的，处五年以下有期徒刑或者拘役；情节特别恶劣的，处五年以上有期徒刑。”

《刑法》修正案（六）对原规定作了两个方面的修改：一是将犯罪主体从原来的企业、事业单位的职工扩大到从事生产、作业的一切人员；二是将“强令他人违章冒险作业”与一般的违章生产、作业分开，作为第二款单独规定，并将其刑罚从最高七年有期徒刑提高到十五年有期徒刑。

关于重大责任事故罪及其处罚的规定。根据本款的规定，认定重大责任事故罪应当注意以下几个方面的问题：

（一）重大责任事故罪的主体

该罪的主体是在各类生产经营活动中从事生产、作业及其指挥管理的人员，既包括 1997 年《刑法》规定的工厂、矿山、林场、建筑企业或者其他企业、事业单位的职工，也包括其他生产、经营单位的人员、个体经营户、群众合作经营组织的生产、管理人员，甚至违法经营单位、无照经营单位的生产、作业及其指挥管理人员等。只要在生产、作业中违反有关安全管理的规定，造成不特定人员伤亡或者公私财产重大损害的，无论其生产、作业性质，均可以构成该罪。

（二）重大责任事故罪的客观方面

本罪在客观方面表现为在生产、作业中违反有关安全管理的规定，因而发生重大伤亡事故或者造成严重后果：

1. 行为人违反了有关安全管理的规定。

这里所指的“有关安全管理的规定”，既包括国家制定的关于安全管理的法律、法规，如《安全生产法》等，也包括行业或者管理部门制定的关于安全生产、作业的规章制度、操作章程等。违反安全管理规定的行为往往具有不同的形式。普通职工主要表现为不服管理、不听指挥、不遵守操作规程和工艺设计要求或者盲目蛮干、擅离岗位等；生产管理人员主要表现为违背客观规律在现场强令指挥，或者做出不符合安全生产、作业要求的工作安排等。

2. 行为人违反有关安全管理规定的行为引起了重大伤亡事故，造成严重后果。

本条规定了“重大伤亡”和“严重后果”两个标准，但只要具备其一便构成犯罪。其中，“造成其他严重后果”，是指除重大伤亡事故以外的其他后果，包括重大财产损失等。关于“重大伤亡”或者“其他严重后果”的认定标准，由于生产领域、地域、时间等情况的不同，一般由相关领域的管理规定作出规定。司法实践中，司法机关可以根据犯罪的具体情节、造成的后果、社会影响等综合认定。

（三）重大责任事故罪的主观方面

本罪在主观方面表现为过失。过失，是指对造成的重大人身伤亡或者其他严重后果由于疏忽大意没有预见，或者虽然预见但轻信可以避免而没有采取相应的措施。而对违反安全管理规定本身，则既可以是过失，也可以是故意，这对认定本罪没有影响，但在量刑时可以作为一个情节予以考虑。如果行为人对危害结果出于故意的心理状态，则不构成本罪，应当按照其他相应的犯罪定罪处罚。

（四）重大责任事故罪的刑罚

根据本款的规定，在生产、作业中违反有关安全管理的规定，因而发生重大伤亡事故或者造成其他严重后果的，处三年以下有期徒刑或者拘役；情节特别恶劣的，处三年以上七年以下有期徒刑。

关于“情节特别恶劣”，是指造成伤亡人数特别多；造成直接经济损失特别大，或者其他违反安全管理规定非常恶劣的情况。比如，经常违反规章制度，屡教不改；明知没有安全保证，不听劝阻；发生过事故不引以为戒；违章行为特别恶劣，如已因违反规章制度受到批评教育或行政处罚而不改正，再次违反安全管理规定，造成重大事故；已发现事故苗头，仍然不听劝阻、一意孤行，拒不采纳工人和技术人员的意见，导致事故发生的；通过恶劣手段掩盖安全生产隐患，蒙骗工人作业，在出现险情的情况下仍然继续生产、作业或者指挥工人生产、作业的等。

关于“强令他人违章冒险作业”，是指那些负有生产、作业指挥和管理职责的人员，为了获取高额利润，明知存在安全生产隐患，或者为了获得高额利润，采取违反安全管理规定的行为，在生产、作业人员拒绝的情况下，利用职权或者其他强制手段强令工人违章冒险作业，因而发生重大伤亡事故或者造成其他严重后果的。这种情况，首先表现在工人不愿听从生产、作业指挥管理人员违章冒险作业的命令；其次是生产、作业指挥管理人员利用自己的职权或者其他手段强迫命令工人在违章的情况下冒险作业，即强迫工人服从其错误的指挥，而工人不得不违章作业。这种“强令”，不一定表现在恶劣的态度、强硬的语言或者行动，只要是能够对工人产生精神强制，使其不敢违抗命令，不得不违章冒险作业的，均构成“强令”。根据本款的规定，对于强令他人违章冒险作业，因而发生重大伤亡事故或者造成严重后果的，处五年以下有期徒刑或者拘役；情节特别恶劣的，处五年以上有期徒刑。这里所指的“情节特别恶劣”，比如，用恶劣手段强令工人违章冒险作业等；已经出现事故苗头或者已经发生事故，仍然强令冒险作业的情形等。

（五）重大责任事故和自然事故、技术事故的界限

在认定重大责任事故罪时，应当注意区分重大责任事故和自然事故的界限，也应当区分重大责任事故罪与技术事故的界限。

1. 自然事故，是指不依人的意志为转移的自然原因造成的事故，如雷电、暴风雨造成电路故障而引起的人员伤亡或经济损失。如果无人违章，纯属自然事故，不构成犯罪。

2. 技术事故，是指由于技术手段或者设备条件所限而无法避免的人员伤亡或经济损失。比如在生产和科学实验中，总会因为科技水平和设备条件的限制，不可避免地出现一些事故，造成一些损失，这不是犯罪问题，但是，如果凭借现有的科技和设备条件，经过努力本来可以避免事故发生，由于疏忽大意或者过于自信未能避免的，则可能构成重大责任事故罪。

二、重大劳动安全事故罪

我国1997年《刑法》第一百三十五条规定：“工厂、矿山、林场、建筑企业或者其他企业、事业单位的劳动安全设施不符合国家规定，经有关部门或者单位职工提出后，对事故隐患仍不采取措施，因而发生重大伤亡事故或者造成其他严重后果的，对直接责任人员，处三年以下有期徒刑或者拘役；情节特别恶劣的，处三年以上七年以下有期徒刑。”

2006年6月29日第十届全国人民代表大会常务委员会第二十二次会议通过的《中华人民共和国刑法修正案（六）》将1997年《刑法》第一百三十五条修改为：“安全生产设施或者安全生产条件不符合国家规定，因而发生重大伤亡事故或者造成其他严重后果的，对直接负责的主管人员和其他直接责任人员，处三年以下有期徒刑或者拘役；情节特别恶劣的，处三年以上七年以下有期徒刑。”

《刑法修正案（六）》还在《刑法》第一百三十五条后增加了一条，作为第一百三十五条之一：“举办大型群众性活动违反安全管理规定，因而发生重大伤亡事故或者造成其他严重后果的，对直接负责的主管人员和其他直接责任人员，处三年以下有期徒刑或者拘役；情节特别恶劣的，处三年以上七年以下有期徒刑。”

《中华人民共和国刑法修正案（六）》对1997年刑法第一百三十五条主要做了以下几个方面的修改：

1. 删去了关于犯罪主体的规定。

将犯罪主体从原来的企业、事业单位扩大到所有从事生产、经营的自然

人、法人及非法人实体。即无论采取何种劳动生产方式和组织形式，其安全生产设施或者安全生产条件不符合国家规定，因而发生重大伤亡事故或者造成其他严重后果，构成犯罪的，都适用本条的规定。

2. 将“不符合国家规定”的对象范围从“安全生产设施”扩大到“安全生产条件。”

3. 删去了关于“经有关部门或者单位职工提出后，对事故隐患仍不采取措施”的规定。

这是为了强化劳动生产单位负责人和组织者的劳动安全生产责任。无论生产什么产品，采取何种劳动的组织形式，劳动生产的组织者和主要负责人都必须自觉严格遵守国家有关劳动安全生产的法律、法规的规定，严格按照劳动安全的操作规程进行。由过去国家对生产单位的安全生产的管理所采取的监督管理转变为事后监督及让劳动单位积极预防的管理形式。如果劳动生产部门不按照国家有关劳动安全生产的规定组织劳动生产，一旦发生劳动生产安全事故，并符合本条规定的情形，构成犯罪的，国家将动用法律手段予以严厉的制裁。而不是像原来的规定，还要“经有关部门或者单位职工提出后，对事故隐患仍不采取措施”，才追究有关当事人的刑事责任。之所以做这样的修改，也是近年来现实生活中，发生的许多触目惊心的劳动安全生产责任事故，给予人们深刻的教训所得出的认识。劳动生产的安全应当由劳动生产单位的组织者、劳动者自己本身加以重视。任何来自外在的监督都不如劳动生产单位自身的高度重视和严格的防范措施。因为劳动生产的安全，是关系到众多劳动者的生命安全，一旦发生安全生产事故，后果不堪设想，损失也将无法挽回。特别是近年来出现的许多地方的矿山事故，许多经营者不遵守国家有关安全生产的法律、法规的规定，造成矿塌人亡的惨痛后果，给劳动者的生命安全造成了不可弥补的严重损失。

4.《刑法修正案（六）》将原条文中“直接责任人员”修改规定为“直接负责的主管人员和其他直接责任人员”，使应对重大伤亡事故负责的责任人员的范围更加明确。

本条规定的“安全生产设施或者安全生产条件不符合国家规定，因而发生重大伤亡事故或者造成其他严重后果的”行为中，“安全生产设施”，主要是指用于安全生产的各种设施和设备，主要包括：安全牢固的生产用房设施、符合安全标准的各种机器设备及隔离栏、防护网、危险标志、用于逃生的安全通道等。《安全生产法》第三十条明确规定：“生产经营单位使用的涉及生命安全、危险性较大的特种设备，以及危险物品的容器、运输工具，必须按照国家有关规定，由专业生产单位生产，并经取得专业资质的检测、检验机构检测、检验合格，取得安全使用证或者安全标志，方可投入使用。检测、检验机构对检测、检验结果负责。”第三十一条还规定：“国家对严重危及生产安全的工艺、设备实行淘汰制度。生产经营单位不得使用国家明令淘汰、禁止使用的危及生产安全的工艺、设备。”总之，劳动生产者使用的劳动生产设施、设备都必须符合国家有关安全标准的规定，确保劳动者使用安全的生产设施进行劳动生产。

本条规定的“安全生产条件”，主要是指劳动生产者在进行劳动生产时所处的环境条件及用于保护劳动者安全生产作业必不可少的安全防护用品和措施。特别是从事某种特殊或者危险工作的劳动生产。如从事某种有毒、高空作业等，都必须配备相应的，符合国家有关生产安全标准的防毒设备和高空安全防护用具；又如用于防毒、绝缘、防火、避雷、防暴、通风等用品和措施。确保劳动者在一个安全的劳动条件或者具备安全防护措施的条件下进行劳动生产。

本条所称的“不符合国家规定”，主要是指用于劳动生产的安全生产设施或者安全生产条件，不符合国家的有关安全标准或者有关安全的要求的规定。一般“不符合国家规定”的情形主要有：

(1) 生产经营单位新建、改建、扩建工程的安全设施未依法经有关部门审查批准，擅自投入生产或使用；

(2) 生产经营单位不按照国家有关法律、法规的规定为工人提供必要的劳动保护用品；

(3) 生产经营单位由于不具备安全生产条件或者存在重大事故隐患，被行政执法机关责令停产、停业或者取缔、关闭后，仍强行生产经营；

(4) 生产经营单位擅自使用不符合国家规定的安全设施、设备或者使用超过安全使用期限的生产设施、设备；

(5) 生产经营单位不按规定给工人配备必要的安全防护用品和设备。

本条所称的“情节特别恶劣”，是指由于有关直接负责的主管人员和其他直接责任人员，对长期存在的生产安全隐患，不及时进行治理或者明知是不符合国家规定的安全生产设施而继续安装或者使用等的情形。

三、工程重大安全事故罪

我国 1997 年《刑法》第一百三十七条规定：“建设单位、设计单位、施工单位、工程监理单位违反国家规定，降低工程质量标准，造成重大安全事故的，对直接责任人员，处五年以下有期徒刑或者拘役，并处罚金；后果特别严重的，处五年以上十年以下有期徒刑，并处罚金。”

(一) 本罪的构成要件

根据本条规定，工程重大安全事故构成本罪必须具备以下条件：

1. 构成本罪的主体是单位。

建设单位、设计单位、施工单位及工程监理单位均可构成本罪。其中，“建设单位”，是指对建设工程拥有所有权或者使用权的单位，也就是是“业主”或“项目发包人”；“设计单位”，是指对建设工程进行专门设计的单位；“施工单位”，主要是指按照设计单位的设计及各种标准、要求进行建筑物建设的单位。“工程监理单位”，是指受项目发包人聘请，担任工程质量监督工作的单位。

2. 构成本罪的主观方面是故意，客观方面违反了国家规定。

行为人的目的虽然并不希望重大安全事故的发生，但为了投机取巧，从中牟利，其降低工程质量标准的行为是故意的，而且在客观方面实施了违反国家规定，降低工程质量标准的行为，如降低水泥标号、使用不合格的残次建筑材料等。

3. 构成本罪必须是造成了重大安全事故。

这是区分罪与非罪的重要界限。这里所指的“重大安全事故”，是指该建筑工程在建设中以及交付使用后，由于达不到质量标准或者存在严重问题，导致楼房倒塌、桥梁断裂、铁路塌陷，造成人员伤亡或者火车、汽车等交通工具倾覆事故等。根据本条规定，构成犯罪的，对直接责任人员，处五年以下有期徒刑或者拘役，并处罚金；对后果特别严重的，即造成多人伤亡或者使公私财产遭受特别重大损失的，处五年以上十年以下有期徒刑，并处罚金。

（二）施工单位的风险预防

施工单位在建筑市场中需要处处有法律风险防范意识，工程重大安全事故罪是施工单位最容易发生的刑事责任之一，施工单位须认真对待，做好风险预防。

1. 整个施工应以施工单位为主体，施工单位所提出的方案建议应在建设方的主持下由施工单位、监理单位参加，补充完善最后必须由施工单位认可。

在实际施工过程中，不是项目发包人的所有指令施工单位均要服从。有些项目发包人会为了自身利益，要求施工单位违反设计规划进行施工，其结果往往导致工程质量缺陷或潜在风险。面对这种情况，施工单位应保留相关证据资料，以证明施工单位的更改设计规划的施工行为系因项目发包人强迫而发生的。在此过程中，施工单位需要明确自己的意见，主张严格按照原设计方案进行施工，而不是简单地听之任之，否则有与项目发包人承担共同责任的法律风险。

2. 避免他人的挂靠行为。

建筑施工领域存在很多挂靠现象，因挂靠者不具有资质或不具有相应资质，所以极容易发生工程重大安全责任事故。如果发生了挂靠行为，这种情况下发生的重大工程事故，按照我国的司法实践，被挂靠人完全有可能成为工程重大事故的定罪主体。

3. 在施工过程中理性应对项目发包人的不合理要求。

施工过程中有些项目发包人会提出一些不合理要求，如提供不合格的建筑材料、构配件和设备，强迫施工单位使用，或为缩短工期，造成工程质量下降等。面对这些不合理要求，施工单位要据理力争，保存所有证据，以备发生风险。

4. 施工单位负有保护工地消防安全的责任。

施工单位在施工过程中要履行好相应的消防安全责任，监督并制止项目发包人的重大隐患行为，无法制止时及时向上级机关报告，留存好制止项目发包人违法行为的相应证据。

5. 施工单位所使用的建材要符合国家质量标准要求。

施工单位要使用合格的建材产品，要求销售厂家出具产品合格证和质量保修书，否则因建材问题而产生的安全事故，施工单位有可能承担相应的刑事法律责任。

6. 发生重大安全事故后积极应对。

发生重大责任事故后，要采取积极措施防止危害结果的扩大，不要伪造、破坏现场。如不采取积极措施防止危害结果的扩大或者故意伪造、破坏现场，企图逃避罪责的，在司法实践中将会作为后果特别严重来对待。因抢救人员、疏导交通等原因，需要移动现场物件时，应当作出标志，绘制现场简图并作出书面记录，妥善保存现场的重要痕迹、物证，进行拍照或录像。

四、串通投标罪

我国 1997 年《刑法》第二百二十三条规定："投标人相互串通投标报价，损害招标人或者其他投标人利益，情节严重的，处三年以下有期徒刑或者拘役，并处或者单处罚金。

投标人与招标人串通投标，损害国家、集体、公民的合法利益的，依照前款的规定处罚。"

本条规定的串通投标罪，是一种违反法律规定，破坏投标的公正性，损害招标人或者其他投标人的合法权益及损害国家、集体和公民的合法权益，扰乱市场经济秩序的不正当竞争的犯罪。

本条第一款是关于投标人相互串通投标报价，损害招标人或者其他投标人利益的犯罪及处刑的规定。其中，"投标人"是指参加投标竞争活动，并能影响投标报价的投标参与人；"相互串通投标报价"是指投标人在投标过程中，包括投标前和投标过程中，商量好抬高标价或者压低标价等行为，既包括多方相互串通，也包括双方串通；“损害招标人或者其他投标人利益”，是指由于投标人相互串通投标报价而使招标人无法达到最佳的竞标结果或者其他投标人无法在公平竞争的条件下参与投标竞争而受到损害的情况。包括已经造成损害的和造成潜在的损害两种情况。

本条第一款关于处刑的规定是，情节严重的，处三年以下有期徒刑或者拘役，并处或者单处罚金。其中，对什么情况构成本款规定的“情节严重”，根据《最高人民检察院、公安部关于公安机关管辖的刑事案件立案追诉标准的规定（二）》第七十六条，投标人相互串通投标报价，或者投标人与招标人串通投标，涉嫌下列情形之一的，应予立案追诉：（一）损害招标人、投标人或者国家、集体、公民的合法利益，造成直接经济损失数额在五十万元以上的；（二）违法所得数额在十万元以上的；（三）中标项目金额在二百万元以上的；（四）采取威胁、欺骗或者贿赂等非法手段的；（五）虽未达到上述数额标准，但两年内因串通投标，受过行政处罚二次以上，又串通投标的；（六）其他情节严重的情形”。本款在处刑规定中，还规定了“并处或者单处罚金”，即人民法院在对罪犯依法科以自由刑外，还应当根据案件的情况和本条的规定，对罪犯并判或者单独罚金刑。

本条第二款是关于投标人与招标人串通投标，损害国家、集体、公民的合法利益的犯罪及处刑的规定。

本款规定有本款行为“依照前款的规定处罚”，即对情节严重的，处三年以下有期徒刑或者拘役，并处或者单处罚金。

五、行贿罪

我国1997年《刑法》第三百八十九条规定：“为谋取不正当利益，给予国家工作人员以财物的，是行贿罪。

在经济往来中，违反国家规定，给予国家工作人员以财物，数额较大的，或者违反国家规定，给予国家工作人员以各种名义的回扣、手续费的，以行贿论处。

因被勒索给予国家工作人员以财物，没有获得不正当利益的，不是行贿。”

本条所规定的“谋取不正当利益”，既包括谋取的利益是违反法律、法规及政策规定的，也包括违反有关规章制度的情况。如果行为人谋取的利益是正当的，迫于某种压力或屈于惯例不得已而为之的，则不构成本款所说的行贿罪。

本条第二款中“违反国家规定”，是指违反全国人大及其常委会制定的法律和决定，国务院制定的行政法规和行政措施、发布的决定和命令。

本条第三款所规定的“被勒索”，是指被索要或者被敲诈勒索。“没有获得不正当利益”，是指行为人虽有给予国家工作人员以财物的行为，但最后没有获得该不正当利益，包括其获取的是合法利益，也包括根本未获得任何利益。

行贿罪具有如下构成特征：

1. 行贿罪侵犯的客体是国家工作人员公务行为的廉洁性。

2. 行贿罪在客观方面表现为行为人给予国家工作人员以财物的行为。与受贿的形式相对应，行贿也分为两种情形：一是行为人主动给予受贿人以财物。在这种情况下，无论行为人意图谋取的正当利益是否实现，均不影响行贿罪的成立。二是行为人因国家工作人员索要而被动给予其财物。在这种情况下，如果行为人是因被国家工作人员勒索而被迫交付财物，只有在行为人获得不正当利益的情况下，才能构成行贿罪。如果没有获得不正当利益的，不是行贿。

此外，根据1997年《刑法》第三百八十九条第二款之规定，在经济往来中，违反国家规定，给予国家工作人员以财物，数额较大的，或者违反国家规定，给予国家工作人员以各种名义的回扣、手续费的，也应以行贿论处。这种特殊行贿行为，理论上也称为经济行贿罪。根据法律的规定，构成行贿罪没有财物数额方面的要求，但依据1999年8月6日最高人民检察院《关于人民检察院直接受理立案侦查案件立案标准的规定（试行）》，行贿行为涉嫌下列情形之一的，才能依法追究刑事责任：第一，行贿数额在一万元以上的；第二，行贿数额不满一万元，但具有下列情形之一的：为谋取非法利益而行贿的；向三人以上行贿的；向党政领导、司法工作人员、行政执法人员行贿的；致使国家或者社会利益遭受重大损失的。

3. 行贿罪的主体是一般主体，即年满十六周岁、具有刑事责任能力的自然人均能成为行贿罪的主体。

4. 行贿罪在主观方面表现为故意，并且具有谋取不正当利益的犯罪目的。根据1999年3月4日最高人民法院、最高人民检察院联合制发的通知，“谋取不正当利益”，是指谋取违反法律、法规、国家政策和国务院各部门规章规定的利益，以及要求国家工作人员或者有关单位提供违反法律、法规、国家政策和国务院各部门规章规定的帮助或方便条件。根据这一规定，“不正当利益”应当包括两个方面：

（1）非法利益。即违反法律、法规、国家政策和国务院各部门规章规定的利益。

（2）要求他人或者单位提供违法的帮助或者方便条件所取得的利益。

六、对非国家工作人员行贿罪

我国1997年《刑法》第一百六十四条规定：“为谋取不正当利益，给予公司、企业的工作人员以财物，数额较大的，处三年以下有期徒刑或者拘役；数额巨大的，处三年以上十年以下有期徒刑，并处罚金。

单位犯前款罪的，对单位判处罚金，并对其直接负责的主管人员和其他直接责任人员，依照前款的规定处罚。

行贿人在被追诉前主动交待行贿行为的，可以减轻处罚或者免除处罚。”

根据2006年6月29日第十届全国人民代表大会常务委员会第二十二次会议通过的《中华人民共和国刑法修正案（六）》，将刑法第一百六十四条第一款修改为：“为谋取不正当利益，给予公司、企业或者其他单位的工作人员以财物，数额较大的，处三年以下有期徒刑或者拘役；数额巨大的，处三年以上十年以下有期徒刑，并处罚金。”

2011年2月25日第十一届全国人民代表大会常务委员会第十九次会议通过《中华人民共和国刑法修正案（八）》，将刑法第一百六十四条修改为：“为谋取不正当利益，给予公司、企业或者其他单位的工作人员以财物，数额较大的，处三年以下有期徒刑或者拘役；数额巨大的，处三年以上十年以下有期徒刑，并处罚金。

为谋取不正当商业利益，给予外国公职人员或者国际公共组织官员以财物的，依照前款的规定处罚。

单位犯前两款罪的，对单位判处罚金，并对其直接负责的主管人员和其他直接责任人员，依照第一款的规定处罚。

行贿人在被追诉前主动交待行贿行为的，可以减轻处罚或者免除处罚。”

《刑法修正案（六）》新增加了给予其他单位的工作人员行贿犯罪的规定。这是考虑到行贿与受贿互为对向犯罪，根据实践中出现的新情况增加了其他单位工作人员受贿罪的规定，与此对应，向其他单位工作人员行贿的行为也应作出规定。因此，《刑法修正案（六）》将为谋取不正当利益，给予公司、企业以外的其他单位的工作人员以财物的行为规定为商业行贿罪。《刑法修正案（八）》新增加了给予外国公职人员或者国际公共组织官员行贿犯罪的规定。

对非国家工作人员行贿罪的犯罪构成要件如下：

1. 行为人必须具有为谋取不正当利益的目的。

所谓“谋取不正当利益”，即谋取非法利益。根据1999年3月4日最高人民法院、最高人民检察院联合发出的《关于在办理受贿犯罪大要案的同时要严肃查处严重行贿犯罪分子的通知》规定，“谋取不正当利益”，是指违反法律、法规、国家政策和国务院各部门规章规定的利益，以及要求国家工作人员或者有关单位提供违反法律、法规、国家政策和国务院各部门规章规定的帮助或者方便条件。如果行为人不是为谋取不正当利益，则不构成犯罪。

2. 行为人必须具有给予公司、企业或者其他单位的工作人员以财物的行为特征。

这里的“给予”应当是实际给付行为，即作为贿赂物的财物已经从行贿人手中转移到受贿人控制之下。

3. 行贿的财物必须达到数额较大，才构成犯罪。

根据《刑法修正案（八）》修订后的《刑法》第一百六十四条第二款是关于向外国公职人员或者国际公共组织官员行贿及其处罚的规定。对外国人行贿罪的特征如下：

1. 主观方面必须是为了谋取不正当利益。

2. 行贿的对象是外国的公职人员或者国际组织官员。不包括商业贿赂。

3. 对外国人行贿不会起到败坏中国政府威信的后果，所以处理上与对中国官员行贿不同。不按行贿罪处罚，而是以对非国家工作人员行贿罪处罚。

根据《刑法修正案（八）》修订后的《刑法》第一百六十四条第三款是关于单位向公司、企业的工作人员行贿及其处罚的规定。

对单位犯本罪的，本条采取了双罚制原则，即对单位判处罚金，并对其直接负责的主管人员和其他直接责任人员，依照本条第一款关于个人向公司、企业人员行贿的规定处罚。

对于向公司、企业人员行贿的追诉标准，2001 年 4 月 18 日，最高人民检察院、公安部《关于经济犯罪案件追诉标准的规定》规定，为谋取不正当利益，给予公司、企业的工作人员以财物，个人行贿数额在一万元以上的，单位行贿数额在二十万元以上的，应予追诉。

根据《刑法修正案（八）》修订后的《刑法》第一百六十四条第四款是关于对行贿人可以减免刑罚的条件规定。根据本款规定，对行贿人减免刑罚必须具备两个条件：一是必须主动交待行贿行为；二是交待的时间必须在被追诉之前，二者缺一不可。所谓“主动交待”，是指行贿人自己或者由亲属陪同主动向司法机关或者其他有关部门如实交待行贿事实。因司法机关或者其他有关部门查询而不得不交待的，或者为了避重就轻不如实交待的，均不属于本款中的“主动交待”。本款所称“在被追诉之前”，是指在司法机关立案、开始追究刑事责任之前。如果司法机关已经发现了行贿事实，并认为应当追究刑事责任而立案后，行贿人交待行贿行为的，不适用本款规定。本款规定的目的，在于鼓励行贿人悔过，揭发检举受贿人，有利于打击受贿罪。

七、非国家工作人员受贿罪

我国 1997 年《刑法》第一百六十三条规定：“公司、企业的工作人员利用职务上的便利，索取他人财物或者非法收受他人财物，为他人谋取利益，数额较大的，处五年以下有期徒刑或者拘役；数额巨大的，处五年以上有期徒刑，可以并处没收财产。

公司、企业的工作人员在经济往来中，违反国家规定，收受各种名义的回扣、手续费，归个人所有的，依照前款的规定处罚。

国有公司、企业中从事公务的人员和国有公司、企业委派到非国有公司、企业从事公务的人员有前两款行为的，依照本法第三百八十五条、第三百八十六条的规定定罪处罚。”

2006年6月29日第十届全国人民代表大会常务委员会第二十二次会议通过了《中华人民共和国刑法修正案（六）》，将刑法第一百六十三条修改为：

“公司、企业或者其他单位的工作人员利用职务上的便利，索取他人财物或者非法收受他人财物，为他人谋取利益，数额较大的，处五年以下有期徒刑或者拘役；数额巨大的，处五年以上有期徒刑，可以并处没收财产。

公司、企业或者其他单位的工作人员在经济往来中，利用职务上的便利，违反国家规定，收受各种名义的回扣、手续费，归个人所有的，依照前款的规定处罚。

国有公司、企业或者其他国有单位中从事公务的人员和国有公司、企业或者其他国有单位委派到非国有公司、企业以及其他单位从事公务的人员有前两款行为的，依照本法第三百八十五条、第三百八十六条的规定定罪处罚。”

《刑法修正案（六）》新增加了其他单位工作人员受贿犯罪的规定。

根据1997年《刑法》的规定，对国家工作人员和公司、企业工作人员的受贿行为可依法追究刑事责任，但对除此以外其他单位工作人员有受贿行为的应当如何处罚没有明确规定。对于实践中出现的对公司、企业以外的单位的非国家工作人员利用职务的便利进行“权钱交易”、危害社会利益的行为，例如发生在事业单位中的商业贿赂行为，数额较大的，也应当追究刑事责任。因此，将1997年《刑法》第一百六十三条的犯罪主体扩大到公司、企业以外的其他单位的工作人员。

1. 本罪的主体范围即“公司、企业或者其他单位的工作人员”，包括非国有公司、企业、事业单位或者其他组织的工作人员。

2. 本罪的行为特征即行为人必须实施利用职务上的便利，索取他人财物或者非法收受他人财物为他人谋取利益的行为：

（1）“利用职务上的便利”，是指公司、企业或者其他单位的工作人员利用自己职务上组织、领导、监管、主管、经管、负责某项工作的便利条件。

（2）“索取他人财物”主要是指公司、企业或者其他单位的工作人员以为他人谋取利益为条件，向他人索取财物。

（3）“非法收受他人财物”，主要是指公司、企业或者其他单位的工作人员利用其职务上的便利或权力，接受他人主动送予的财物。

（4）“为他人谋取利益”，从谋取利益的性质上看，既包括他人应当得到的合法的、正当的利益，也包括他人不应当得到的非法的、不正当的利益；从利益的实现方面看，包括已为他人谋取的利益、意图谋取或者正在谋取，但尚未谋取到的利益。如果非法收受他人财物，没有利用职务之便或者没有谋取利益，不构成本罪。

3. 对于公司、企业人员受贿罪的追诉标准，根据2001年4月18日最高人民检察院、公安部《关于经济犯罪案件追诉标准的标准》规定，公司、企业的工作人员利用职务上的便利，索取他人财物或者非法收受他人财物，为他人谋取利益，或者在经济往来中，违反国家规定，收受各种名义的回扣、手续费，归个人所有，数额在5000元以上的，应予追诉。

“回扣”，是指在商品或者劳务活动中，由卖方从所收到的价款中，按照一定的比例扣出一部分返还给买方或者其经办人的款项。“手续费”，是指在经济活动中，除回扣以外，其他违反国家规定支付给公司、企业或者其他单位的工作人员的各种名义的钱，如信息费、顾问费、劳务费、辛苦费、好处费，等等。只有将收取的回扣、手续费归个人所有的，才构成犯罪。

违反国家规定，收取各种名义的回扣、手续费，是否归个人所有，是区分罪与非罪的主要界限，如果收取的回扣、手续费，都上交给公司、企业或者本单位的，不构成犯罪；

4. 根据本款规定，对收受各种名义的回扣、手续费，归个人所有的处罚，按照第一款的规定，即数额较大的，处五年以下有期徒刑或者拘役；数额巨大的，处五年以上有期徒刑，可以并处没收财产。

本条第三款是关于国有公司、企业或者其他国有单位中从事公务的人员和国有公司、企业或者其他国有单位委托到非国有公司、企业或者其他单位从事公务的人员有第一款、第二款犯罪行为如何定罪处罚的规定。

根据本款规定，国有公司、企业或者其他国有单位中从事公务的人员和国有公司、企业或者其他国有单位委派到非国有公司、企业以及其他单位从事公务的人员，利用职务上的便利，索取他人财物或者非法收受他人财物为他人谋取利益，数额较大的，或者在经济往来中，利用职务便利，违反国家规定收受各种名义的回扣、手续费，归个人所有的，依照刑法第三百八十五条、第三百八十六条国家工作人员受贿罪的规定定罪处罚。

根据1997年《刑法》第三百八十六条的规定，应当依照刑法第三百八十三条的规定处罚，分为四档刑：

1. 受贿数额在10万元以上的，处十年以上有期徒刑或者无期徒刑，可以并处没收财产；情节特别严重的，处死刑，并处没收财产；

2. 受贿数额在5万元以上不满10万元的，处五年以上有期徒刑，可以并处没收财产；情节特别严重的，处无期徒刑，并处没收财产；

3. 受贿数额在5千元以上不满5万元的，处一年以上七年以下有期徒刑；情节严重的，处七年以上十年以下有期徒刑。受贿数额在5千元以上不满1万元，犯罪后有悔改表现、积极退赃的，可以减轻处罚或者免予刑事处罚，由其所在单位或者上级主管机关给予行政处分。

4. 受贿数额不满5千元，情节较重的，处二年以下有期徒刑或者拘役；情节较轻的，由其所在单位或者上级主管机关酌情给予行政处分。对多次受贿未经处理的，按照累计受贿数额处罚。对索取的从重处罚。法律这样规定，主要体现了对国家工作人员犯罪要比一般的公司、企业或者其他单位的工作人员从重处罚的立法精神。